CB143620

Pelada

Gwendolyn Oxenham

Pelada

Uma volta ao mundo pelo prazer de jogar futebol

ZAHAR

Aos jogadores, familiares e amigos que nos ajudaram a encontrar o jogo.

Título original:
Finding the Game
(Three Years, Twenty-five Countries, and the Search for Pickup Soccer)

Tradução autorizada da primeira edição norte-americana, publicada em 2012 por St. Martin's Press, de Nova York, Estados Unidos

Jorge Zahar Editor Ltda.
rua Marquês de S. Vicente 99 – 1º | 22451-041 Rio de Janeiro, RJ
tel (21) 2529-4750 | fax (21) 2529-4787
editora@zahar.com.br | www.zahar.com.br

Grafia atualizada respeitando o novo Acordo Ortográfico da Língua Portuguesa

Tradução: Juliana Lemos | Preparação: Luciana Aché
Revisão: Carolina Sampaio, Eduardo Farias
Capa: Estúdio Insólito | Foto da capa: © Timothy Allen/Getty Images

CIP-Brasil. Catalogação na fonte
Sindicato Nacional dos Editores de Livros, RJ

Oxenham, Gwendolyn
O98p Pelada: uma volta ao mundo pelo prazer de jogar futebol / Gwendolyn Oxenham; tradução Juliana Lemos. – Rio de Janeiro: Zahar, 2013.
il.

Tradução de: Finding the game: three years, twenty-five countries, and the search for pickup soccer
ISBN 978-85-378-1052-1

1. Oxenham, Gwendolyn – Viagens. 2. Futebol. 3. Futebol – Aspectos sociais. I. Título.

CDD: 796.334
13-0627 CDU: 796.332

Sumário

Prólogo

Luke e eu estávamos a 130km/h quando batemos no cervo.

Dois dias antes, tínhamos despejado toda a nossa vida dentro do meu Camry 1996, saindo da Carolina do Norte rumo a Los Angeles com o objetivo de transformar trezentas horas de gravação em um longa-metragem de uma hora e meia. Embora o meu carro já tivesse 270 mil quilômetros rodados, não havia motivo para acreditar que não conseguiríamos.

Era uma daquelas viagens gostosas – dirigindo por colinas suaves, milharais, árvores perto de rios, com uma luz agradável e a sensação de que o futuro ainda nos reservava muita coisa.

Escureceu na Dakota do Norte. O limite de velocidade era de 120 quilômetros por hora, e havia um quê meio lúgubre em dirigir tão rápido num lugar tão vazio. Passávamos por um caminhão a cada vinte minutos, mais ou menos. O Camry ronronava e íamos riscando as horas de estrada já cumpridas – quatorze ontem e vinte hoje, até o momento. Faltavam mais duas horas antes de chegarmos a uma cabana em Montana, que um amigo de Luke tinha descolado por uma semana numa rifa. Era o lugar onde se passa *A River Runs Through It*, de Norman Maclean, meu livro favorito, e foi por isso que Luke conseguiu me convencer a fazer um desvio de treze horas no nosso caminho.

Eu já tinha acomodado o travesseiro contra a janela e fechado os olhos quando senti Luke frear bruscamente. Aconteceu num segundo, mas parecia câmera lenta: lá estava o cervo, que surgiu do escuro, do nada, belo e iluminado pelos faróis. Ele foi para a direita, então Luke desviou para a esquerda, fazendo os freios e os pneus cantarem. Esperei o momento de alívio, as batidas do coração aceleradas por quase termos atingido algo, mas então percebi que não conseguiríamos desviar. O cervo, seu instinto indo de encontro ao nosso, fez meia-volta e correu para o mesmo lado que nós.

Ele veio na minha direção, seus olhos castanhos fitando os meus, pouco antes de seu focinho atingir o para-brisa. Seu corpo chocou-se contra o carro com um baque surdo e eu gritei. Fiquei surpresa ao ouvir meu próprio grito.

E então tudo caiu no silêncio, com exceção do ruído trepidante que o volante fazia agora e do barulho do para-choque contra o pneu. Ligamos o pisca-alerta e seguimos devagar até a próxima saída. Sob a placa de saída, outra placa avisava: "Região sem serviço de emergência." Havia um casebre com um poste iluminando um estacionamento de cascalho. Paramos o carro ali e desligamos o motor. Luke saiu e esperei até que ele abrisse a porta para mim. A maçaneta interna não funcionava, e sempre foi assim – eu ficava presa até Luke contornar o carro para abrir a maçaneta externa, que também estava quebrada, mas que podia ser destravada na marra se não estivesse chovendo nem o tempo estivesse úmido.

Os dedos de Luke forçaram a maçaneta para cima, mas mesmo assim a porta não abriu, porque o impacto a amassara. Saí pelo lado do motorista e fiquei junto a Luke, olhando o para-brisa e o farol quebrados. Tentamos abrir o capô, mas também estava empenado demais.

Recostei-me no lado intacto do para-choque, sentindo a clareza que nos atinge depois de 34 horas olhando para a estrada. No último ano, eu havia dormido em 23 países. Tinha jogado futebol em ruas cheias de areia no Togo, com presidiários na Bolívia, com rappers de quinze anos de idade na França. E agora estava presa numa estrada em Montana, a caminho de Los Angeles, com minha vida inteira dentro do carro e sangue de cervo nas mãos.

1. Longe dos refletores

1.

CINCO ANOS ANTES, Luke e eu tínhamos nos instalado num loft na cidade de Asheville, na Carolina do Norte. Era um cômodo amplo, com piso de madeira, pé-direito alto e uma janela grande e antiga por onde o sol da manhã entrava. Numa loja de segunda mão na mesma rua compramos uma mesa por trinta dólares, e a levamos para casa apoiada em nossas cabeças. Dormíamos num colchão inflável, no chão. Embaixo de nós ficavam um restaurante francês e uma loja de vinhos que tinha uma mesa com ofertas por cinco dólares. Dava para ir andando até um cinema de duas salas, até o Izzy's Coffee Den e a livraria Malaprop's. Dois irmãos que tocavam tuba e tinham se divorciado ao mesmo tempo de suas mulheres eram os proprietários do loft do outro lado do corredor – quando eles apareciam nos fins de semana, ficávamos sentados no parapeito da janela deles, bebendo uísque *single malt*.

Luke trabalhava num escritório, vendendo anúncios. Acordava às 7h, tomava banho e me dava um beijo na testa, enquanto eu me enfiava ainda mais embaixo dos lençóis. Eu acordava por volta das 9h e me sentava à mesa de trabalho que eu e Luke fizemos juntos. Eu tinha uma bolsa de produção literária para terminar o meu primeiro livro. Tinha todo o tempo do mundo, o dia inteiro. Passava as manhãs pensando. Tentava me concentrar na minha professora do primeiro ano do ensino fundamental, que disse à minha mãe, no dia da reunião de pais: "Faça de tudo para mantê-la longe dos esportes... Ela tem alma de artista." Durante um bom tempo, achamos que aquela professora era idiota. Agora, eu esperava que ela não fosse.

À noite, jogávamos futebol no estacionamento do prédio de Serviço Social. Luke só fazia gol se conseguisse atingir o poste prateado da rua, e eu, se mandasse a bola entre as faixas brancas do estacionamento. Experimentávamos fintas, firulas. Luke fazia lambretas, embaixadinhas com a canela, lances de efeito rebuscados que a gente vê em vídeos no YouTube. Um dos lados do estacionamento terminava num enorme mural pintado por crianças. Chutávamos a bola em marcas de mão feitas com tinta em tons pastel, em árvores e contornos de nuvens. Mendigos às vezes paravam para olhar, balançando os braços sobre o muro e assobiando. Quando um de nós mandava a bola por cima do muro, eles não pegavam; em vez disso, ficavam olhando enquanto corríamos para pegar a bola, que rolava cada vez mais rápido rua abaixo.

Quando o jogo terminava, sentávamos no meio-fio, cansados, nostálgicos. Luke tinha sido armador do Notre Dame e feito belos gols em grandes partidas. Eu tinha sido a atleta mais jovem da primeira divisão na história da NCAA, a liga americana universitária de esportes, titular e artilheira da Duke aos dezesseis anos. E agora fazíamos piada com o fato de sermos duas pessoas de 23 anos já em declínio.

Durante o dia, eu tinha tempo de sobra. Tentava fazer as horas passarem mais rápido: lia livros, livros ótimos, mas me sentia culpada por ficar ali deitada, lendo página após página enquanto o resto do mundo reclamava da falta de tempo.

Não estava conseguindo avançar nos meus escritos. O livro era sobre meu irmão, mas era difícil espremer nossas vidas para as páginas. Ele tem um jeito impactante de dizer as coisas – uma vez, depois que um furacão derrubou 22 árvores no nosso quintal, ele disse: "Caramba, irmãzinha, parece até que alguém usou o sol como bola de boliche." Também descreveu a prisão como um lugar "muito semelhante à escola, cheio de gente tentando parecer descolada". Era uma história importante para mim e queria contá-la direito. Passava o dia inteiro sentada, alisando a madeira da mesa. Luke e eu não sabíamos como fazer uma mesa: pregamos quatro tábuas de madeira virgem em cima de quatro troncos de árvore finos que achamos jogados num terreno baldio. A madeira estava começando a empenar e os troncos estavam cheios de farpas, mas eu adorava aquela mesa. Certa vez, minha mãe me contou sobre quando ela e meu pai fizeram uma mesa juntos ("As pernas eram duas vezes maiores do que deveriam ser. Parecia uma mesa de gigante"), mas ela falou com carinho na voz, como se lembrasse do momento em que havia se apaixonado. Lembrei vagamente deles quando Luke e eu fizemos a nossa, olhando enquanto ele grunhia debaixo da mesa, com um prego entre os lábios, pensando se dali a vinte anos eu contaria à minha filha sobre o dia em que o pai dela e eu fizemos uma mesa.

Eu tinha uma pequena pilha de livros encostada no canto esquerdo da sala – meus favoritos na época, livros que eu podia pegar e folhear, lendo frases e vozes que esperava que pudessem influenciar as minhas. Um deles era uma agenda que a minha melhor amiga, Leah, me deu quando tínhamos quatorze anos; a agenda tinha uma fotografia e uma citação de um autor famoso a cada mês e, embora as datas agora estivessem todas erradas, eu ainda lia as citações e olhava as fotos.

No décimo mês da bolsa acadêmica, que tinha duração de um ano, eu estava mais uma vez sentada à mesa, olhando a agenda. Passei pelos meses de junho, julho e agosto até chegar a uma foto em preto e branco de Truman Capote. Encarei seus olhos redondos. Logo abaixo do retrato, havia as seguintes palavras: "O teste para saber se um escritor descobriu a forma mais natural de contar sua história é simplesmente este: depois de lê-la, você consegue imaginá-la de um jeito diferente, ou ela silencia a sua imaginação e lhe parece ser absoluta e definitiva? Como uma laranja é definitiva. Como uma laranja é algo que a natureza fez de um jeito perfeito." Quando sentei e li o meu rascunho de 240 páginas, percebi que não era uma laranja, e não tinha a menor ideia de como transformá-lo em uma.

Deitei no nosso sofá de camurça sintética e pensei no meu pai que, nos últimos meses, andava dizendo coisas como "Você devia ir para o FBI – os benefícios são fantásticos". Ele estava preocupado porque eu não tinha plano de saúde. Eu disse a ele que seria a pior espiã do mundo, mas ele interpretou isso como sinal de que eu seria uma boa espiã: "Viu só? Ninguém jamais desconfiaria de você." Comecei a cogitar seriamente sugestões como aquela. Cogitava a possibilidade de qualquer coisa, estudar administração ou Direito, coisas que havia descartado desde o início. De repente, me imaginava usando saia reta e salto alto, carregando uma maleta e espalhando papéis numa mesa de reunião. Imaginava tudo, menos escrever.

Devido a um buraco enorme no silencioso do nosso Camry, eu sempre sabia quando Luke voltava do trabalho. Puxava a corrente da janela, que abria para cima, e acenava para ele, aliviada por meu horário de escrever ter chegado ao fim. Quando o via atravessar o estacionamento, vestindo camisa, calça cáqui e sapato social marrom, era como se ele estivesse brincando de ser adulto. Na faculdade, ele usava o cabelo meio comprido, e seus cachos loiros ficavam bem altos (os outros times o chamavam de Esponja de Aço), mas agora ele tinha me pedido para cortar seu cabelo, para que parecesse mais "profissional".

No começo, ele gostava de ter uma rotina – fazia café e passava a gola da camisa de manhã. Gostava do fato de estar experimentando um novo emprego. Ele tinha feito um teste de aptidão na entrevista. Mentiu quase o teste inteiro, escolhendo as respostas que achava que um vendedor de verdade escolheria. Se a pergunta fosse "Numa festa, você ficaria no meio da multidão ou perto da parede?", ele obviamente diria que era o cara da multidão. Então, quando não passou no teste e o resultado disse que seria um péssimo vendedor, ele não soube direito o que pensar daquilo. Enquanto debatiam se iam ou não contratá-lo, ele pensou em contar que tinha mentido, mas admitir isso parecia pior do que não ter passado. Acabaram contratando-o, e ele ficou tentando imaginar o que o teste indicaria caso tivesse respondido sem trapacear. *Talvez*, pensou, *eu tenha mesmo vocação para vendas.*

Depois de seis meses no emprego, um dos caras da manutenção pediu demissão, então começaram a mandar o Luke – o funcionário em melhor forma no escritório – para consertar os outdoors. Ele não gostava de subir nas estruturas. Não admitia que estava infeliz, mas eu percebia pelo modo como se encolhia na cama quando o despertador tocava, com o corpo todo suado. Acho que, lá do alto, 50 metros acima da rodovia, de pé sobre um andaime e vendo tudo lá embaixo, com o vento forte soprando e a lona tremendo, ele percebeu duas coisas: primeiro, que não gostava de subir nos anúncios; segundo, que não gostava de vender anúncios. Seu plano era ficar no emprego até o fim do ano. Depois disso, não sabia o que faria. Nem ele, nem eu.

Num domingo à tarde, fui de carro até Durham para assistir a noventa minutos da minha antiga vida. Sentei no lado mais afastado das arquibancadas, longe de todo mundo. Estava envergonhada por voltar. Eu me sentia como aquelas fracassadas que terminam os estudos e continuam zanzando sem rumo perto dos bancos da escola, antes de bater o sinal para as aulas.

Tinha ido principalmente para ver Rebekah Fergusson, caloura no time quando eu era sênior. Na faculdade, eu tinha feito um documentário de vinte minutos centrado na criação da identidade por meio do esporte. Ferg era uma das quatro personagens. Enquanto os outros três se destacavam em campo e diziam coisas do tipo "Faço de tudo para ganhar", ela era a colega que ficava esquentando o banco de reservas, dizendo "A gente acha que vai chegar aqui, começar a correr, dar tudo de si e aí, um dia, vai começar a jogar – essa coisa de começar bem e tal –, mas, bom, nem sempre é fácil". Quando um professor viu na filmagem os olhos verdes de Rebekah, feito os de um cachorrinho, olhando ansiosos para a câmera, ele disse: "Dá quase para perceber: ela é boazinha demais para ser uma boa jogadora." Mas, naquele domingo, ela estava em sua primeira partida contra o Florida State e, na chuva, no meio da sujeira, jogava com a garra de alguém que havia passado três anos se contendo no banco de reservas: chegou à bola antes da atacante do FSU, roubou a bola quando ela tentou driblá-la, e ganhou tudo no ar. "Aquela menina está jogando tanto, está fazendo das tripas coração", disse uma voz rouca atrás de mim, mais para si mesmo do que para mim. O homem tinha bastos cabelos brancos e mastigava o charuto enquanto andava para lá e para cá na fileira da arquibancada. Provavelmente, era o pai de alguém: os pais sempre procuravam ficar mais afastados, para não correr o risco de alguém puxar conversa com eles enquanto tentavam ver o jogo.

"Jogar como se estivesse fazendo das tripas coração": quando eu era criança, essa era minha expressão favorita. Mesmo agora admito, meio embaraçada, que adoro. O "coração" foi ficando mais fraco à medida que envelhecemos; muitos técnicos repetiram isso, em inúmeros discursos antes dos jogos. E a gente parava de prestar atenção no que eles diziam. Mas ainda sabíamos o que significava fazer das tripas coração, quando nos sentíamos intocáveis. Era disso que eu mais sentia falta.

Quando a minha temporada como sênior chegou ao fim, eles nos deram placas com o período em que havíamos jogado gravado – 2000 a 2004. Um dos calouros disse: "Parece até que vocês morreram." Eu teria tentado entrar na liga profissional feminina, mas ela faliu no ano em que me formei. Você vive a vida toda como jogadora de futebol e, de repente, não é mais.

Então, me inscrevi para cursar Redação Criativa na faculdade. Consegui escrever minha amostra de quarenta páginas durante um intervalo de duas semanas, na área de computadores reservada aos atletas, bebendo latas de Mountain Dew e escrevendo a noite toda. Conseguia mergulhar na página do mesmo jeito que mergulhava num jogo. Achei que daria certo: bastava substituir o futebol pela escrita. Inscrevi-me em duas universidades, Flórida e Notre Dame. A rejeição da Flórida veio surpreendentemente rápido, como se estivessem sendo enfáticos em dizer que não me queriam. Eu me senti tola por ter me inscrito. Havia levado quinze anos para ser boa no futebol; o que me fez pensar que podia simplesmente tentar outra coisa? Vários meses se passaram, e supus que a Notre Dame havia recebido tantas inscrições que não tiveram tempo de notificar todos os candidatos que foram rejeitados. Mas então, em março, eu havia acabado de chegar de uma corrida e estava na porta, ofegante, quando Thora, minha colega de quarto islandesa, disse: "Um cara chamado *Villiam* te ligou." Eu não tinha a menor ideia de quem era esse William e nem por que estava me ligando, mas retornei a ligação. Ele disse que era William O'Rourke, diretor do programa de Redação Criativa da Universidade de Notre Dame, e que gostaria de me convidar para ir a South Bend. Terminei a ligação o mais rápido que pude, com medo de dizer algo que o fizesse pensar que haviam cometido um erro. Olhei para Thora, que me observava. "Thora, Thora, THORA!", eu disse. "Eles me querem! Tem alguém que me quer!"

Durante um tempo, as coisas ficaram tranquilas: eu sabia o que faria, quem seria. O fim do ano chegou sem percalços e passei o último verão antes de ir para South Bend trabalhando como ajudante de convés num iate de quinze milhões de dólares no México. Eu passava limpa-vidros nos boxes dos banheiros, arrumava lençóis de muitos fios e colocava chocolatinhos sobre os travesseiros. Pescava em mangues, andava de caiaque em pequenas enseadas e experimentava tequilas diferentes em bares com telhado de palha à beira das ilhas. Durante meus turnos como vigia, à noite, ouvia histórias do resto do pessoal que trabalhava no iate. Gary passou alguns anos pescando nas geleiras do Alasca, formou-se em engenharia química, estudou astronomia na pós-graduação e, então, se tornou capitão de embarcação. Alfredo era dono de um resort mexicano que havia falido; ele me deu uma das cadeiras de balanço de teca que havia feito. Jody, ex-chef confeiteira, contava histórias sobre seu trabalho em barcos ao redor do mundo; já tinha aberto garrafas de vinho para Jimmy Buffett, Mariah Carey e para o segundo homem mais rico na lista da revista *Forbes*. Eles viam minha devoção ao futebol como algo estranho, pouco natural. Pela primeira vez ser obstinado, dedicado, era visto como uma limitação. Sentada na cadeira giratória do capitão, balançando suavemente com as ondas enquanto observava atenta a água, em busca das luzes de outros barcos, eu também queria experimentar de tudo que havia no mundo. Queria deixar o futebol para trás.

Logo descobri que isso era mentira. Ancoramos bem longe da costa, na Baía de Ascensión, perto de uma ilha que servia como posto avançado para o Exército mexicano. Era um local remoto. Enquanto eu e Alfredo limpávamos as garoupas, ele me disse: "É para lá que mandam os soldados com mau comportamento." Do nosso barco, víamos os soldados de uniforme, sentados na doca, com metralhadoras presas no peito e facões nas mãos. Mas, perto da praia, havia um campo de futebol improvisado e, depois de semanas sem ver um campo ou uma bola, tudo o que eu queria era jogar.

Peguei um bote, fui até os homens uniformizados e fiz gestos de chute, até deixar minha intenção clara. Meia hora depois, debaixo de uma chuva torrencial, eu participava da comemoração dos gols, bebia cerveja, comia ceviche e tirava fotos entre os soldados mexicanos, segurando suas armas.

Pensei: *Quem é que estou tentando enganar? Quero jogar futebol até morrer.* Ter uma vida estável e regrada parecia uma deslealdade: como era possível entrar em um mundo diferente sem trair o mundo anterior? Como desistir de algo que se ama?

Durante todo o dia seguinte, enquanto esfregava banheiros, e depois, a caminho da aula no frio de South Bend, e enquanto escrevia no silêncio do nosso apartamento em Asheville, eu pensei naquela partida. Agora, sentada nas arquibancadas, com as mãos entre as coxas, pensava nela novamente. Olhei para o campo, para Ferg correndo pela linha lateral, para o pai passando as mãos com força no cabelo, mas, na verdade, só via a Baía de Ascensión e os soldados, sonhava com o jogo, o jogo informal, a pelada, o que em inglês se chama *pickup soccer.*

Naquela noite, encontrei Ferg no Campus Oeste. Como eu, ela tinha escolhido passar todo seu tempo na cadeira de Análise de Documentários. Éramos o tipo de pessoa que pensa demais, que passa tanto tempo pensando no que o jogo significa quanto jogando. Eu queria ir para a biblioteca, sentar numa mesa com uma luminária antiga enquanto as pessoas ao redor ficavam com a cabeça enfiada nos livros. Queria fazer um esboço para o meu futuro, sentar lá com um café e um bloco de anotações e passar duas horas pensando no que faríamos se tivéssemos a chance de fazer qualquer coisa. Queria que aquele jogo no México fosse o começo de alguma coisa.

2.

Tanto minha mãe quanto meu pai eram aventureiros. Minha mãe trabalhou como secretária no centro de Los Angeles e economizou o suficiente para passar um semestre na West Liberty State College, em West Virginia, e ela escolheu essa universidade porque queria um lugar com colinas verdejantes. Chegou lá e descobriu que a faculdade ficava no meio de uma cidade de mineração. Então pensou que, se só tirasse notas altas, ganharia uma bolsa. Tirou notas altas, mas nada aconteceu, então voltou para Los Angeles, dirigindo seu Vega, e foi onde conheceu o meu pai.

Ele tinha sido salva-vidas em Laguna Beach e boina-verde no Vietnã. Antes de ser enviado para as linhas de frente, tinha ido para o Havaí, onde passou três meses surfando, instalando privadas em banheiros e dormindo na praia. Mesmo depois de ter filhos e um emprego, ainda parecia insatisfeito: quando um cachorro mordeu o rosto da minha irmã, usou o dinheiro que recebemos do seguro para comprar seu primeiro barco à vela. Ele e minha mãe passaram dez anos velejando nos fins de semana e bebendo tequila José Cuervo para comemorar assim que avistavam Ensenada. Quando nos mudamos para Pensacola, na Flórida, o nosso barco, um Catalina 38, não passava debaixo das pontes, então o vendemos. Mas ele continuou observando os mastros quando cruzávamos a ponte Three-Mile. Ele não vendeu as pranchas de surfe, mas elas acabaram indo parar no sótão. Quando precisou de dinheiro, vendeu uma delas por 245 dólares para um homem chamado Ron. Eu me lembro do meu pai parado perto da entrada da garagem, com os braços cruzados, vendo o cara ir embora com sua prancha. Nunca mais vendeu nenhuma.

Todos os anos víamos *Endless Summer*, o documentário sobre dois surfistas que viajaram pelo mundo. Quando eu era adolescente, não queria ver um documentário, não queria ver um filme feito em 1960, não queria ver algo que já tinha visto antes. "Mas é legal", dizia meu pai, sem rodeios. "Você não tem ideia de como é legal." (Ele sempre tentava me educar: quando pedi o disco do New Kids on the Block, ele me deu um disco dos Rolling Stones, afirmando que, um dia, eu ia agradecer a ele por isso.) Então, eu assistia ao documentário, sentada no chão, com as pernas embaixo da mesa de centro.

Agora, liguei para ele e contei do plano que eu e Ferg bolamos na biblioteca: viajaríamos para vários países, mas, em vez de pegar onda, sairíamos em busca de jogos informais de futebol. Ele ficou em silêncio por mais tempo do que eu queria. "Bom, minha querida, onde é que vocês vão conseguir o dinheiro? *Como* vão fazer isso?", disse ele.

"Vamos pedir uma bolsa."

"De quanto?"

"Cinco mil dólares."

Ele soltou um risinho e disse: "Essa quantia não vai levar vocês muito longe."

Meu pai é um paradoxo interessante de autoconfiança e negatividade; ele acreditava que cada um de seus filhos podia fazer qualquer coisa, e sempre nos dizia isso, mas, assim que você começava a fazer alguma coisa, ele te atazanava com todos os exaustivos detalhes nos quais você deveria pensar se quisesse fazer aquilo acontecer. E, claro, ele tinha razão. Cinco mil dólares não nos levariam muito longe.

Luke era igualmente pessimista. Contei para ele a ideia quando chegou do trabalho nos outdoors, ele sentado na nossa mesa de segunda mão, relaxando com as roupas afrouxadas. Coloquei o braço sobre seu ombro e contei. Foi como se o ânimo que eu sentia tivesse lhe dado um soco. Ele não reagiu.

Luke era a única pessoa que eu conhecia que gostava de futebol mais do que eu. A gente descia até o campo abandonado em frente aos conjuntos habitacionais e ficava jogando durante horas, e, quando eu queria ir para casa, ele continuava jogando a bola para cá e para lá enquanto eu repetia, sentada na grama, "Quero ir para casa". Porque, agora, não precisávamos treinar para nada específico, não precisávamos aperfeiçoar nada. Mas Luke adorava jogar mesmo assim.

Então, não entendi aquela falta de reação. Não conseguia entender como eu podia dizer "quero viajar pelo mundo, jogando uma partida atrás da outra" e ele não ter reação alguma. "Então, você não quer fazer isso?", perguntei, num tom acusador.

"Eu não disse isso", ele respondeu.

Suspirei. Certa vez, Luke me contou uma história de que ele gostava: um pai tinha dois filhos. Um disse que o ajudaria no campo e nunca ajudou, e o outro resistia à ideia, mas acabou indo trabalhar no campo. Como uma mulher que tentava analisar o namorado, eu via essa história como uma pista para a personalidade dele. Agora, sempre que ele reagia com pouco entusiasmo, eu percebia que, para ele, de certa forma, isso estava ligado à virtude: ele não queria fazer promessas. Não queria ser o cara que falava que ia fazer mas não fazia. E isso – o que percebi sentada à sua frente, do outro lado da mesa – talvez também significasse que ele pensava em mim como o primeiro filho da história. Aquele que não cumpria o que prometia. E talvez fosse verdade. Quando eu era criança, achava que seria a melhor jogadora do mundo. Apostava com os meninos que não achavam que eu conseguiria. Eu os cumprimentava com um aperto de mão, firmando a aposta, pensando: *Que bobos!* Mas, claro, isso nunca aconteceu. E, quando cresci, dizia que queria ser escritora, que queria escrever livros, mas o rascunho de 240 páginas parado sobre a minha mesa era sinal de que isso também não parecia lá muito provável.

Ferg e eu tínhamos medo de que, dali a dez anos, estaríamos conversando sobre a grande ideia que tivemos um dia. Naquele ano, sua colega de quarto tinha lhe dito: "Você nunca termina nada." Isso a deixou chateada. Agora, como eu, ela estava ansiosa. Depois de três semanas de telefonemas uma para a outra, dizendo "Você está dentro? Eu estou", preenchemos o formulário de inscrição para a bolsa, o Benenson Award in the Arts. Um professor sugeriu deixar de fora a parte de viajar pelo mundo. Parecia ambicioso demais, impossível. Então, decidimos falar da América do Sul – e ganhamos a bolsa. Quando contei para Luke, o rosto dele finalmente se iluminou com uma expressão que parecia ser de esperança. "A gente vai fazer isso?", perguntou, ainda com medo de imaginar o fim dos outdoors e o começo dos jogos de futebol. "A gente vai mesmo fazer isso?", repetiu, em tom mais alto, esboçando um sorriso.

Nós três nos permitimos mergulhar na ideia. Pegamos um mapa grande, abrimos sobre a mesa e marcamos com tachinhas todos os lugares que queríamos visitar. Começamos a procurar lugares para nos hospedar, pedindo um canto no sofá e no chão da casa de amigos de amigos nossos. Fizemos uma pilha com todos os livros relevantes – *Travels with Charley,*

Febre de bola, Futebol ao sol e à sombra, Entre os vândalos, Como o futebol explica o mundo, On the Road, The Miracle of Castel di Sangro, a série *Perfect Pitch,* de Simon Kuper – e passamos o pente-fino nas páginas em busca de dicas. Fomos até a Malaprop's e compramos o guia da Lonely Planet, *South America on a Shoestring.* Ouvindo música bem alto, fizemos longas listas em bloquinhos de anotação. À noite, eu e Luke ficávamos deitados no nosso colchão meio murcho. Precisávamos pensar nas coisas divertidas – onde gostaríamos de ir, tudo o que faríamos – e na coisa que não era divertida: como conseguir o dinheiro para o resto da viagem.

O Centro de Análise de Documentários é uma velha casa vitoriana à beira do Campus Leste da Duke. É preciso subir um pequeno morro, depois da ponte de cavaletes pichada, para encontrá-lo. Todo ano só havia meia dúzia de alunos no programa, o que significava que poderíamos aproveitar os professores ao máximo. Eles contavam histórias das quais gostavam muito: Gary Hawkins fez filmes sobre os grandes escritores do sul do país; John Biewen gravou depoimentos em áudio de famílias imigrantes; Charlie Thompson escreveu etnografias sobre o contrabando de bebida na região dos Apalaches na época da lei seca. O Centro de Análise de Documentários era o lugar certo para levar uma boa ideia.

Numa sexta-feira, eu e Ferg fomos nos encontrar com Tom Rankin, diretor do programa e nosso professor favorito. Tom, um fotógrafo que tirava fotos em preto e branco de igrejas das regiões rurais do sul, quase sempre usava botas de caubói, calças Levi's desbotadas e camisas com as mangas dobradas. Tinha uma fazenda a cinquenta quilômetros da cidade, e seu jeito lento de sorrir dava a impressão de que uma parte dele tinha ficado lá.

Batemos na porta. Paramos ao lado da mesa e dissemos: "Temos uma ideia. Sair pelo mundo afora, em busca de jogos de futebol informais."

Ele passou os dedos sobre o lábio, onde antes havia um bigode. Dava para ver que tinha gostado – tanto da nossa ideia quanto do nosso entusiasmo.

"Já ligaram para o Ryan?", perguntou, recostando-se na cadeira.

"Mandei um e-mail para ele", respondi.

"Vocês precisam de uma quarta pessoa. Ele seria uma ótima opção."

Ryan White era meu parceiro de câmera na faculdade, um cara com ótimo olho e grande intuição. Ele fez três documentários na faculdade: um sobre uma moça que era caixa de banco de dia e fazia striptease à noite, outro sobre o clube Triangle Ferret Lovers e um terceiro sobre o agente funerário da cidade, um homem que decorava seu apartamento com *lava lamps* e pôsteres de filmes de terror. Desde que terminou os estudos, Ryan tinha trabalhado como assistente de produção em Washington, D.C. para um cineasta ganhador do Emmy. Mas eu sabia que ele tinha acabado de pedir demissão, e torcia para que meu e-mail o pegasse num intervalo entre empregos. Esperava que ele não recusasse a oportunidade de fazer um filme viajando pelo mundo.

Tom bateu a caneta no tampo da mesa. "Escrevam a proposta", disse ele. "Uma proposta bem legal. Eu apresento para o diretor."

FUTEBOL: ESTRELAS INTERNACIONAIS assinando contratos multimilionários. Campeonatos, finais de Copa do Mundo, Barcelona contra o Milan na Liga dos Campeões. Mas, longe dos estádios profissionais, longe dos refletores e dos gramados bem cuidados, existe o outro lado do jogo.

E esse outro lado, escrevemos na nossa proposta, era a história que não tinha sido contada: ninguém havia se concentrado nos jogos informais, nas peladas, no fenômeno global que abarcava diferentes gêneros, raças, religiões e classes. Achamos umas fotos bonitas na internet e fizemos uma montagem para a primeira página da nossa proposta: senhores de idade trocando passes numa praia em Tel Aviv, mulheres afegãs de burca jogando bola, adolescentes batendo bola em frente ao que parecia um castelo de areia gigante desmoronando. Nós nos inspiramos na introdução de Sean Wilsey ao *Guia cult para a Copa do Mundo*: "A alegria de ser apenas mais uma entre os dois bilhões de pessoas que assistem a 32 nações obedecendo a dezessete regras me faz ter a convicção (talvez tola, mas, como muitas convicções tolas, bem firme) de que o futebol é capaz de unir o mundo." Assim como Wilsey, acreditávamos no grande alcance do jogo. E a pelada, o mundo em jogo, era a vertente que achávamos que mais tinha a oferecer, capaz de criar intimidade entre pessoas que não se conheciam.

Em junho, nós quatro – Ryan, Ferg, Luke e eu – encontramos Tom no Campus Oeste, passando por fachadas góticas de pedra. No Allen Building, uma recepcionista nos fez esperar numa sala que cheirava a livros antigos e tradição. Ficamos olhando pelas duas janelas da torre, esperando o diretor.

"Vocês têm quinze minutos", disse uma voz retumbante, da porta.

Peter Lange, um judeu baixinho, mas de presença intensa e intimidadora, colocou nossa proposta à sua frente sobre a mesa, empurrou os óculos de tartaruga para ajustá-los sobre o nariz e olhou de soslaio para o relógio de pulso.

Nossas vozes trêmulas regurgitaram aquilo que já tínhamos escrito: "Longe dos refletores dos estádios…"

Ele nos interrompeu. "Já sei tudo isso. Passei vinte anos da minha vida jogando informalmente com cirurgiões, contrabandistas de drogas, mexicanos, nigerianos", disse ele. "Digam o que querem de mim."

"Equipamento e câmeras", respondeu Tom, nosso representante da calma e da serenidade.

Dr. Lange passou a mão na gravata de seda vermelha e olhou para Tom por cima dos óculos: "E você acha que vai funcionar?"

Tom fez que sim.

Dr. Lange debruçou-se sobre um bloco de anotações enquanto fazia perguntas sobre o custo de uma câmera, um tripé e um microfone de lapela. Rabiscou números no papel e virou o bloco para nós. "Isso é o que posso fazer. Através do Fundo de Iniciativa à Arte da Duke University, posso ceder ao Centro de Estudo de Documentários 25 mil dólares em equipamento. Vocês podem usar."

Ele levantou, cumprimentou-nos com um aperto de mão e saiu da sala.

Jogos de pelada pelo mundo afora – antes, era uma ideia absurda. Agora, era realidade.

Passamos mais quatro meses arrecadando dinheiro, escrevendo cartas para qualquer um com o objetivo de angariar fundos, do oftalmologista da minha avó a amigos de parentes distantes. "Deixe-me ver se entendi", disse o sr. Davis, amigo do meu pai, ao telefone. "Você quer que eu te dê dinheiro. Para que você possa viajar pelo mundo. Jogando futebol."

Hã... bom... sim. Tentei explicar o que o jogo tinha a oferecer: a capacidade de conectar pessoas e de ser uma janela para um espectro da cultura. Contei a ele sobre os menonitas, que jogam no meio da floresta na Bolívia, sobre as mulheres no Peru, que jogam com suas saias tradicionais nas altas montanhas, mas meu coração batia acelerado e eu gaguejei, balbuciei e me enrolei, até finalmente me despedir e desligar o telefone, afundando no sofá. Mas alguns dos telefonemas que dei, com as palmas das mãos suadas, tiveram um resultado um pouco melhor: as pessoas gostavam da ideia de ajudar alguns jovens a perseguir seu sonho distante.

"Você é uma golpista", disse o meu pai enquanto eu contava as novidades sobre as finanças, com um tom de voz ao mesmo tempo descrente e orgulhoso.

Meu irmão, *chef* de lanchonete, também ficou maravilhado. "Eu me mato de trabalhar todo dia e ninguém me dá mil dólares", disse ele. "E, irmã, não é divertido ficar vendo futebol – é divertido jogar. Ninguém nesse país vai querer ver um documentário sobre futebol."

A tia de Luke, que esperava que ele arranjasse um emprego "de verdade", disse: "Não entendo por que você vai viajar pelo mundo fazendo um vídeo caseiro."

Nós nos mudamos do nosso apartamento durante o festival de música Bele Chere, carregando nossa mesa sobre a cabeça enquanto andávamos por cima de latas de cerveja, desviando dos corpos que dançavam ao som de música folk. Dividimos o que tínhamos entre nossos amigos de Asheville: Scotty ficou com a mesa, Pfister, com a cadeira, e Jarret, com a mesa da cozinha.

Ficamos jogando bola no apartamento vazio.

Na infância, o técnico do meu time era um sujeito de Trinidad e Tobago, com um 1,90 metro de altura, que já tinha sido treinador de cães na Polícia de Port of Spain. Nós o venerávamos. Ele começou com um time de crianças de oito anos e conseguiu para nós bolsas em programas de times da primeira divisão em todo o país. Depois de passar dez anos comendo *roti*, pão típico da ilha, e ouvindo-o dizer, nos treinos de inverno, "Um dia vou comprar um pedaço de terra em Trinidad e Tobago – eu e Debi vamos nos aposentar e ficar deitados debaixo de uma palmeira", Trinidad e Tobago foi o primeiro país que me veio à mente quando fizemos nossa lista.

O nosso treinador era ao mesmo tempo durão e jocoso: só sorria se estivesse zombando de você. Durante os dez anos em que me ensinou a jogar, ele só me elogiou diretamente uma vez. Estávamos no elevador. Quando ele saiu no sexto andar, colocou o saco de bolas de futebol nas costas, virou para mim e disse, "Menina, hoje você jogou suave feito manteiga", fazendo um gesto no ar como se estivesse passando manteiga no

Ryan, Luke, eu e Rebekah na noite antes de partirmos. (Cortesia de J.B. Reed)

pão. Virou-se e saiu andando, as portas do elevador se fechando atrás de seu elogio. Do sexto até o décimo andar, fiquei apoiada na parede, tentando encontrar um canto dentro de mim onde pudesse encaixar aquelas palavras com toda a gritaria e as caretas que ele fazia. Durante os quatro anos seguintes, sempre que ele levantava do saco de bolas onde ficava sentado para falar comigo, adotando um tom de voz mais ríspido, eu sabia que ele achava que eu podia ser boa.

Ele fazia de tudo para que gostássemos do jogo, mas também para que soubéssemos que estávamos jogando para atingir um objetivo. "Usem a habilidade de chutar a bola para abrir as portas do mundo", dizia. No começo, isso significava a faculdade. Agora, significava Trinidad e Tobago.

No dia 7 de setembro de 2007, na sala de estar da casa da mãe de Ryan, em Atlanta, dobramos mapas, fizemos listas de telefones, fotocopiamos passaportes, reunimos as bolsas das câmeras e esprememos nossas roupas naqueles sacos de embalar a vácuo. Às 3h30 da manhã seguinte, terminamos de fazer as malas, eu perdi meu passaporte e Ryan achou que tinha ficado cego. Às 4h15 encontrei o passaporte, Ryan descobriu que tinha colocado dois pares de lentes de contato nos olhos e Luke e Ferg esperavam no carro, preocupados com a hora. Às 6h30 decolamos, vendo Atlanta se afastar pela janela do avião.

2. Molhando a camisa

Port of Spain, Trinidad: eu imaginava algo como o Caribe – brisa fresca e palmeiras –, mas é uma cidade, e é quente. Há alguns indícios de que é uma ilha: um trecho de água cinzenta atrás do porto, homens cortando cocos com facões, gente vendendo ostras e sorvete. Mas, acima de tudo, há movimento: trânsito, carros buzinando, fumaça, pessoas de cara fechada amontoadas nas calçadas quebradas.

No rádio do carro, dois homens discutem o vergonhoso resultado do jogo de Trinidad e Tobago contra a Austrália. Eu presto atenção. O jogo, o que eu estava esperando. "Futebol", disse, ficando ereta contra o assento e olhando para Ian, nosso anfitrião, irmão da mulher do meu treinador, o cara que nos ajudaria a passear pelo país.

"Não", respondeu Ian, me olhando pelo espelho retrovisor. "Críquete. O nosso esporte nacional."

Críquete – aquele esporte com estacas no chão. Recostei-me no assento. Olhei pela janela. Passamos por um campo. Não há ninguém jogando futebol. Estão jogando críquete. Abracei com força a bolsa da câmera e tentei não me lembrar. "Gwenny, em Trinidad e Tobago, nós somos, em primeiro lugar, jogadores de críquete", disse o meu treinador no telefone. Mas era impossível me sentir ameaçada por um esporte associado à década de 1920. Mal prestei atenção no que ele disse. Sentia nos ossos que Trinidad e Tobago prometia.

Chegamos ao subúrbio industrial de Chaguanas. Ian nos apresentou a sua família. Irrompemos pela porta, deixando nossas bolsas no chão e acenando tímidos para as duas filhas adolescentes com tranças no cabelo e para o filho de três anos de idade que chorou ao ver Luke.

No fogão, uma panela enorme de arroz e feijão fumegava. Depois de um atraso de oito horas, de um voo de oito horas e de duas horas de espera em pé no que pensávamos ser a fila da alfândega e da bagagem (não era), não comíamos nada há umas dezoito horas. Ian nos serviu pratos enormes de comida. "Cuidado", disse ele, ao nos passar uma tigelinha. "Esse molho de pimenta é forte."

"A gente adora pimenta", responderam Ryan, Ferg e Luke, mais ou menos ao mesmo tempo, colocando colheradas do molho em seus pratos. Todos os três se orgulhavam de conseguirem comer pratos apimentados. Certa vez, Luke fez uma encomenda especial de um pé de pimenta que, conforme lera, era a mais forte do mundo, antes usada como arma de guerra na Índia. Ficou na lista de espera no arboreto local, cuidou da planta com muito carinho durante um ano e depois cortou lasquinhas da pimenta para adicioná-las ao *hummus*, à salsa, aos hambúrgueres.

Eu não gosto tanto de pimenta. Então coloquei uma colherzinha só para não fazer desfeita.

Quando senti a explosão na boca, olhei para os outros três. Parecia que tinham acabado de ser envenenados – o rosto muito vermelho, os olhos lacrimejando, as mãos na garganta –, mas tentaram não demonstrar, voltando a descansar as mãos no colo, fazendo "*hmmmm*".

Ian recostou-se na cadeira, rindo e brincando de cavalinho com o filho no colo, e o menino ainda chorando e olhando sem parar para Luke.

Naquela noite, quando eu e Luke estávamos na cama, ele me disse, como se eu não tivesse estado lá: "Havia um prato de comida deliciosa na minha frente. Eu estava morrendo de fome. Tentava comer, mas aquilo queimava na minha boca. Os meus lábios, o meu estômago. Tentei achar um pouco de arroz que não estivesse contaminado pelo molho. Mas eu tinha misturado tudo. Cada garfada estava contaminada. Eu me senti feito um personagem de desenho animado, com fumaça saindo pelas orelhas", murmurou, aninhando o rosto contra a minha nuca. "Uma introdução ao mundo que serviu para me deixar mais humilde."

Na nossa primeira manhã em Trinidad, acordei e me senti em pânico. Antes de a viagem começar, havia a ideia romântica de abandonar o emprego, a casa. Mas agora que estávamos ali, não parecia tão romântico. Parecia idiota; parecia um erro. Fiquei impressionada com a dimensão da coisa: será que eu acreditei mesmo que fosse uma boa ideia desistir do lugar onde eu morava, do qual gostava, para sair em busca de jogos que talvez não existissem? E fazer um filme sobre isso? Mesmo que nenhum de nós jamais tivesse feito um filme? Na nossa proposta para conseguir a bolsa, fingimos que éramos experientes, valorizando os documentários de vinte minutos que tínhamos feito para conseguir créditos na faculdade, fazendo-os parecer filmes de verdade, até que nós mesmos quase acreditamos nisso. Mas agora que estávamos ali, percebi a verdade: não tínhamos ideia do que estávamos fazendo.

Fiquei deitada naquele quarto muito quente, sentindo inveja de Luke, que dormia profundamente, com os lençóis grudados nas pernas suadas. Eu me arrastei até o canto da cama e coloquei a cara em frente ao ventilador, tentando me acalmar. Era a mesma sensação de nervosismo de antes de um jogo, só que maior. Antes de o time se reunir em campo, eu adormecia no banco, cabeceando, meu organismo reagindo ao nervosismo repentino. E eu não era assim só com esporte: era assim antes do começo de qualquer coisa. Lembro-me dos primeiros dias de tudo – desde o jardim de infância até a faculdade –, sentindo aquele desejo avassalador de dar meia-volta.

Como quando eu tinha seis anos e meu pai me obrigou a fazer natação. Eu estava sentada no banco de trás do carro, indo para a piscina, chorando e implorando. Não queria fazer aquilo. Ele continuava a dirigir rumo ao clube, com minha mãe sentada no banco do carona, tensa, com raiva dele por estar me forçando. Mas, depois dos primeiros minutos esperando dentro da piscina, perto da borda, ciente dos meus dentes batendo e da pressão da touca branca na minha cabeça, comecei a nadar rápido e gostei. Agora, tentava pensar naquela viagem como algo parecido. Só precisava aguentar até começar mesmo.

Senti cheiro de comida do outro lado da porta. Acordei Luke e saí da cama. "Eles já levantaram, estão cozinhando", sussurrei meio alto da beirada da cama, cutucando a canela dele. "Hora de ir."

Comemos rabo de porco com quiabo no café da manhã, sem usar o molho de pimenta. À mesa, peguei o pedaço de papel onde havia feito anotações sobre vários lugares. "Ron LaForest" estava escrito na diagonal, na margem. É o ex-atacante da seleção de Trinidad e Tobago que, certa vez, conseguira fazer três gols na mesma partida contra o Arsenal, e foi a primeira pessoa para quem liguei.

"Alô", disse quando Ron LaForest, o herói nacional, atendeu. Enrolei o fio do telefone no dedo e anunciei, com falsa segurança na voz: "Meu treinador disse que você é o cara com quem eu devia falar!" E expliquei que estávamos atrás de *pickup games*, sem perceber que *pickup* não faz sentido para quem fala o inglês de Trinidad e Tobago.

Às 11h da manhã, chegamos ao Queen's Park Savannah, a maior rotatória do mundo. Há árvores ladeando o caminho de mais ou menos três quilômetros, mas, dentro, é basicamente só grama. Ian nos levou de carro por fora, passando pelo Royal Botanic Gardens e por um conjunto de casas enormes e excêntricas, construídas em 1904: um castelo preto e branco feito por um escocês; o palácio do arcebispo, uma mansão com adornos vermelhos e uma capela alta no centro; a Mille Fleurs, uma casa francesa em estilo provençal, agora abandonada, com direito a adornos treliçados de madeira em baixo-relevo e colunas trabalhadas. São muito diferentes dos prédios simples e cinzentos que vimos no resto da cidade, como se os colonizadores tivessem gastado toda a imaginação naquele círculo.

Quando passamos pelas mansões palacianas antigas, levemente decadentes, repeti mentalmente o nome completo de Ron LaForest. No começo, achei que fosse "*forest*", como "floresta", mas agora decidi que a influência francesa em Trinidad o fazia ser pronunciado como "*forrê*". Estávamos indo a seu encontro na parte de Savannah mais próxima a Royal Bank, sem ter a menor ideia do que faríamos.

Quando Ian nos deixou lá, vimos vinte homens fortes sentados na grama, com as pernas musculosas esticadas à frente enquanto amarravam as chuteiras. Nenhum deles sorria; nenhum deles dizia nada. Enquanto caminhávamos em sua direção, em silêncio, percebi imediatamente que aquilo não era um jogo informal. Era a ansiedade que costuma vir como prelúdio da prática. Havia algo a mais no ar; havia gente observando e, até as pessoas começarem a jogar, e a jogar bem, ninguém se divertia muito.

"Bem-vindos", disse uma voz retumbante. À nossa esquerda, avistamos Ron LaForest percorrendo o campo a passos largos, posicionando um cone a cada cinco metros. Ele tinha um jeito meio musical de se mover, como se andasse no ritmo de alguma batida agressiva que ouvia mentalmente.

Ele parou e nos cumprimentou com um aperto de mão firme, dando um largo sorriso, com dentes de ouro na frente. "Eu sou Ron." Fez um gesto na direção do grupo de homens sentados. "Este é o meu time. Somos semiprofissionais... tentando subir para a próxima divisão. Se quiserem treinar com a gente, sintam-se à vontade."

Treinos são exatamente o que não estamos buscando, mas não temos coragem de dizer isso a Ron. Luke e eu nos juntamos a eles. O time perdeu os dois últimos jogos, então, como punição, Ron mandou todos correrem. (Isso ajuda a explicar o clima soturno da chegada.) Como Luke e eu não queremos ser os americanos que são bons demais para correr, acompanhamos.

Às vezes, quando se joga contra pessoas melhores que você, você consegue roubar parte do dom delas – e joga melhor que o normal. Eu esperava que a corrida funcionasse do mesmo jeito. Talvez eu pudesse me apoderar da velocidade deles.

Todos os outros corriam tão mais rápido que eu sequer parecia estar correndo. Eu me sentia como uma marionete numa peça de teatro acelerada, com as pernas e os braços movendo-se a uma velocidade impossível. Mas não sentia nada. E estava sendo deixada para trás, com aqueles trinitários altos passando por mim feito um borrão. Quando eu e Luke corremos, em casa, ele me dá cinco segundos de vantagem e eu corro feito doida para ele não me alcançar. Agora, tentei roubar um pouco, saindo meio segundo antes de Ron dar o sinal. Mas não adiantou.

Ryan e Ferg filmaram a corrida durante dez minutos, mais para se divertir do que para o filme. Eles se esticaram à sombra dos carvalhos gigantes que ladeavam o campo. Quando Luke e eu fomos até eles durante a pausa para se refrescar, eles nos apresentaram a um homem que andava de bicicleta. "Este é Carlan", disse Rebekah, apontando para ele, sentada na grama. "Ele toca bombo para o governo."

"Nos dias de pouco movimento, quando não tem ninguém para quem tocar, venho de bicicleta para cá", explicou. "Pego um sorvete e fico olhando o movimento."

"Prazer em conhecê-lo", disse Luke. Eu estava cansada demais para falar, então apenas assenti. Coloquei as mãos na cintura, tentando fazer a respiração voltar ao normal.

"Posso levar vocês para um show, se quiserem", ofereceu Carlan, debruçado no guidão da bicicleta.

"Ótimo", respondi, ainda sem fôlego.

E aí Luke e eu corremos de volta para o treino.

Quando o treino terminou, tentamos explicar o que estávamos buscando – jogos informais, jogos que não valem nada, jogos que acontecem sem motivo especial.

"Aaah", disse Ron, com um enorme sorriso, os dentes de ouro brilhando ao sol. "Vocês querem molhar a camisa." Ficamos olhando para ele, sem entender. "'Molhar a camisa' é como a gente chama isso aí. Tipo 'suar a camisa'." Ele balançou o braço e começou a dançar sem sair do lugar para demonstrar. "Vocês precisam ir ao campo às 5h da tarde. Aí vão ver."

Então, às 4h35 da tarde, chegamos ao campo. Estava completamente vazio.

E foi aí que começamos a desanimar: acreditávamos que as pessoas jogavam futebol no mundo todo, mas talvez estivéssemos enganados. Talvez aquilo não fosse dar certo.

Nós quatro formamos um circulozinho miserável e começamos a bater bola.

Dez minutos depois, por cima do ombro esquerdo de Luke, avistei um homem com uma bolsa esportiva entrando no campo. Depois, vi outro e mais outro, como na cena de *Campo dos sonhos*, quando os jogadores se materializam no campo de beisebol.

E então vimos os bastões de críquete. Eles carregavam bastões em cada uma das mãos. Pareciam rolos de massa, só que achatados. Os jogadores se espalharam pelo campo e começaram a mandar as bolinhas para as estacas de madeira.

Voltamos a bater bola. Começou a chover. Observei o rosto de Ryan, os lábios finos bem comprimidos, o queixo para a frente. É dele que mais sinto pena. Ele sequer joga futebol. (Só consegue bater bola porque quando tinha quatorze anos jogava altinha.)

Ele tinha confiado em mim: eu o convencera de que existia um enorme fenômeno mundial. Ele largou tudo e veio conosco, embora não conhecesse Rebekah e Luke, e, pensando bem, nem mesmo me conhecia direito. Tínhamos passado algumas noites numa salinha de edição de nove metros quadrados, trabalhando juntos nos nossos documentários para a faculdade, mas isso tinha sido há três anos, e, mesmo naquela época, ele era um cara fechado. Nossos círculos de amigos eram diferentes: eu me encaixava no estereótipo da atleta que passava o tempo todo com outros atletas, e ele era o típico rapaz atarracado de fraternidades acadêmicas que cobria o cabelo oleoso com um boné de beisebol desbotado e manchado de suor. Eu ia ao alojamento dele buscar a câmera e acenava sem graça para os caras meio desmaiados nos cinco sofás da enorme sala de estar. No porão da sala de edição, ficávamos lamentando como era ruim estar numa salinha sem janelas às 3h da manhã, mas nunca falávamos sobre nossas vidas.

Agora, Ryan não é mais atarracado e não usa boné de beisebol. Antes seu rosto era bonito de um jeito meio arredondado, inchado pela cerveja, mas agora ele parece um modelo magrelo – com olhos amendoados, traços definidos. E também saiu do armário. "Hã... Você sabe que sou gay, não é?", ele me perguntou com um sorriso tímido, as mãos enfiadas nos bolsos, quando nos revimos em Durham.

"É, mais ou menos", respondi. Não porque ele tivesse gestos ou comportamento que o entregassem, mas porque tínhamos passado horas a sós sem um pingo de química ou tensão entre nós.

Ferg também é gay, o que tornava as coisas fáceis, sem drama: éramos um cara e uma menina heterossexuais e um cara e uma menina homossexuais, uma equipe de quatro pessoas. E estávamos na chuva, no meio de uma rotatória em Trinidad.

À esquerda, mais um grupo de homens surgiu por trás das árvores. Dessa vez, não prestamos atenção neles. Continuamos jogando. Não reagimos. Mas só até eles ficarem perto o bastante para vermos a indefectível camisa do Manchester United. E as chuteiras que carregavam nos braços.

Peguei a bola com as mãos. "É de verdade", eu disse.

Luke e eu nos dirigimos até o grupo de homens, com Ryan e Rebekah atrás de nós, sem querer alterar a dinâmica daquele nosso primeiro encontro.

O cara mais próximo tinha *dreadlocks* compridos no cabelo e uma expressão séria que sempre associei ao meu treinador, mas que agora começava a associar a todas as pessoas em Trinidad.

Caminhei até ele, diretamente na sua linha de visão, mas, de alguma maneira, seus olhos conseguiram evitar o meu olhar.

Fiquei perto dele. Ele não percebeu minha presença. Disse: "Será que a gente pode jogar com vocês?"

Ele continuou sem olhar para mim. Mas fez um movimento afirmativo de cabeça, quase imperceptível.

Então, Luke e eu só ficamos ali, parados.

Não conseguia pensar em nada para dizer.

Perguntei: "Vocês são de Trinidad?"

Ele assentiu.

Sabia que Luke não me ajudaria, muito embora eu sempre seja tímida e sem jeito e ele seja amistoso e extrovertido. Ele não força as coisas, e dava para senti-lo acuado, achando horrível a falta de naturalidade daquela conversa.

Sempre me surpreendo com a disparidade entre as coisas ensaiadas na minha cabeça e a maneira como acontecem na vida real.

Antes de partirmos, eu tinha lido o guia da Lonely Planet, seguido as dicas e reservado as passagens, mas tentei não imaginar nada, bloqueando as imagens assim que elas entravam na minha mente, do mesmo modo que a gente manda calar a boca alguém que quer contar o fim de um livro ou o resultado de um jogo. Mas eu havia imaginado algumas coisas – e o constrangimento que eu sentia não estava entre elas.

Às 17h15, dezenas de jogos estão acontecendo no gramado – alguns são de críquete, mas a maioria é de futebol. Assim que Luke e eu começamos a jogar, mandando passes que mostram ao cara com *dreadlocks* e a todos os outros que sabemos jogar o mesmo que eles, o constrangimento desaparece: somos jogadores jogando com todos os outros.

Homens de trinta, quarenta e cinquenta anos de idade participam do jogo. Quando nos damos conta, há gente demais, umas vinte pessoas jogando num espaço do tamanho de uma grande área.

Ouvimos um assobio e vemos Ron gritando: "Venham cá! Venham molhar a camisa!" Ele vem até nós andando com aquele jeito meio musical e acena para os demais, porque todos conhecem Ron, o herói nacional. Luke e eu damos um tchauzinho e o seguimos pelo campo.

Jogamos até não conseguir enxergar mais nada. Ficava cada vez mais escuro, nossos pés encontravam a bola antes que pudéssemos vê-la, mas nenhum dos jogos terminava, como se ninguém quisesse ser o cara que vai embora primeiro. "A vela apagou", alguém gritou por fim, quando estava completamente escuro.

Sob a luz oscilante de um poste, ouvimos Ron. "Todo dia vocês podem achar trinitários espalhados pela grama, centenas de joguinhos pra molhar a camisa acontecendo na rotatória até anoitecer", disse com sua voz forte, expressiva. E, novamente, tentou explicar a incerta etimologia por trás da expressão que eles usam para os jogos informais: "Depois do trabalho, é preciso extravasar, deixar tudo sair – dar uma suada." Isso me parecia uma grande descoberta: talvez cada país use uma expressão diferente. Talvez fosse possível coletar explicações para elas pelo mundo afora.

Mas, junto com essa descoberta, há outra – a corrida contra o sol. Se cinco da tarde, a hora em que o sol está mais fraco e o dia de trabalho chegou ao fim, é a hora internacional da pelada, isso significa que sempre vamos terminar o jogo no escuro e não vai dar para filmar. A câmera não pegava nada além dos dentes de Ron.

"Quando quiserem vir a Trinidad, podem me ligar", convidou Ron. Ele esticou a perna e deu uma batidinha com a chuteira na de Luke e depois na minha. "É assim que a gente faz – se achamos que a pessoa jogou bem, a gente dá uma batidinha com a chuteira. É como um aperto de mão entre jogadores."

Tentamos ver o "aperto de mão com chuteiras" na manhã seguinte, sentados na cama no quarto de Ryan e Ferg, assistindo à gravação. Ryan havia ajustado tudo ao máximo, mas, mesmo assim, não deu para ver nada: só ouvir o som da batidinha no couro. Fizemos anotações sobre as quatro fitas, assistindo e marcando as cenas: boa jogada aos 16:05, uma finalização bem de longe aos 21:14, um comentário interessante aos 31:09. Já temos algo gravado, já começamos, e isso é um alívio. Mas não poderemos usar os comentários que Ron havia feito no escuro, e foi difícil capturar quantos jogos estavam acontecendo no gramado. No geral, tínhamos filmado uns cinco ou seis jogos – mas sem uma história por trás.

Carlan, o tocador de bombo, e seu amigo André nos buscaram às 20h para nos levar a um show. Fomos todos apertados dentro do Accord 1986, quatro pessoas no banco de trás e as câmeras empilhadas em cima de nós. No para-brisa havia um adesivo dos Soca Warriors, o apelido da seleção de Trinidad e Tobago. Passamos por bandos de cachorros vira-latas e um bode amarrado em um poste telefônico, e mais cachorros vira-latas. Os carros entupiam a rua. Trinidad tem mais carros per capita do que qualquer outro país, com exceção dos Estados Unidos. E as pessoas dirigem rápido, sem medo, enfiando-se agressivamente na frente dos outros nos cruzamentos. No dia anterior, tínhamos feito um passeio sem carro com Louis, o primo de Ian, e ele tinha a mesma abordagem com o trânsito a pé: esticava o braço para o lado para que nós quatro fôssemos atrás dele até o meio do cruzamento. Louis tinha mais ou menos a nossa idade, usava boina de tricô com aba, calça de moletom e botas Lugz. Assim que escureceu, ele nos disse: "Sem mim, alguém pode colocar vocês num carro e ir embora. Eu protejo vocês." E, de fato, as coisas pareciam diferentes à noite.

O pequeno Honda parecia um carro de kart descendo as ruas menores para evitar a avenida parada pelo trânsito. Prestávamos atenção no que André dizia sobre o show de calipso – o inglês dele era fácil de entender porque tinha trabalhado um ano em cruzeiros –, mas também olhávamos pela janela, vendo o bairro muito escuro pelo qual passávamos. "Malick é uma área perigosa, uma das piores", disse Carlan. Um homem atravessou a rua lentamente, na diagonal, dirigindo-se para sabe-se lá onde. Meus olhos o acompanharam, o nosso carro seguindo adiante, veloz. E aí avistei luzes pela janela – as luzes de um pátio.

Virei para trás e tentei discernir o que via. Tinha um campo cercado e, através do alambrado, eu podia ver corpos em movimento. Ouvi gritos, gritos que pareciam ser de gente jogando.

"Querem parar?", perguntou Carlan, ao perceber nós quatro esticando o pescoço na direção do campo.

"Podemos?", perguntou Luke.

"Não vejo por que não."

Nós seis fomos até o alambrado. Ryan, Rebekah, Luke e eu ficamos em silêncio. Sabíamos o que estávamos vendo: o jogo que havíamos imaginado.

As luzes fluorescentes deixavam tudo neon, refletindo nos colares de ouro, nos pontos brilhantes do asfalto e nas laterais brancas da quadra de basquete. Havia gols pequenos, feitos de aço, um de cada lado da quadra. Eram três contra três, e os jogadores gritavam alto: "Você tem que marcar o cara, garoto", "Você está demorando demais, garoto". E depois do som metálico da bola batendo na trave: "Vamos ficar aqui a noite toda, moleque, a noite toda."

Quando entramos na quadra, duas moças de shorts curtos, que estavam de saída, passaram por nós. Uma delas foi até Carlan e encostou o ombro no peito dele. "E aí, moça?", disse Carlan, com sotaque mais forte do que quando falava conosco.

Havia vários adolescentes espalhados pelas arquibancadas velhas. Um pouco mais longe, três rapazes mais velhos estavam encostados numa lanchonete que não funcionava mais. Um cara com boné do New

York Yankees com estampa de camuflagem e camiseta branca fumava um baseado e observava o jogo. "São os irmãos mais velhos dos caras que estão jogando agora", explicou Carlan, seguindo o meu olhar. "Dois deles jogam na liga profissional de Trinidad." Observando cada jogada, com os rostos imóveis e indecifráveis, pareciam poderosos chefões vigiando a quadra.

Puxei as laterais da saia de algodão *stretch* que eu tinha escolhido para ir ao show, e que vai até os joelhos, e me aproximei da lateral do campo.

Em cada grupo de jogadores, havia um ou dois líderes; dava para identificá-los pela desenvoltura, pela autoconfiança. Meus olhos se fixaram num sujeito que usava calção de banho vermelho e azul, com o náilon rasgado na região pélvica. Ele esfregou as mãos no cabelo cortado rente, seu queixo se mexia enquanto ele pulava no mesmo lugar, movimentando-se sem parar. Parecia ter uns dezessete anos. O peito sem pelos ainda era franzino feito o de um menino, mas ele caminhava com o balanço confiante e rebelde de alguém que se sente mais velho.

A bola saltou pelo asfalto na minha direção, e o líder a seguia.

Quando ele se agachou para pegá-la, a uns trinta centímetros de distância de mim, perguntei: "Podemos jogar?"

Ele franziu a testa e apontou para a minha sandália. "Você não está de tênis", disse, com a bola nas mãos.

Olhei para baixo, para os pés dele, também descalços.

"Mas os seus pés não estão acostumados a isso", complementou.

"Estão", devolvi, sentindo que estava mentindo, muito embora não estivesse. Eu tinha passado os últimos dois meses jogando futebol descalça, para não ser a americana de pés macios. E Luke, que é meio hippie, sempre preferiu jogar descalço.

"Vocês jogam contra quem ganhar", ele disse, dando-me as costas, o rosto sério, como se pensasse que a gente ia estragar o jogo deles.

Fui até as arquibancadas. Sempre gostei de provar algo a alguém.

Um menino mais novo, com uns oito anos de idade, que estava apoiado no balcão, correu até mim. "O que estão fazendo aqui? Vocês são de onde?", perguntou, enquanto deslizava para trás feito Michael Jackson, sem deixar a conversa atrapalhar seu ritmo. O menino era o contraste – com todo o entusiasmo dele a nosso respeito, sentia-se mais a ausência de entusiasmo dos outros.

"Moça, você está pronta para jogar?", gritou o cara de calção de banho, enquanto um grupo de jogadores saía da quadra.

Um cara de camisa polo azul bebê ficou no time em que eu e Luke estávamos. Ele não era tão bom quanto os outros. Dava para ver pelo modo como andava, com um ar culpado, como se soubesse que não gostava tanto de futebol quanto os outros.

Do nosso lado da quadra, estou descalça no asfalto. Adrenalina: lá está ela, enrijecendo meu corpo como se estivesse sempre presente.

Então, ele veio vindo. Um cara com uma corrente de ouro batendo no peito molhado e nu, chuteiras brancas e reluzentes girando ao redor da bola. Tocou-a com um movimento rápido, do calcanhar até o dedão – uma firula meio Harlem Globetrotter, só para se mostrar. Ele vinha devagar e eu esperei. Às vezes, embora ninguém goste de admitir, antes do jogo, dá para saber se você vai ganhar ou perder. Quando a intuição diz que você vai perder, você a ignora: quando diz que vai ganhar, você fica calmo. Existem momentos menores durante o jogo em que essa sensação aparece, quando você sabe o que vai acontecer.

O cara com chuteira de cano alto vem driblando até mim e, enquanto isso, fiquei de olho só na bola. E então a roubei dele. Depois que consegui, ao sentir aquelas expressões carrancudas relaxarem e ouvir os caras pulando nas arquibancadas, rindo e gritando, trabalhei a bola, driblando pela quadra com a autoconfiança de alguém que acabara de roubá-la de outro jogador. Dei uma pedalada, cheguei à linha de fundo e fiz um passe direto para Luke.

No começo de um jogo, é quase uma trapaça. Ninguém acha que a menina vai jogar bem. Quando eles partem para cima de você, vêm devagar. Quase como se estivessem flertando, exibindo-se em vez de jogar. É só depois que você tira a bola deles que o jogo começa de verdade. E aí eles ficam sérios, vindo para cima de você com a mesma garra com que vão para cima de outros jogadores.

Luke tocou a bola de um lado para o outro, meio exibido, como se estivesse numa propaganda de tênis. O que era uma surpresa. Na faculdade, embora talvez fosse o jogador mais criativo do time, não driblava nos jogos. O papel do volante é procurar brechas, abrir o campo, pegar bolas que eliminam a necessidade de driblar. Ele era o homem de ligação, bom em simplificar o jogo. Mas lá estava ele dançando com a bola. Era bem esse o tipo de jogo, todo mundo exibindo seus passes. Luke parou a bola no peito do pé. Um cara de bermuda xadrez tentou pegá-la; Luke mandou a bola para cima, dando um chapéu. Foi bonito, surpreendente.

Então o rapaz de calção de banho começou a sorrir, parecendo animado, como se estivesse se dando conta de que sabíamos jogar, afinal. Bateu palmas e partiu para cima de Luke.

De um jeito despreocupado, ele impeliu a bola para a frente, esperando para ver o que Luke faria. Quando Luke entrou para defender, ele correu mais rápido, usando a sola do pé para chutar a bola por entre as pernas de Luke – uma caneta. A sensação é que a bola faz "*vuuuush!*".

"Hoje tô jantando carne branca!", gritou o cara.

Nos cinco minutos seguintes, o jogo estava a toda. E aí o cara de chuteira de cano alto tentou fazer um gol. A bola bateu na parte de trás do gol de ferro e nós perdemos. Saí da quadra e fiquei perto da arquibancada, com o corpo todo agitado. Queria ter ganhado para poder continuar na quadra, mas joguei bem e isso dá prazer.

Recostei-me na arquibancada, em parte observando o jogo, em parte me deliciando com a sensação. Essa partida em Malick não foi igual à de Queen's Park Savannah. Aqueles caras eram mais velhos, pessoas que já tinham chegado à última fase de suas carreiras como jogadores. Ainda há honra nisso: você tenta jogar bem o suficiente para se lembrar do quanto era bom. Eles tinham um ar meio triste, ilustrado pela frustração dos passes mal-feitos e corridas desajeitadas pelo campo, que são só uma sombra do que faziam há dez anos. Mas os rapazes em Malick eram jovens o suficiente para ainda desejar tudo.

Antes de sairmos para o show, tivemos mais uma chance na quadra. Jogamos contra o mesmo time, que ainda não tinha perdido. Eles tocaram

Luke e eu jogando com vendedores de picolé em Maracas Bay, Trinidad e Tobago. (Cortesia de Ryan White)

a bola de um para o outro, por toda a quadra – esquerda, centro, direita, para cima. E aí chutaram e gol.

"Menos de dez segundos!"

"Levou um *cobo*! Levou um *cobo*!", gritou o líder, vindo na nossa direção.

"O que é um '*cobo*'?", perguntou Luke.

"É quando você não molha a camisa", explicou, rindo. Esfregou a cabeça, nos cumprimentou com um aperto de mão e voltou para a quadra.

"Um *cobo*", nos informou Carlan, "é um pássaro preto que chega… e depois sai voando."

Voltamos para o carro e fomos para o show, ouvir os bombos. Batemos os pés no chão, balançamos a cabeça, tentamos mostrar que também sentíamos a música. No resto da semana, jogamos bola com vendedores de picolé em Maracas Bay e comemos no Natalie's Bake 'N' Shark. Filmamos tudo que achamos que poderia nos ajudar: facões cortando abacaxis, galinhas cacarejando num galinheiro, as montanhas que se erguem acima de Port of Spain. "Limamos" – a expressão trinitária para relaxar, aproveitar a vida – em companhia de Ian e sua família, com Louis batucando com a faca na garrafa de cerveja. E, no fim da semana, pegamos a balsa rumo à ilha de Tobago, onde alugamos um carro e dirigimos pelo lado esquerdo da rua. Jogamos com os turistas de Guiné na praia em Store Bay. O jogo foi um jeito de evitar os mosquitos da ilha que surgem à noite, mas Ryan, que ficou parado, tentando filmar o pôr do sol e nossas silhuetas, foi devorado, e várias picadas de mosquito pipocaram em seu rosto.

Terminamos a semana com oito horas de filmagem de Trinidad e Tobago. Mas, para todos nós, Trinidad foi o vislumbre daquele jogo em Malick. Quando saímos da quadra, fiquei observando o menino, que ainda pulava sem sair do lugar, pedindo para que os jogadores mais velhos o deixassem jogar. Ele juntou as mãos, como se estivesse implorando, e disse: "Por favor, por favor!" O líder magrinho do grupo colocou as mãos nos ombros do menino, olhou-o nos olhos bem sério e depois sorriu: "Está bem."

3. Pelada

1.

Quando passei as férias de verão entre meus dois anos de pós-graduação jogando profissionalmente no Brasil, eu não telefonava para Luke. Disse a ele que era porque o orelhão ficava a três quilômetros de onde eu estava hospedada e nem sempre funcionava, o que era verdade, mas, sinceramente, eu não ligava porque tinha medo. Luke e eu nos conhecemos num jogo informal em South Bend. Ele chegou atrasado de algum outro lugar, com o rosto vermelho e suado, pulando a mureta que cercava a quadra e me cumprimentando com um aperto de mão. Passou os dedos pelos cachos loiros, fazendo o cabelo enorme ficar para cima, e, quando sorriu para mim, com aqueles olhos azul-escuros olhando dentro dos meus, senti algo diferente. Só tínhamos um mês pela frente. Bebíamos vinho no gargalo e comíamos Taco Bell no banco perto do rio – a 0°C. Íamos nadar tarde da noite na piscina do antigo ginásio, nos beijávamos no escuro, encostados na parede da sala de raquetebol. Saíamos para passear de carro, rodando durante horas, ouvindo música. Ele tirava fotos de igrejas antigas e me levava para exposições de arte e concertos sinfônicos de gente de quem eu nunca tinha ouvido falar. Sob a luz de um poste, ele me disse que me amava. Foi difícil raciocinar, respirar. E aí, quando ele foi embora, foi ainda mais difícil raciocinar e respirar. Depois de cinco semanas de verão no Brasil, eu já estava longe dele há mais tempo do que havia ficado com ele. Indo e voltando a pé dos treinos, ou deitada na cama de cima do beliche, tentando dormir, eu não conseguia me livrar da sensação de que tudo chegaria ao fim quando eu voltasse, que eu sairia do avião e me encontraria com um cara que era diferente do que eu lembrava.

Na faculdade, li *Brasil*, de John Updike, uma história de amor com toques de realismo mágico e feitiçaria, a realidade oscilando diante dos dois amantes, enquanto passeavam por praias, selvas e desertos, em busca de saciar seu vício um no outro. A fantasia do romance acabou influenciando minha impressão do país. Naquele verão, a sensação de que tudo era irreal era reforçada pela fome, pelo cansaço, pela ausência de amor e pelo silêncio. Ninguém falava inglês; eu não falava português. Jogávamos de sete a oito horas por dia. Comíamos enroladinho de salsicha no café da manhã, arroz e feijão no almoço e no jantar. No caminho para os treinos, 45 minutos a pé, eu me sentia vazia por dentro, leve, como se fosse sair levitando pela rua feito um balão perdido. Às vezes pedíamos carona, de pé sob o sol. Os carros sofisticados nunca paravam, mas aqueles com calota faltando diminuíam a velocidade e corríamos para alcançá-los. Karen, minha colega de quarto, falava com o motorista com pressa, sem fôlego, enquanto eu ficava sentada no banco de trás, ouvindo os dois conversarem. "Americana", dizia Karen, apontando para mim. Meu time tentava me ensinar português no caminho para casa, escrevendo as palavras com um graveto na areia, apontando para o céu ou para a chuva; mas assim que eu aprendia "céu", esquecia "chuva". "*It's OK, it's OK*", dizia Karen para mim, dando tapinhas no meu ombro, seu inglês melhorando mais rápido que meu português. À noite, Karen falava comigo em português e eu falava com ela em inglês e, em algumas noites, fingíamos nos entender, meneando a cabeça, sorrindo, atuando. Em outras noites, interrompíamos os monólogos uma da outra: "Não fala português", eu dizia; "*no speak English, no speak English, no speak English*", ela sussurrava, já adormecendo.

Durante todo aquele verão, parecia haver uma névoa na minha cabeça, mais ou menos como aquilo que sentimos quando não dormimos direito, com momentos que se confundem e outros que parecem mais vívidos: formigas subindo pela minha perna enquanto nos apoiávamos contra um fusquinha sem rodas, colocando as chuteiras. Indo para casa com dificuldade pelas ruas, com a água da chuva até os joelhos. Pratinhos de papel com bolinhas de massa enrolada, do tamanho de bolas de gude, oferendas para os deuses. Jogadoras de basquete semiprofissionais que compartilhavam nosso dormitório, ouvindo músicas de LL Cool J no som portátil, suas bocas pronunciando sons que não entendiam: *"Pride is what you had, baby girl, I'm what you have."* Flávia, que andava sempre com uma varinha metálica, indo de quarto em quarto batendo nos lábios, nos narizes, nos umbigos. Karen descobrindo o meu CD do Radiohead, deitada todas as noites com o rosto encostado no lençol, dizendo: *"Love música, love, my room sister."*

Eu entrava nos ônibus sem saber para onde íamos; seguia as meninas até o centro, sem ter a menor ideia de por que estávamos indo para lá; vestia o mesmo tipo de roupa que Karen. Nos treinos, elas colocavam as mãos nos meus ombros e me empurravam na direção em que queriam que eu fosse. Quando o inverno brasileiro começou a despejar suas chuvas na quadra, treinamos na praia, correndo na areia. Homens empurrando carrinhos de sorvete passavam por nós enquanto aquecíamos elevando os joelhos sobre obstáculos de papelão dobrado que precisávamos levantar quando as ondas chegavam perto demais. Nos dias em que havia poças nas quadras e a maré estava alta, treinávamos agilidade no asfalto da avenida principal, nossos corpos ocupando uma faixa e os carros passando na outra, nos encharcando. Nos dias de folga, jogávamos redes de pesca no mar, descíamos o rio, lavávamos a roupa nos tanques de pedra do beco de trás. Enquanto eu esfregava minha camisa contra as ondulações do tanque, elas colocavam as mãos nos meus quadris e tentavam me movimentar no ritmo um-dois-três do samba.

Quando o verão terminou e peguei o avião para voltar para Luke, perdi o voo de conexão e cheguei horas atrasada. Não tinha como ligar para ele, não tinha como avisá-lo. Desci a escada rolante e o encontrei dormindo em cima da minha mala, que havia chegado antes de mim. Estava num sono profundo. Senti um choque de realidade enquanto olhava para ele – a testa franzida, a boca aberta, as mãos fechadas perto do peito –, como se ele tivesse despencado da minha imaginação e caído aos meus pés. "Luke", falei, sentindo aquele nome estranho na boca, a minha voz estranha aos meus ouvidos. Agachei ao lado dele e apertei seu ombro. Seus olhos se abriram e eu o vi despertar, aquele segundo de confusão, e então finalmente saber, lembrar. Rapidamente, ficou de pé e, por fim, me ergueu do chão.

"Você está aqui!", ele disse, me apertando contra seu corpo.

"Você está diferente", eu disse, olhando aquele rosto bronzeado que antes era pálido, percorrendo os dedos pelo cabelo curto, agora sem cachos.

"Você também", respondeu ele, pressionando os polegares contra os ossos dos meus quadris.

Mas não estávamos diferentes, nada era falso, e senti um alívio imediato. Não estávamos em South Bend, onde meu apartamento em forma de túnel, o futon preto e rasgado dele, o rio sinuoso, a neve e a redoma dourada da Notre Dame eram o conhecido cenário do nosso relacionamento. Estávamos em Los Angeles, na Califórnia, a cidade do sol, das estrelas de cinema, dos ventos de Santa Ana descritos por Joan Didion. O ambiente era outro, mas Luke ainda era o cara que havia me deixado incrédula.

"Você entende o que estou dizendo!", falei.

"Entendo", disse ele.

"E eu entendo o que você está dizendo", continuei.

"Uhum", respondeu ele.

"Eu não estava entendendo nada", eu disse. Eu me referia a tudo: à língua, ao país, a ficar sem ele.

Ele também havia estado no Brasil, conhecia o país até melhor do que eu. Durante a primavera, no primeiro ano na faculdade, ele morou no Rio de Janeiro por sete meses. Aprendeu português jogando pelada e conversando com moças nos bares. (Tirou nota baixa no trabalho de fim de semestre porque tentou impressionar o professor com o arsenal de gírias que havia aprendido.) Na praia, imitava os brasileiros: usava sunga. (Encontrei-a numa caixa, em seu quarto, e mal pude acreditar.) Certa vez, quando estava tirando fotos dos túmulos no cemitério São João Batista, foi testemunha acidental de uma venda de drogas e acabou com um revólver apontado para a cabeça; usou seu português para convencer o marginal a não levar sua câmera. Antes de eu viajar, ele havia me mostrado seu livro de português, marcando as frases que eu deveria usar, falando-as em voz alta para eu ouvir a pronúncia. Mas eu nunca o vira em ação, nunca o vira no Brasil, falando com os brasileiros.

Agora, no avião, indo de Trinidad e Tobago para Miami e de lá para o Rio de Janeiro, Luke estudava seu grosso volume de *501 Portuguese Verbs*, enquanto eu bebia vinho, via filmes ruins e tentava não ficar nervosa.

Tudo era mais tranquilo no Brasil. Nos outros países, a nossa ideia para o filme era apenas uma hipótese: partimos da premissa de que as pessoas jogam futebol informalmente. No Brasil, isso é um fato; já tínhamos visto os jogos, já tínhamos jogado. Se nosso filme não funcionasse no Brasil, não ia funcionar em lugar nenhum.

A essa altura, já tínhamos começado a admitir que não havia nenhuma história para contar nas oito horas de filmagem em Trinidad e Tobago. Aquele jogo em Malick ainda estava grudado na minha memória – as luzes, os homens, as traves de metal, o asfalto, a adrenalina –, mas não havíamos captado nada de verdade. Jogamos só trinta minutos. Não fizemos entrevistas. Não era material suficiente. No Brasil, tínhamos nos dado um mês, duas vezes mais que o tempo que passaríamos em qualquer outro lugar. Precisávamos de uma história.

Luís Oliveira, um brasileiro que mora na Califórnia, viu um artigo no jornal da cidade natal de Luke que falava sobre o nosso projeto. Ele nos mandou um e-mail cuja linha de assunto era "I will help you" ("Vou ajudar vocês") e, uma semana depois, lá estávamos nós sentados na sua sala de estar, comendo pão de queijo, tipicamente brasileiro. "Toda a minha família mora perto do Rio", nos informou Luís em inglês, esfregando as coxas, animado. "Todo dia a gente joga na rua! Vocês podem ficar na casa deles. O Arnaldo, meu irmão, vai ajudar vocês a achar os jogos."

Um mês depois, estávamos na companhia de Arnaldo, perto do fim do dia, com as bolsas no chão, observando a cena na rua da família Oliveira. Jovens sentados no meio-fio, com as palmas das mãos apoiadas no chão atrás de si, batendo os pés ao ritmo do funk brasileiro. O cheiro de feijoada entrava pela porta aberta. Crianças mais velhas andavam de bicicleta, uma no assento e outra sentada no guidão. Uma menina de seis anos, com cabelo afro e olhos azul-claros, passou por nós virando uma estrela, sua blusa cor-de-rosa curta encostando no queixo. Uma bola quicou pela rua. Um menino de patins a impulsionava para a frente; um trio de meninas brincou com ela como se fosse uma bola de vôlei; um adolescente numa bicicleta abaixou uma perna, arrastou o pé e empurrou a bola enquanto guiava. Ao mesmo tempo, começou um jogo de verdade, três jovens contra outros três, tentando acertar nos gols improvisados feitos com chinelos, até todo mundo ficar cansado, com calor, e voltar para o meio-fio, onde podiam beber guaraná e recuperar o fôlego.

"Cheios de vida" é como Luke descreve os brasileiros. (Ele tem uma teoria não científica de que a incapacidade dos brasileiros de conterem sentimentos e emoções está, de alguma forma, relacionada ao guaraná – o Mountain Dew deles.) Arnaldo – com os mesmos cabelos encaracolados e olhos verdes de seu irmão e o detalhe extra de uma barriga imensa – é tão impressionado por essa qualidade quanto nós, e está determinado a mostrá-la para a gente. Ele disse que era velho demais e sociável de menos para saber o que rolava na rua, então nos levaria até alguém que soubesse.

Na manhã seguinte, fomos até os escritórios de um jornal pretensioso, administrado por jovens de vinte anos de idade. "Nova Iguaçu é uma cidade com um milhão de pessoas e não tínhamos jornal", explicou Nike, um cara estiloso com um monte de *dreadlocks*, fazendo gestos para indicar a sala enorme, cheia de computadores e gente indo para lá e para cá. "Então, fizemos um."

Sentados ao redor de uma mesa, explicamos o nosso filme. Fazendo gestos com os dedos, tudo parece muito digno e importante – e também bobo. Fico me perguntando se todos os adultos ao redor de mesas de reunião se sentem assim, como se estivessem atuando. Além disso, estamos atrás de jogos informais, algo natural e espontâneo, então parece irônico ficar sentada numa sala de reuniões, planejando.

"Vamos levar vocês para o lugar onde nós crescemos", disse Nike. "É uma favela pequena. E sempre tem gente jogando." Assim como Arnaldo, Nike tinha orgulho de sua rua.

Um grupo de crianças gritou o nome dele enquanto atravessávamos uma espécie de ponte, que cruzava um esgoto em vez de um riacho. Depois de passarmos agachados debaixo de um arco, entramos num labirinto de vielas muito estreitas, pintadas em tons de roxo, amarelo e verde. A imaginação cobria muitas das paredes – asas de borboleta com bordas perfuradas, um tubarão de nariz redondo, videiras que se cruzavam no ar. Aquilo não era, de maneira alguma, o que eu imaginava ser uma favela. Literalmente, "favela" significa flor selvagem: quando as pessoas se mudaram para a cidade em busca de trabalho, suas casas improvisadas, feitas de restos de material de construção, começaram a se acumular nos morros. Apesar das campanhas de remoção do governo na década de 1970 para eliminá-las, as comunidades cresceram tão rápido quanto a fama do seu nome. Rechaçadas pelo governo, as favelas não apareciam nos mapas e nem tinham acesso a serviços municipais como esgoto, energia elétrica e coleta de lixo. Na ausência do governo, traficantes muitas vezes assumiam o controle, tornando algumas favelas mais perigosas que outras.

"Sandro é o grafiteiro", disse Nike, apontando para o menino de quinze anos que caminhava ao meu lado. "É ele que pinta as ruas." Era um menino magrinho, vestindo uma regata azul que deixava de fora seus braços compridos feito caniços. Segurando um caderno numa das mãos, ele me cumprimentou com a outra.

"Um motorista de caminhão bêbado atropelou os gols deles na semana passada", contou Nike, enquanto adolescentes arrastavam cones de trânsito para o centro da viela mais larga.

Mais para o lado, um menino de dez anos, com *piercing* no lábio, estava recostado na parede, observando. Atrás do cone do gol, três adolescentes mais velhos com fones de ouvido faziam uma dança meio *break*, meio samba. Diversas motocicletas, um carro azul e uma senhora mais velha carregando compras pesadas passaram bem no meio do jogo, parando a bola por alguns instantes.

Enquanto eu assistia ao jogo, Sandro, o grafiteiro, arrancou uma página do caderno e me deu o desenho de uma moça com rabo de cavalo comprido, lábios carnudos, camiseta com a bandeira dos Estados Unidos e shorts muito curtos. Ela era sinuosa, com curvas saindo dos quadris, e tinha uma bola de futebol nos pés.

Olhei para a minha caricatura: era estranho ver a mim mesma pelos olhos de outra pessoa. "Muito obrigada", disse, dando-lhe um beijo no rosto, que é o que acho que um brasileiro faria. Ele foi embora com as mãos nos bolsos, satisfeito com seu jeito de interpretar o mundo que vê, e me ocorreu que eu sabia muito bem o que era isso. Naquela idade, assim como ele, eu tentava pôr no papel as minhas impressões, escrevendo pedaços de frases; combinava palavras bonitas e intensas – "acreditar na orquestra da paixão", "correr contra a chuva do amor" –, coisas das quais me orgulhava até lê-las novamente no ano seguinte e sentir desânimo e vergonha. (Meu arrependimento atingiu o ponto máximo quando três meninas do time do colégio acharam meu diário e ficaram recitando versos para o resto da turma no ônibus, rumo a um jogo de despedida; no início, com a testa encostada no assento de vinil marrom, me remoendo por dentro, pensei que estivesse tendo um déjà-vu. *Engraçado*, pensei, *já ouvi essas palavras antes*. Então, elas exclamaram a frase inequívoca: "QUERO QUE ALGUÉM ME TOQUE DE UM JEITO QUE ME FAÇA ESTREMECER." Isso encerrou para sempre a atividade de escrever diários.)

Jogamos até o sol se pôr. Achei que o escuro deixaria as ruelas mais ameaçadoras, pouco convidativas, mas não deixou. A luz das casas saía pelas portas e os televisores transmitiam partidas de futebol, fazendo as pessoas levantarem os pés, apreensivas, e colocarem de volta no chão.

"AQUI, OS NOSSOS FILHOS já nascem entendendo de futebol", disse um homem sem camisa para a câmera. "Às vezes eles não sabem falar 'papai', mas já sabem dizer 'bola' ou 'gol'."

Era domingo, nosso último dia com Arnaldo. De manhã, ele entrou na cozinha enquanto tomávamos café com seu pai, de 85 anos, e anunciou que precisávamos ver uma coisa: aos domingos, nas cidades menores, eles fecham as ruas laterais, que ficam reservadas para as peladas. Então, por volta de meio-dia, nos esprememos no Fiat de Arnaldo e chegamos a Mesquita dez minutos depois. Arnaldo franziu a testa enquanto olhava as ruas, que não estavam fechadas. Segurou firme o volante, o pescoço esticado, com medo de aquela coisa incrível não existir mais. Vimos carros passarem velozes pelos pontos onde deveriam estar acontecendo as partidas de futebol. Bem na hora em que desisti, apoiando os joelhos juntos e altos contra o assento da frente, Arnaldo bateu no para-brisa e disse: "Lá!"

Estávamos parados numa rua interditada por uma corda com uma placa de papelão que dizia "rua de lazer", que Luke traduziu para nós como "*street of leisure*". Eu associo a palavra "*leisure*" a *resorts* luxuosos e espreguiçadeiras, não a uma bola quicando pela rua. Mas o lazer, a liberdade das exigências do trabalho e do dever, parecia significar mais do que espreguiçadeiras para as mães que formavam um pequeno grupo na calçada. Elas vestiam camisetas que ficavam uns dois centímetros acima do umbigo e fumavam cigarro, com uma expressão sincera mas obstinada no rosto.

O homem sem camisa passava os dedos nos pelos do peito enquanto nos contava sobre as tais peladas de rua. "Pelada", a palavra brasileira para o "*pickup*" inglês, significa literalmente estar sem roupa, talvez porque seja a forma mais simples de jogar, despido ao máximo.

Na nossa frente, crianças brincavam num grupo movimentado. Sentei no meio-fio para observar. A bola estava murcha. Toda vez que uma criança chutava com muita força, ela ficava côncava, mais parecendo uma lua crescente do que uma bola. Enquanto eu contava quantos passes elas conseguiam dar antes que alguém chutasse forte demais e esvaziasse a bola completamente, uma mãe com uma boneca embaixo do braço me puxou pelo pulso e me conduziu por uma entrada escura até o que parecia ser uma festa de aniversário.

Meus olhos se acostumaram à transição da luz: vi bolos de aniversário e muitas crianças apinhadas na cozinha. A mãe falou comigo. Os brasileiros olham bem no seu rosto quando falam, extremamente atenciosos, querendo que você saiba que estão falando com você, para você... muito embora você não entenda uma palavra do que digam. Ainda me segu-

Pelada em "rua de lazer" em Mesquita, Rio de Janeiro, Brasil.
(Cortesia de Luke Boughen)

rando pelo pulso, a mãe falou de um jeito pausado, como se achasse que, se falasse mais devagar e eu me esforçasse mais, poderia entender melhor. Enfiou na minha boca uma colher com o que parecia ser um molho de salsichas fatiadas, me entregou um bolo de chocolate num pratinho descartável de papel e me conduziu porta afora. Saí da sala aos tropeços e me choquei contra Ferg, que estava com uma criança abraçada à cintura.

Ryan e Luke estavam cercados pelas mães. Uma mulher alta com uma saia florida, numa porta, batucava um pandeiro, enquanto outras mães, sentadas em cadeiras de jardim tipo anos 70, bebiam cerveja em garrafas grandes e gingavam sem levantar. "A gente fecha a rua para as crianças", disse uma mãe de azul, baforando a fumaça do cigarro. "Somos das antigas."

Fiquei pensando se esse compromisso com um ideal que está desaparecendo – ruas fechadas para crianças brincarem – não é mais crucial para a louca agitação dos brasileiros do que o guaraná.

2.

Quando fui pra Califórnia ficar com Luke, ele foi o guia e eu, a turista. Quando chegamos ao Rio de Janeiro, parecia a Califórnia de novo, nós dois passeando por lugares que ele já conhecia e eu tentando acompanhar. Ele falava a língua, conhecia as ruas, segurava os mapas. Ele nos levou ao quiosque com a água de coco mais gostosa e à praia onde aprendeu a jogar futevôlei, o voleibol com os pés. Nos supermercados, sabia onde pesar a fruta e onde achar pão quentinho. Quando passamos pelo balcão dos lanches, o homem de avental gritou: "Opa! Lucas!" e serviu a mesma coxinha de frango que Luke costumava pedir. Na terça à noite, estava chovendo quando aparecemos no campo embaixo do apartamento onde ele morava, e já tinham se passado três anos desde que ele havia jogado ali, mas nada havia mudado: os mesmos rostos, a mesma pelada a cada três semanas, o mesmo lento caminhar até o campo. "*Lukie!*", eles gritaram, sorrindo. Um cara passou a mão no cabelo curto de Luke e disse: "Onde que tá o cabelo?"

Luke bateu na barriga do cara e respondeu, também em português: "Cadê o gordão?"

Todos riram e eu esperei enquanto Luke explicava que aquele cara, que só dava sinais de ser um brasileiro lindo, antes era gordo.

Ficamos hospedados no Leblon, porque é perto tanto de Copacabana quanto de Ipanema, e porque descobrimos que, para um grupo de quatro pessoas, saía mais barato alugar um apartamento ali do que ficar num albergue. Há ruazinhas de paralelepípedo ladeadas por árvores. Porteiros de pé nas escadas e velhos com as mãos às costas caminhando lado a lado com seus cães pequenos. Mulheres de salto alto balançando sacolas de compras de lojas sofisticadas, e homens de suéteres em cafés bebericando cappuccinos. Há, ao mesmo tempo, a sofisticação de Manhattan e a brisa da praia. A pouco mais de quinhentos metros dali, estão milhares de barracos nos morros. O Rio de Janeiro tem um índice de assassinatos comparável a zonas de guerra; a maioria dessas mortes ocorre nas favelas, de frente para a cidade. Durante o verão que Luke passou no Rio, ele jogou numa pelada de sexta-feira entre duas favelas inimigas, vizinhas de seu prédio. (Meteram o cara loiro no gol para que ele pudesse provar seu valor.) Na quadra, não havia problemas.

A lenda diz que talvez tenha sido nas favelas do Rio que nasceu o futebol-arte. "Depois que os ingleses levaram para a América do Sul o que agora é o esporte mais popular do planeta, há mais ou menos 115 anos, ele foi inicialmente adotado pelas elites", escreveu o arquiteto brasileiro Fernando Luiz Lara. "Mais ou menos na mesma época, a ocupação de um morro no centro do Rio gerou a primeira favela. Assim que o jogo chegou às periferias, ele se afastou do formalismo europeu e se transformou no jogo exuberante, tão famoso hoje em dia." Muitas das estrelas brasileiras – Adriano, Ronaldo, Ronaldinho – cresceram nas favelas. Na quinta-feira, um amigo do amigo de Luke nos levaria à Rocinha para ver as peladas na maior favela da América do Sul.

No resto da semana, Luke foi nosso guia pela cidade. Subimos o Corcovado, cujo nome foi dado por lembrar uma pessoa encurvada. O Cristo Redentor, a estátua de Jesus Cristo de braços abertos, com 38 metros de altura, fica no topo. Escondemos nossa câmera atrás dos turistas japoneses e filmamos quando o segurança não estava olhando, sem saber se tínhamos que ter uma autorização. E então fomos andando até o topo do morro ali perto, para filmar a estátua com a cidade espalhada sob ela.

Deitei de bruços na grama perto de Luke e fiquei olhando os fiapos de nuvem passando rápidos em frente ao Cristo, enquanto Ryan e Rebekah filmavam cena após cena, experimentando efeitos e movimentos de câmera. Nos dias de filmagem livre, ficávamos mais relaxados. Se você perde um lance ou uma cena num jogo, não dá para voltar atrás; mas paisagem é algo que dá para filmar inúmeras vezes, até acertar.

Luke gosta de monumentos. Eu não. Mas a estátua do Cristo Redentor mudou meu jeito de pensar. Lá em cima, pairando a 2,3 mil metros, na ponta do Corcovado, sobre a praia, as favelas, o estádio do Maracanã e a ponte Rio-Niterói, ele parece estar abrindo os braços para todo o Rio de Janeiro... e estar prestes a mergulhar, sem medo.

No dia seguinte, passeando por Copacabana, vimos um homem de sunga de banho com os braços estendidos do mesmo jeito – como se dissesse "Mundo, estou pronto!". Mais ou menos umas dez pessoas como ele – meditando ou chamando por Deus – pontuavam a praia, indiferentes aos olhares dos banhistas ao redor. Vendedores ziguezagueavam pela areia, carregando isopores cheios de cerveja e bolsas entupidas de cangas multicoloridas. Havia círculos de pessoas perto da água, mantendo o futebol vivo. Enquanto nos Estados Unidos jogamos paddleball e frisbees na praia, os brasileiros jogam bola, fazendo uma corrente pela orla. Os corpos são fortes como os de super-heróis, com os músculos do peito molhados, brilhando ao sol. As sungas, partes de baixo bem diminutas, deixam bastante as coxas de fora. Eles chutam a bola cada vez mais alto, fazendo piruetas tipo *kickboxing*, calculando o giro de maneira que o calcanhar do pé bata na bola e a mande para cima. Uma menina estava jogando: tinha o cabelo igual ao da Gisele Bündchen, pele bem bronzeada e usava um biquíni branco mínimo que teimava em ficar encavado num bumbum que não imaginei que pudesse existir. E ela jogava bem, fazendo piruetas com as pernas e firulas mais bonitas que as dos homens.

Mais para cima da praia, perto da calçada, avistamos um jogo. Eu já tinha jogado na praia antes, mas sempre na areia firme, perto da água, não lá em cima, naquela areia fofa que trai os movimentos, que cede debaixo dos pés quando você tenta se mexer.

Não dá para driblar: a bola fica presa, você fica preso. Os outros jogadores entendem que não se movimenta a bola na areia, e sim no ar. Ela levita de pé para pé. Não consigo fazer isso. Nunca aprendi a levantar a bola por cima de alguém porque não parecia ser o tipo de coisa passível de ser aprendida. A pedalada, o drible de letra, todos os movimentos mais ligados ao solo – esses eu sabia de cor. Mas aquele pequeno e inesperado "puf" com a bola – não era algo que fizesse parte do meu mundo.

Quando passei a bola pela areia, parecia uma pedra quicando na superfície de um lago. Nunca ia para onde eu queria. Então, tentei driblar de novo, mas a bola não rolava, morria, minha pedalada não fazia nada além de confundir as pernas. (Mesmo quando não estou na praia, dar uma pedalada sempre me deixa meio acanhada; é como quando falamos "hã" para ganhar tempo numa conversa – é o que faço para tentar pensar no que realmente quero dizer.) Os homens me chutavam a bola de voleio e ela voava sobre mim, à minha esquerda, à minha direita.

Updike não é o único a pintar o Brasil como um lugar encantado; todo o mundo do futebol pensa o mesmo. Os jogadores brasileiros têm magia. Um cara de quadríceps fortes estava sempre com a bola, me provocando, mas quando fui atrás dela, a bola sumiu. Olhei para cima, com a cara para o sol, tentando achá-la. Mas não estava em lugar algum. Eu ainda estava desorientada, girando, quando ele reapareceu com a bola, gingando diante de mim.

Outro homem – cabelo grisalho no peito, pele negra e enrugada, músculos fracos – usava um calção de banho do tamanho de um guardanapo e tinha uma bandagem no joelho. Seus pés conseguiam pegar qualquer coisa. Ele ficava trocando passes para trás e para a frente com o sujeito de quadríceps grandes.

Havia também um adolescente bravo jogando. No canto do campo, ele reclamava, se lamentava e então, de repente, deu uma bicicleta, uma bicicleta espetacular girando seu corpo cheio de fúria, como se fosse um acrobata. (Crescemos tentando dar bicicletas – geralmente esquecendo a parte do pulo, só caindo no chão e esperando que o pé atinja a bola – mas ninguém jamais conseguia dar uma durante um jogo.) Aqui, ninguém reagiu, como se fosse algo antiquado, como se, na verdade, esperassem que ele fizesse algo mais original da próxima vez.

Depois do fim do jogo, ficamos sentados numa muretinha de concreto. Com o dedo, peguei as gotas de suor que escorriam pelas minhas canelas. Pensava na primeira vez em que fui derrotada nos cem metros, correndo o máximo que podia e vendo que ficava para trás. Eu me sentira surpresa, impotente. E era assim que me sentia naquele momento. O homem mais velho e o homem forte estavam de pé à nossa frente, apertando uma garrafa e esguichando água no rosto.

O homem de coxas fortes me passou a garrafa. "Muito diferente, é?", perguntou, sorrindo para mim. O "t" em português tem um som diferente do "t" em inglês, mais para "tch", mas é parecido o suficiente para eu conseguir entender.

"Muito", respondi, em português.

Ele disse mais alguma coisa e olhei para Luke, dependente dele, e ele estava inclinado, jogando água no pescoço. "Ele disse que dá para perceber que você jogaria bem em campo."

Fiquei olhando para o homem, para a expressão gentil e generosa que ele tinha no rosto. Por que isso é tão importante para mim? Por que preciso que as pessoas acreditem que sou boa?

Na pós-graduação, tentei não contar para ninguém que antes jogava futebol. Queria ver como seria. Mas não aguentei nem uma semana. Era uma noite de sábado e estávamos no Oyster Bar, e todos falavam sobre *Moby Dick*, livro que eu não tinha lido. Bebi um gim-tônica e anunciei: "Eu jogava futebol. Sou jogadora de futebol." Queria que eles soubessem que havia pelo menos um assunto que eu dominava.

VOLTAMOS A PÉ para o Leblon, pelo calçadão.

"Você filmou aquela bicicleta?", perguntei a Ryan. Percebendo meu tom de voz, tentei soar mais casual.

"Acho que sim", ele respondeu, meio irritado pelo tom de esperança que não consegui disfarçar. "Mas não ficou num ângulo perfeito e nem muito bem enquadrado", avisou, ajustando as alças da mochila.

Enquanto andávamos, percebi pela primeira vez como estava quente. Durante o jogo, a brisa da praia contra a pele molhada ajudava a refrescar. Mas ali, com aquele monte de equipamento em cima do corpo, não dava para se sentir fresco. O cabelo de Ryan estava completamente ensebado, e sua camiseta, que antes era azul-marinho, agora parecia preta. Os ombros de Ferg estavam vermelhos.

Fiquei pensando se ela não queria ter jogado. No meio do jogo, perguntei a ela se queria participar, e ela fez um gesto que não. Mas isso não significava nada, necessariamente.

"Foi difícil ficar só vendo?", perguntei.

"Um pouco. Mas aquela areia macia parecia um pesadelo. E estava tão quente, então... Naaa, deixa pra lá."

"Gwendolyn", disse Ferg. Era estranho, meio sinistro, ouvi-la pronunciar meu nome inteiro. Na faculdade, me chamavam de G, muito mais fácil de pronunciar durante um jogo. "Quando você está jogando, você só precisa jogar."

Às vezes, no meio de um jogo, percebo detalhes que me fascinam. O menino que só usava um pé de sapato. A palavra CARIOCA escrita na parte de trás da sunga de alguém. É irritante quando alguém diz o que você deve filmar, então tento ficar calada. Mas, às vezes, eu ainda dava uma corridinha para o lado e dizia: "O sapato!" Esses gritos, é claro, nem sempre eram bem recebidos.

Continuei andando, minha cabeça processando o que ela tinha dito, achando que ela tinha razão.

Um homem vendendo queijo frito passou por nós, e eu e Ferg ficamos com vontade. Comemos mais do que Ryan e Luke, que não pensam em comida até seus estômagos roncarem. Ficamos sentados nas cadeiras brancas de plástico do calçadão, sugando os palitos de queijo, observando aqueles rostos interessantes. Sempre que me pegavam observando-os, com o par de olhos me encarando de volta, os brasileiros sorriam, já acostumados com os olhares de admiração.

DURANTE TODA MINHA VIDA, tive o hábito de, sempre que avistava um gol, apontar da janela do carro e anunciar meu achado: "campo". No Brasil, mantive esse hábito, mas havia gols em todo lugar, então parecia mais um tique nervoso. "Campo, campo, campo", eu dizia, enquanto caminhávamos do posto 1 até o 9. Cada quarteirão tinha um campo, cada campo tinha um jogo. Era difícil escolher um local, difícil continuar andando, difícil bolar um único plano. Luke falava do Aterro do Flamengo, citando fatos aprendidos em suas aulas de arquitetura: "É o maior parque urbano do Brasil." Ele estudou o mapa e o nome da rua, descobrindo a melhor maneira para chegarmos lá, como se já tivéssemos concordado que era para lá que íamos. "É um lugar legal", disse.

E não falou mais nada. Luke sempre deixa o suspense no ar, como se o excesso de informação acabasse com o mistério do que você pode encontrar.

Enquanto estávamos planejando a viagem, sentados à mesa da cozinha em Asheville, ele nos falou sobre os campos que ficavam com as luzes acesas a noite toda, sobre os jogos entre porteiros e garçons que, depois de terminarem o expediente noturno, jogavam até três ou quatro da manhã... Mas ele se esqueceu de dizer que é no Aterro do Flamengo que esses jogos acontecem.

"Por que devemos ir para lá?", perguntei.

"É uma boa noite para pegar os garçons jogando", respondeu Luke, como se soubéssemos que íamos lá para isso.

Estava chovendo quando chegamos no Flamengo, primeiro de leve, depois forte, daquele jeito que te obriga a procurar abrigo debaixo da marquise. Ficamos encolhidos perto de pilares de mármore e das pessoas de capa de chuva e esperamos passar. A tempestade veio e foi. Aproveitamos o passeio até o parque, caminhando devagar. Ainda caía uma chuva fininha, e fiquei pensando se esses campos que Luke diz estarem sempre cheios não estariam vazios, mas, assim que chegamos, já pudemos discernir o barulho dos tênis na grama molhada e o som da bola quicando na água.

Andar pelo parque é como estar dentro de um daqueles livros da série *Escolha sua aventura*, que eu lia na infância. A cada curva ficávamos em dúvida de para que lado ir. Havia campos pequenos, grandes, gramados, com grama sintética, de concreto. Havia homens negros, brancos, velhos, fora de forma, halterofilistas, adolescentes com cabelo moicano. E aí avistamos um campo de futebol de meninas; parecia mais um treino, não uma pelada, mas mesmo assim fomos lá ver.

Todos nós avistamos a menina ao mesmo tempo e ficamos em silêncio. Ficamos observando o pequeno borrão que apareceu dançando com a bola, rindo toda vez que driblava alguém, como se tivesse acabado de contar uma piada incrível.

"Ela é muito boa, hein?", disse Ryan, enquanto observávamos com os dedos enfiados no alambrado e tentávamos chegar mais perto.

"Quantos anos ela deve ter?", perguntei.

"Deve ter uns oito, no máximo", chutou Ferg.

O nosso filme ia ser sobre jogos informais, não superestrelas de oito anos de idade, mas continuamos olhando mesmo assim.

"Talvez a gente deva descobrir mais sobre ela", sugeriu Luke.

Quando o treino terminou, ele ficou parado meio sem jeito perto dos treinadores, esperando que alguém o visse ali. Um cara magro e grisalho estava guardando cones e coletes na bolsa quando viu Luke, que pigarreou e apontou para mim. Ouvi-o dizer "futebol feminino" e "Santos", então imaginei que estivesse dizendo "Minha namorada também joga futebol", na esperança de que isso pudesse nos ajudar.

E aí Luke apontou para a menininha.

O treinador nos surpreendeu ao responder em inglês: "Eles a chamam de Ronaldinha." E jogou a bolsa com coletes por cima do ombro e disse: "Vocês já comeram? Vamos jantar."

Nós o seguimos, viramos a esquina e chegamos a um restaurante de comida chinesa (simples assim: somos convidados para jantar por uma pessoa que nunca vimos antes).

Diante do frango agridoce que nunca teríamos escolhido (afinal, quem vai para o Brasil para comer comida chinesa?), contamos para ele que estávamos à procura de histórias de peladas. Às vezes é difícil explicar: as pessoas querem nos levar para os estádios, para os jogos de verdade, não para os jogos aos quais ninguém presta atenção. As peladas são uma parte natural da rotina diária. Para um brasileiro, fazer um filme sobre elas parece ser a mesma coisa que fazer um filme sobre uma caminhada depois do jantar. Mas Alejandro, o treinador, entendeu nossa intenção imediatamente.

"A Ronaldinha cresceu jogando bola com os meninos da vizinhança – foram eles que deram o apelido", disse Alejandro. "Tem um campinho de terra logo atrás da casa dela. Vocês deviam aparecer lá."

No guardanapo, ele desenhou para Luke um mapa até Niterói. Fez o desenho de uma ponte e escreveu o número do ônibus. "A Ronaldinha é especial", disse. Pensei na esperança que o nome dela carrega.

Ao sair pela porta, Luke perguntou: "Você conhece algum garçom que vai jogar hoje à noite?"

Alejandro nos deixou em frente a um toldo amarelo com os dizeres Pizza Gambino. "É aqui. Boa sorte", disse. Nós o cumprimentamos com um aperto de mão e agradecemos. Provavelmente, nunca mais o veríamos, mas ele tinha nos ajudado mesmo assim.

Então Luke ficou atrás das famílias que estavam aguardando uma mesa e, quando chegou sua vez, disse "desculpe", a palavra em português que quase sempre dá início às nossas conversas sobre futebol. Aguardei o som de limpar a garganta que vem depois, quando Luke tenta suavizar a voz rouca, prejudicada pelo nervosismo. "Cê joga futebol?", disse finalmente.

O cara, que estava mexendo em cardápios, levantou os olhos. Era um homem com cor e formato de um duende irlandês. "Claro", respondeu, quase na defensiva, como se se sentisse insultado por ser confundido com alguém que não joga.

"Cê vai jogar esta noite?", continuou Luke.

"Sim", respondeu o homem, afirmando com a cabeça e batendo com os cardápios empilhados no balcão.

Pouco antes da meia-noite, o restaurante estava vazio. Antes, havia o ruído das famílias, bebês chorando, homens gesticulando e xingando enquanto assistiam ao jogo do Flamengo, mas agora estava tudo calmo. Os garçons sentaram-se à mesa, ao redor da televisão, desfazendo as gravatas-borboleta, assistindo ao fim do jogo em silêncio... E ficaram assim até o gol, quando todos saltaram das cadeiras, que caíram no chão. O único garçom que ainda lavava o chão agitou o esfregão no ar, respingando água no piso.

À meia-noite, saímos do restaurante com Etevaldo e Reinaldo, dois dos garçons que iam jogar. Etevaldo tinha colocado uma regata e uma bermuda de surfista com estampa floral. Quando passamos por outro restaurante, Reinaldo bateu à janela. Um garçom abriu e pôs o corpo para fora. Reinaldo disse: "Estamos indo para a quadra."

Juntei as palavras em português ("nós", "indo", "quadra") e fiquei orgulhosa por entender o que estava acontecendo, mesmo que por um segundo.

Fomos andando juntos até o campo. Antes de o jogo começar, os homens ainda são educados, o silêncio ainda é vagamente incômodo. Durante o verão, jogando em Santos, eu tinha aprendido a fazer perguntas básicas, perguntas estranhamente pessoais que nunca usamos de imediato em inglês, como "Você tem irmãos ou irmãs?". Então, resolvi tentar.

"Irmãos?", perguntei. "Irmãs?"

"Sim", respondeu ele. "Uma irmã, um irmão."

"Mais *vieux*? Mais *jeune*?" eram as palavras que achava que lembrava. Ergui a voz, como se o volume pudesse ajudar na compreensão. Mas *vieux* e *jeune* são palavras em francês, uma língua que, na verdade, não falo (foram minhas piores notas na faculdade), mas que vive saindo quando tento falar português. Eu deveria ter dito "mais velho" e "mais jovem".

Eles ficaram me olhando sem entender. Luke não fez nada para me ajudar. Só me olhou com um jeito de *Ninguém está entendendo o que você quer dizer*.

Então, tentei gesticular – ao dizer *vieux*, coloquei o braço acima da cabeça, e quando disse *jeune*, coloquei o braço para baixo.

Todos – Ryan, Rebekah, Luke e os brasileiros – riram. Não entendi por que estavam rindo. "O que foi?", perguntei em inglês, sorrindo.

"Os seus gestos", explicou Ryan. "Parecia que estava perguntando: 'Gigante? Ou anão?'"

Etevaldo colocou a mão perto da orelha, como se dissesse "de tamanho normal".

Eu ri, me sentindo derrotada.

Chegamos a uma passarela, uma ponte para pedestres que lembra um cartão-postal de Paris, exceto que, em vez do Sena lá embaixo, há um gramado que se estende para todos os lados. Já passava da meia-noite e muitas das quadras estavam vazias, cada uma delas chamando por nós.

Quando sentamos nos bancos da quadra mais próxima à praia, Reinaldo me passou um de seus fones de ouvido. Ouvíamos a música-tema de *Rocky* quando um grupo de garçons cruzou a passarela, acenando com os braços para nós e assobiando.

Um cara grande jogou um monte de coletes no chão e me cumprimentou com as duas mãos, balançando muito meu braço, como se estivesse fazendo a mímica exagerada de um aperto de mão. "Olá, olá", disse. "Caipirinha?" Ele ofereceu uma jarra com um líquido amarelo com gelo e rodelas de limão. "Sim, caipirinha", ele mesmo respondeu. "Hora de beber!" Alinhou uns dez copinhos de plástico no banco.

Reinaldo vestiu o colete por cima da cabeça, segurando o cigarro entre os lábios, num movimento tão fluido que me fez pensar que é sempre assim que ele faz.

Numa quadra de asfalto, debaixo das luzes, ficamos horas jogando. Deu 1h, 2h, 3h, 4h da manhã. Eu estava bocejando, flutuando. Bati as mãos contra as de Etevaldo depois que combinamos nossos passes para driblar um garçom que trabalhava no Beer Haven. Vi o cara grande no gol assoar o nariz num lenço de papel amassado, e também Reinaldo, sentado no meio da quadra, gritando de brincadeira enquanto alguém pulava por cima dele.

Pouco antes de o sol nascer, o jogo chegou ao fim. Etevaldo sentou no banco, colocando as mãos sobre os braços musculosos. Luke fez perguntas e eu fiquei ouvindo o tom constante da voz cansada de Etevaldo. "Eu lavo os pratos, varro o chão, coloco as cadeiras em cima da mesa", disse, "e aí venho jogar, viver."

UM TÁXI NOS DEIXOU no pé da Rocinha, às 6h45 da manhã seguinte. Esta favela não é tranquila como aquela onde estivemos com Nike. A internet nos diz que o número de habitantes ali está em algum ponto da "estreita faixa" que vai das 50 mil às 500 mil pessoas.

Não queríamos nos atrasar, então acabamos chegando antes da hora. Esta é a cidade onde ninguém para no sinal vermelho à noite, a não ser que queira ser assaltado, onde pessoas que cochilam na praia têm as sandálias roubadas, onde Luke foi assaltado a mão armada. E nós somos quatro turistas em frente a uma favela controlada pelos reis do tráfico.

Eu estava com *Tropa de elite* na cabeça, o filme brasileiro sobre o pelotão de polícia fortemente armado e treinado em combate urbano que vai até as favelas prender os traficantes. Mesmo antes de ser lançado, grande parte dos brasileiros já tinha assistido ao filme: cópias piratas de uma versão que havia vazado na internet foram vendidas nas ruas. Nós quatro assistimos, sendo que só Luke entendia o que se passava, mas acho que tudo o que se precisava ouvir eram os tiroteios.

Cidade de Deus, o outro famoso filme que se passa numa favela, mostrava toda a ação – os tiroteios, a guerra contra o tráfico – ao som de uma cuíca, instrumento de samba que lembra o grito de um mico, um som que dá a impressão de que algo está prestes a acontecer. E esse era o som que ecoava na minha cabeça enquanto estávamos ali de pé, esperando.

Os reis do tráfico eram a parte que me assustava, muito embora Luke tivesse explicado que, estranhamente, eram eles que deixavam a favela segura: todos obedeciam às suas leis. Inclusive para entrar na favela era preciso aprovação dos traficantes. Ficamos esperando Washington e Emerson, brasileiros com nomes que soam mais americanos que os nossos. Eles coordenavam um programa para crianças na Rocinha e estavam dispostos a conseguir para nós a permissão dos traficantes.

À nossa frente, vans esvaziavam e enchiam de novo; as pessoas passavam por nós, saindo da favela e indo para a cidade; mulheres rumo ao trabalho, meninos indo vender refrigerante ou óculos de sol na praia de Ipanema.

"Lucas?", alguém chamou, enquanto dois caras se aproximavam. Nós os cumprimentamos com um aperto de mão e então Emerson disse: "Vamos?"

Contornamos homens que vendiam açaí, camisetas e celulares. Washington andava com as mãos às costas e assobiava uma música meio lúgubre que soava estranhamente familiar.

"Isso é o que eu acho que é?", sussurrei para Ryan.

"Sim", respondeu ele.

Ao som do assobio da trilha sonora de *Kill Bill*, entramos na Rocinha. Homens dos dois lados da rua carregavam armas tão grandes que mais pareciam de brinquedo. Na nossa frente, um adolescente se apoiava numa AK-47 como alguém se apoia num guarda-chuva numa foto antiga. Ele estava sorrindo e parecia sorrir para nós, mas eu evitei fazer contato visual, portanto fiquei meio insegura até ele finalmente dizer, num inglês perfeito: "Olá, amigos. Bem-vindos à Rocinha, o lugar mais bonito do mundo."

Minhas mãos seguravam as alças da mochila que levava a câmera e fiquei olhando para a frente enquanto entrávamos na favela. Era como entrar num misto de *Alice no País das Maravilhas* e uma obra de Escher. Há uma casa atrás da outra, subindo pela lateral íngreme do morro, até onde os olhos alcançam – casas de tijolo, com concreto saindo por entre os blocos; casas de concreto, com manchas de mofo nas laterais; casas caiadas de cores berrantes. A maioria tem três ou quatro andares, amontoadas e meio tortas, umas em cima das outras, os andares de baixo muitas vezes menores do que os de cima.

A parte baixa da Rocinha é agitada, cheia de lojas: *lan houses*, bares locais e barracas cobertas com plástico azul que vendem doces, joias e eletrônicos. Fiquei olhando um poste telefônico com centenas de cabos que se cruzavam, parecendo um rabisco. Tinham umas dez motocicletas na base do morro, prontas para levar as pessoas para cima como se fossem táxis.

Todos os sons se mesclavam, formando uma massa nova. Carros com alto-falantes gigantes amarrados com corda no teto gritavam seus anúncios. Um homem vendia filmes piratas, repetindo "DVD, DVD, DVD". Tinha um frango sendo assado num espeto na calçada. Uma televisão em volume alto passava uma reprise do jogo do Flamengo, e o narrador gritava "Belllllleza". Washington assobiava, eu ouvia o som da cuíca na minha cabeça e ainda conseguia ouvir a voz do traficante dizendo "o lugar mais bonito do mundo".

A rua, embora larga no pé do morro, ia ficando menor à medida que subíamos, estreita demais para os carros. Caminhamos pelos labirintos das ruazinhas, que ficavam cada vez menores até se abrirem novamente. O ruído diminuía quando virávamos nas ruas menores; ruídos delicados – o eco de crianças rindo, as vozes da novela escapando por uma porta, o barulho distante de uma lambreta descendo uma viela. Um menino de triciclo passou por nós, morro abaixo. Cruzamos uma entrada, descemos um corredor azul-turquesa e subimos uma escada em espiral que levava até o telhado.

Lá em cima, olhamos para baixo, para a favela. Washington estava ao meu lado. Ele parecia ser difícil de decifrar. Não dava para saber no que ele estava pensando enquanto assobiava, com as mãos nos bolsos. Inclinei-me para o lado e observei o lugar onde ele morava, as torres de casas tortas, os telhados pontilhados por caixas-d'água, as mães prendendo camisetas nos varais.

"Você joga?", perguntei a Washington, meu pé roçando a bola, mandando-a para ele.

"Não...", ele respondeu, e fez uma pausa comprida. "Mas, mais tarde, levo vocês até o pessoal que joga."

Por volta das 8h da noite, Emerson nos deixou no campo grande, perto do limite da favela. Lá havia homens vagando à toa, em grupos, nas laterais empoeiradas do campo. O sol acabara de se pôr. As luzes que iluminavam o campo não eram fortes. Cada uma delas devia iluminar um raio de uns quinze centímetros, dando a sensação de que íamos jogar à luz de velas. Estava escuro demais para filmar.

Um cara usava uma camiseta com listras verdes e brancas que fazia sua barriga parecer maior do que já era. Trazia uma corrente de ouro e um cronômetro rosa berrante pendurados no pescoço. Todos chegaram até ele, cumprimentando-o com o gesto do pulso fechado sobre a palma da mão. Parecia ser a figura central, quem estava no comando.

O pessoal colocou Luke num time e eu no outro. O meu time estava de fora primeiro, então ficamos no banco, vendo o jogo. Não tentei conversar com ninguém. E não conversaria mesmo se soubesse falar português. Não é bom falar se ninguém te viu jogar ainda.

Vendo o jogo, percebi que havia uma grande chance de eu não ser boa o bastante para jogar. O futebol que acontecia na minha frente era tudo que o futebol brasileiro deveria ser. Os jogadores inventavam no chão de terra. Fiquei com inveja de Luke por ele poder jogar logo, enquanto eu ficava ali sentada, caraminholando. Nunca fui boa em ficar só assistindo. Fico totalmente compenetrada, hipnotizada por todos os outros, me sentindo menos confiante.

Não entendi o que fez o jogo terminar, mas terminou, e o meu time começou a entrar em campo. Alguém me deu um colete vermelho que dizia FAMÍLIA VALÃO, numa fonte que imitava gotas de sangue. *Valão*, Luke me explicou, é o nome da rua onde eles moram, na Rocinha. A palavra significa tanto "esgoto" quanto "cova a céu aberto". Um grande esgoto corre embaixo da rua; imagino que a fonte que imita sangue se aproveita também do outro significado da palavra, mais ameaçador.

"Em que posição você joga?", um cara me perguntou.

"Meio-campo", respondi, em português, esperando que fosse o equivalente ao *midfield* do inglês. Ele apontou para o meio do campo. Com *midfield* eu indicaria a zona lateral, na ala, onde a disputa pela bola é mais mano a mano. Não tive a intenção de pedir o centro do campo, onde atuam todos os melhores jogadores.

Dei uma corridinha até o meio do campo, as batidas do meu coração descompassadas, fora de controle. Alguém apitou e o jogo começou. Um meia-armador precisa acompanhar a bola, ou seja, ele precisa achar que a merece. Eu sabia que, se conseguisse ganhar uma dividida, minha autoconfiança aumentaria o suficiente para que eu pudesse pedir a bola.

Um jogador do outro time estava perto de mim e seu toque, embora não tenha sido desleixado, também não foi perfeito. Parti para cima da bola com vontade, raspei nela e escorreguei no chão de terra, mas consegui recuperar o equilíbrio para roubar a bola, colocando meu corpo entre ela e o cara. Toquei de primeira e mandei para o atacante. Avancei, e o atacante me devolveu. Chutei de primeira, com o pé esquerdo, e a bola pegou uma boa velocidade. O goleiro defendeu sem grande dificuldade, e voltei trotando, com o rosto inexpressivo, apesar de estar me sentindo inacreditavelmente sortuda.

Agora, precisava manter o ritmo. Minha mãe sempre me disse: "Finja que consegue até conseguir", e eu nunca gostei muito da frase; achava que era engraçadinha demais – mas, no geral, é o que acabo fazendo. Finjo que pertenço a um lugar até conseguir acreditar que isso é verdade.

O meia-armador – a pessoa que está em todos os lugares, o tempo todo. Na ala, você pode passar um bom tempo sem ver a bola. É fácil cair em transe, ficar só olhando. No meio-campo, não há esse risco: todos os pontos se conectam através de você.

Uma hora tomei uma caneta – antes mesmo de eu saber o que estava acontecendo. A jogada foi tão fantástica que nem me senti mal. E, fora isso, eu estava jogando bem. Chegava aos atacantes e zagueiros e lançava a bola, com passes limpos. Não sou boba o suficiente para tentar driblar. O meio de campo estava congestionado; dar mais do que dois toques era procurar encrenca. Alguém poderia vir do nada, se materializar bem na sua frente e roubar a bola. E, em campo, há pouca coisa pior do que isso.

É claro que queria driblar, era o que eu mais queria. É nisso que sou boa, muito embora pudesse soar ridículo dizer isso no Brasil. Sou boa, mas eles são melhores. Mesmo assim, queria impressioná-los. Mas precisava esperar. É preciso ocupar o campo com passes, de maneira tão sistemática que ninguém espere que você vá driblar – e aí partir para cima.

O cara grandalhão com o cronômetro rosa apitou. Nosso jogo acabou. Ninguém tinha feito gol. Voltei para o banco e Luke tocou minha mão quando passou por mim.

Depois de jogar, não é ruim ficar assistindo; posso relaxar e só ver o jogo. Vi outra caneta. Um cara que estava correndo para o ataque de repente mudou de direção, ficando bem de frente para o jogador que corria atrás dele. Usando a sola do pé, ele tocou a bola por entre suas pernas, passando tão incólume pelo zagueiro que era como se o cara nem estivesse ali.

Quando entrei em campo de novo, não parecia mais que havia um terremoto no meu coração. Dessa vez, meu time me colocou na ala, área onde sei me movimentar. Fui dando passes, um, dois, três – e só aí tentei alguma coisa. Não sabia bem o quê, só estava me movendo, correndo pela lateral, fingindo cortar para a direita, mas continuando para a esquerda, as pernas dando voltas ao redor da bola até conseguir alguns centímetros de espaço. Chutei com força, o mais rápido que pude, com medo de ter dado toques demais e perdido o tempo da bola. Mas o chute foi certeiro. Ouvi a bola bater no travessão e a onda de surpresa.

Durante todo o resto do jogo, o cara que corria pela lateral comigo fazia uma jogada atrás da outra. Agarrei seu short e tentei não perdê-lo.

Ele ganhou de mim várias vezes. Mas eu fiquei um pouco orgulhosa disso, como se tivesse provado que era boa o bastante para que ele quisesse me derrotar. Joguei o melhor que podia, aquele tipo de jogo que você nem sente.

À meia-noite, Anderson, o cara de camisa listrada verde e branca com o cronômetro rosa, cujo nome eu aprendi porque todos o chamavam no campo, apitou novamente, e dessa vez significava o fim de todas as partidas.

Todos estavam aglomerados, tirando meias e coletes, passando os dedos pelos cabelos suados. Um sujeito bateu no meu ombro e disse: "Você joga bem." Era o cara que tinha me derrotado várias vezes na lateral. Eu estava com as mãos na cintura, e minha respiração ainda não tinha voltado ao normal. Até onde me lembro, *esse* futebol tem sido o que me faz sentir plenamente viva.

Na rua do Valão, na manhã seguinte, fomos andando até a casa de Anderson. Espiando pelas portas, vi uma toalha de mesa de crochê e uma televisão de tela plana. Fiquei pensando na televisão. Achava que as favelas eram pobres e são, com um cômodo empoleirado em cima de outro... mas também há televisões de tela plana.

A casa de Anderson tem três andares, com uma geração diferente ocupando cada um – seus avós ficam na parte de cima, seus pais no meio, e Anderson embaixo. Há troféus de futebol em um canto; pipas coloridas, umas em cima das outras, ficam em outro. "Esse cara grandão ainda é um menino", disse Emerson. "Está sempre soltando pipa."

Tenho o mau hábito de projetar personalidades nas pessoas. Estava escuro na noite anterior. Anderson usava uma corrente de ouro grossa e tinha antebraços musculosos. As pessoas vinham até ele e faziam cumprimentos misteriosos. Seu apito sinalizava tanto o começo quanto o fim das partidas. Tudo isso me deu uma impressão meio de máfia. Achei que ele fosse o tipo de cara com poder velado. Mas agora, encostada na porta, ouvindo sua voz suave enquanto falava sobre sua paixão por futebol e por pipas, era evidente que tinha interpretado tudo errado.

Anderson pendurou a bolsa atravessada no peito e foi se esgueirando por entre as ruas estreitas. Os jornais da manhã estavam presos com pregadores de roupa num barbante. Ele se espremeu atrás de um grupo de homens que lia as manchetes até conseguir ver: MARTA, MARTA, MARTA / BRASIL 4, ESTADOS UNIDOS 0. Motocicletas buzinavam quando passavam pela multidão que caminhava rumo aos afazeres do dia. Anderson parou no bar do avô; sua avó estava atrás do balcão, passando o café num filtro descartável. Ele bebeu uma xícara rápido, viu os melhores momentos do jogo do Flamengo e beijou a avó no rosto antes de sair do bar. Quando saímos da rua do Valão, ele apontou para palavras meio cobertas de tinta, mas ainda visíveis: FAMÍLIA VALÃO, BOA DE FUNK, JUJITSU, MULHER E FUTEBOL.

O FURACÃO DO RIO – pessoas com uma energia inacreditável aparecem na sua vida e depois somem, acenando enquanto descem a rua íngreme, a calçada ou a praia. As experiências se sobrepõem: Etevaldo batendo bola contra o concreto, meio sorrindo, meio bocejando; o mágico na praia, que olhou para mim como se soubesse o que eu amava – e ele sabia, porque aqui o futebol é a coisa que quase todos amam; o grafiteiro que colocou sua imaginação num caderno. (Luke chamou minha atenção para algo que eu não havia percebido – o fato de que, no desenho de Sandro, as estrelas e listras da bandeira dos Estados Unidos se mesclavam no círculo e losango da bandeira brasileira, como se eu estivesse me tornando brasileira.) E agora estávamos indo embora, rumo ao outro lado da baía, para ver o pequeno fenômeno.

4. Futuro, presente e passado

1.

Estávamos em frente a três barracos de tijolo. Ronaldinha disse "Adivinhe qual é o meu?" e Luke traduziu para mim.

Escolhemos o da direita, depois o da esquerda, e finalmente o menor de todos, no centro, com o número 811 pintado com tinta spray, uma casinha do tamanho de um jardim de inverno. "Sim", ela disse, batendo palmas e sorrindo.

O campo de terra que o treinador tinha mencionado ficava exatamente atrás do bar da vizinhança, e o cheiro de fígado grelhado enchia o ar. Como era sábado, havia uns dez adultos debaixo do toldo, com os olhos fixos no campo.

"Ela joga feito o Ronaldinho. Mas dizem também que ela parece [com ele]", disseram três meninos sentados atrás do gol. "Só falta o dente grande." Ela tinha os mesmos olhos, as mesmas maçãs do rosto, o mesmo sorriso, a mesma ginga – o termo brasileiro que se refere a um tipo de destreza sublime, algo a ver com o balanço dos quadris e da imaginação.

Achamos que Ronaldinha tivesse oito anos, mas, na verdade, ela tinha treze, era pequena para a idade. Jogando contra ela no campo de várzea, eu tinha a vantagem do tamanho e da velocidade, mas ela já conseguia fazer coisas com a bola que jamais sonhei em fazer. Ryan corria para novas posições, tirando a franja molhada da testa e praguejando atrás da câmera. "Não consigo focar nela", dizia. "Ela vive fugindo. Perdi os melhores lances dela, todos." Ele recomeçou a correr, segurando as calças porque havia se esquecido de colocar o cinto, lutando para filmar

Ronaldinha enquanto ela tentava dar um chapéu em Luke. Ela quase conseguiu, com um toque tão bom que, por um segundo, achei que Luke ia deixar – mas ele a impediu com seu corpo adulto no último instante, já que não estava muito a fim de ser derrotado por uma menina de treze anos.

Tentamos imaginar como encaixar a história de Ronaldinha no filme, e uma das ideias era compará-la a mim: ela é menina, eu também; devemos ter algo em comum. Luke me perguntou se ela me lembrava a mim mesma. Ela nos disse: "Quando eu era pequena, achei a bola bonita, eu achei o futebol bonito. Aí, pedi para o meu irmão me ensinar a jogar bola." A história parecia com a minha. Mas o olhar dela era diferente do meu quando eu era criança. Meu olhar era suplicante; o dela era intrépido.

Ferg estava lá em cima, filmando o grupo de adultos que olhava para baixo, para a estrela do bairro. Ronaldinha sabia o que eles estavam dizendo: que ela ia ser aquela que ia ter sucesso na vida. Isso não a perturbava. Ela agia como se já se estivesse preparada para aguentar a pressão. Se ela for como eu, a expectativa que os adultos depositam nela não é nada se comparada ao que ela espera de si mesma. "O futebol vai me dar um futuro", informou a Luke mais tarde, sorrindo, as palavras meio abafadas pelo suéter do Mickey Mouse.

O fígado grelhado ficou pronto mais ou menos na hora do pôr do sol. Ronaldinha passou o braço ao redor do pescoço da mãe. Todos cantavam um samba da Viradouro, e Luke traduziu a letra para mim.

As crianças correram até o campo, onde acharam um pássaro ferido. Ronaldinha o ergueu na palma da mão e conversou com ele.

Do bar, a mãe dela olhava para o campo. "A minha filha é pobre. Se ela vencer na vida, vai ser do nada. Graças a Deus ela tem o futebol. Eu economizei dinheiro para roupa, sapato e comida, para ela viajar com o time dela, para ninguém pensar que ela é inferior. Ela quer isso e eu quero isso para ela. Vou apoiar minha filha custe o que custar."

Como a final da Copa do Mundo de Futebol Feminino de 2007 seria exibida às 6h da manhã do dia seguinte, passamos a noite na casa de Ronaldinha.

Luke e eu dormimos no estreito espaço entre a cama e a cadeira, uns cinquenta centímetros. Ferg dormiu com as pernas apoiadas na cadeira. Mandaram Ryan para a casa da vizinha, onde havia mais espaço, mas, por volta de 1h da manhã, ele apareceu, batendo na porta de papelão. Seu cabelo estava desgrenhado e ele segurava um cobertor na mão: parecia alguém que acabara de escapar de um incêndio.

"Bom... O marido da moça chegou em casa. Eles gritaram muito, gesticularam muito. Ele entrou no quarto e me arrancou da cama. Eu não consegui entender o que estava acontecendo. Mas acho que ele não gostou de ter um homem estranho na casa dele."

Ryan deitou perto de mim, o que já era abusar do espaço, mas, se todos ficássemos encaixados e ninguém tentasse virar, era possível passar o resto da noite ali.

Ronaldinha chegou em casa às 5h e se meteu entre a mãe e o irmão na cama. Ela passara a noite toda na rua. Quando nos separamos dela, estava sambando com mais umas dez crianças. O samba talvez seja a marca registrada de Ronaldinho: quando ele manda a bola para o fundo da rede, seu sorriso dentuço e sua dancinha da vitória na bandeira de escanteio iluminam o estádio, a torcida, o país, o mundo. E também é isso que o mete em confusão: a imprensa publica fotos de Ronaldinho batucando pandeiros e dançando até altas horas da manhã, dando-lhe a reputação de um sujeito cujo lazer atrapalha seu desempenho.

Às 6h da manhã, a mãe de Ronaldinha a acordou e ligou o pequeno televisor. Ronaldinha esfregou os olhos, puxou o cobertor até o queixo, para acompanhar a chance de seu país ser campeão do mundo.

A seleção alemã era forte, tinha passes precisos, mas eram as brasileiras que empolgavam a ponto de nos manter acordados. Marta, Cristiane, Daniela – elas inventavam. Na primeira vez em que vi Marta jogando, ela tinha dezesseis anos e era imbatível. Saí do sofá e fui sentar na mesinha de centro, sem acreditar no que ela conseguia fazer.

A criatividade brasileira dominava o jogo. As alemãs se esforçavam para defender.

Quando as alemãs fizeram um gol feio, meio chorado, Ronaldinha bateu com o braço na cama.

Todos nós desanimamos, resignados a testemunhar o poder da maré do jogo, o modo como ele às vezes dá e às vezes tira.

Mas então Marta sofreu uma falta na pequena área. Ficamos esperando o gesto do juiz, apontando para baixo, que quase sempre parece ser em câmera lenta: pênalti.

Ronaldinha rapidamente pôs os braços para fora das cobertas. Bateu no pequeno televisor de dez polegadas e gritou.

Observei o rosto de Marta enquanto ela caminhava até a pequena área, buscando sinais de alguma inquietação interior em relação ao pênalti, aquela conversa que temos com nós mesmos quando tentamos dar ordens à nossa mente para que ela crie autoconfiança.

"Eu nem vou olhar!", gritou Ronaldinha e, como tapou os olhos, entendi o que queria dizer.

Ela manteve os olhos tapados até tudo finalmente terminar, só olhando depois de sua mãe gritar "Puta que pariu!" e todos nós soltarmos um gemido de desânimo. Só então os olhos dela buscaram a tela, aturdidos.

Quando o juiz apitou pela última vez, vimos cenas alternadas, primeiro as alemãs, com os braços sobre os ombros umas das outras, pulando em círculo, e depois Marta, saindo de campo sozinha, o rosto vazio, indecifrável.

Quando o repórter segurou o microfone na frente de Marta, ela parecia exausta, muito triste, mas colocou as mãos nos quadris e disse para quem estivesse assistindo: "Agora é levantar a cabeça e continuar trabalhando."

Ronaldinha ficou deitada mais alguns minutos, pegou os sapatos e um pacote de biscoito cream-cracker e saiu batendo a porta, rumo ao campo.

Ela chutou a bola para um dos gols, pegou-a de volta e chutou para o outro, até seu irmão se juntar a ela. Mais crianças ouviram os sons e foram para o campo, deixando a pelada cada vez maior, com os adultos mais uma vez apoiados na mureta, assistindo.

No bairro ali perto, passeamos com Ronaldinha. A imagem de Ronaldinho, seu xará, estava pintada com tinta spray em cada parede, enormes. Algumas parecem ter sido autorizadas; outras, não. Luke me cutucou e apontou para um grafite: um chapéu de mago azul sobre uma bola. Havia quatro palavras embaixo: a copa é nossa. Infelizmente, o sonho não havia se concretizado. Em 2006, o Brasil perdeu nas quartas de final. Ronaldinho não fez nem um gol. Embora os fãs tivessem destruído sua estátua de sete metros em Chapecó, ninguém havia pichado por cima de suas pinturas ali.

Em frente a uma imagem já apagada de Ronaldinho, Ronaldinha dançou um sambinha, balançando os braços e arrastando os pés. Colocou o rosto perto do dele, ergueu os polegares, com os dedos mindinhos levemente esticados, um gesto típico de Ronaldinho, e sorriu para a câmera.

2.

Ronaldinho é diminutivo de Ronaldo. Como esse nome já tinha dono, os brasileiros acrescentaram o "-inho", um jeito carinhoso de chamar seu novo herói. Tão carinhoso quanto o jeito como os meninos do bairro adaptaram o nome para a estrela local, Ronaldinha. Uma carreira desaparecia enquanto outra começava.

Agora estávamos a caminho de Santos, onde eu joguei, para encontrar as atuais jogadoras de lá. Elas são o melhor time do Brasil, o time que alguém como Ronaldinha almeja. A própria Marta seria a estrela da linha ofensiva em 2009. Tudo no Brasil parecia estar interligado e determinado pelo destino.

Inacreditavelmente, a irmã de Ryan havia se casado com um brasileiro um mês antes de chegarmos ao Brasil, e toda a família se ofereceu para nos receber. Dani e Suzel, os novos tios de Ryan, tinham um apartamento no centro de Santos. Calculamos o custo de quatro passagens de ônibus e tentamos achar um táxi que pudesse nos levar pela orla para ver a praia pelo mesmo preço. Ficamos ouvindo remixes de músicas de Seu Jorge, com as janelas abertas, o ar batendo nos nossos rostos queimados, observando as praias vazias enquanto nos afastávamos do campo magnético do Rio de Janeiro.

Se o Rio é a cidade de Luke, sinto que Santos é a minha, embora eu, na verdade, tenha morado em Itanhaém, uma cidadezinha rural de praia que fica a duas horas dali, mais para o sul. A única vez em que fui a Santos foi para ver o time masculino jogar. Sequer me lembro de como era a cidade; só me lembro de Robinho – o melhor jogador que já vi pessoalmente – e do caos que havia ao redor do estádio, com bombas de fumaça azul explodindo pelas ruas.

Quando mandei um e-mail para Kleiton, meu técnico no Santos, informando que estávamos chegando na cidade, ele respondeu, com seu inglês truncado: "Gwendolyn!" (Eu podia ouvi-lo dizer meu nome: "Guêndolin!", a pronúncia do gw tão difícil para os brasileiros quanto o r deles era para mim.) "Your timing is luck. No game this weekend. We will do a brincadeira on the beach."*

Fora de campo, "brincadeira" é o equivalente a "passatempo, diversão". Em campo, significa a mesma coisa. Uma brincadeira é algo que fica entre uma partida e um jogo sério. O objetivo é surpreender. Com os pés pairando acima da bola, você espera para ver o que vai fazer. A defesa pega leve; as jogadas de efeito e os dribles é que importam.

Eu tendo à filosofia quando o assunto são as brincadeiras. No verão que passei em Santos, fazíamos partidas de brincadeira na véspera de cada partida séria. Na faculdade, na véspera dos jogos, os americanos ensaiam, repassam as jogadas que devem fazer. As ordens que você recebeu, e não o que se sente inspirado a fazer. Talvez por isso o futebol brasileiro pareça mais mágico que o dos outros países.

No domingo de manhã cedo, rumamos para a frente do Canal 2, na praia. Casais mais velhos usando viseiras caminhavam perto da água. Tudo estava silencioso, nenhum som além das ondas quebrando, e o sol

---

* Algo como "Você chegou na hora certa. Não tem jogo esse fim de semana. Vamos fazer uma brincadeira na praia." (N.T.)

ainda não iluminava muita coisa. As moças do Santos chegavam em suas bicicletas, passando por nós na calçada cheia de areia. Desciam das bicicletas suavemente, os chinelos fazendo um "plop" ao bater no asfalto.

Tirei uma joaninha que pousou no meu braço, me sentindo tímida. Fiquei esperando que as meninas que conheço chegassem, mas elas não chegaram. Já tinham ido embora da cidade, jogar em outros times ou voltaram para suas cidades de origem. Acho que eu tinha esperança de que elas ainda estivessem ali. Esperava que Nenê aparecesse e desse um peteleco no lóbulo da minha orelha. Imaginava Karen colocando o braço ao redor do meu pescoço e dizendo *"Hello, my room sister"*.*

Atravessamos a areia, cheia de cascas de laranja e mato crescendo. As meninas do Santos esfregavam os braços arrepiados enquanto caminhávamos pela areia fria, meio saltando, meio na ponta dos pés.

Às vezes, os jogos levam uma eternidade para começar – você só fica jogando a bola sem propósito, até alguém finalmente perceber que vai ter que se prontificar para todo mundo começar a jogar de verdade –, mas aquele jogo começou rápido. Quatro moças desceram das bicicletas, virando-as de cabeça para baixo – para servirem de gols improvisados. Enquanto metade de nós tirava as camisetas, alguém já corria na direção do gol.

Os casais de idosos que caminhavam pararam para observar, apertando os olhos contra a luz do sol. As jogadoras eram uma visão e tanto. Brincos de argola e colares brilhantes, rímel borrado, tops esportivos decotados, piercings no umbigo, unhas pintadas. Peles negras, marrons, brancas. Cabelos em tranças, cabelos curtinhos, rabos de cavalo refletindo o sol. Rostos bonitos como de modelos de revista, rostos que pareciam cansados, envelhecidos. As cinturas dos shorts enroladas três vezes, pernas compridas à mostra. Moças que andavam como dançarinas, moças que andavam feito um *catcher* de beisebol. Moças que vieram de cidadezinhas do interior do sul do país, das florestas do norte, das praias de Floripa. Todas elas brilham, roubando a bola umas das outras, driblando pela lateral do campinho de areia. Uma menina chamada Érica fazia lambretas de

* "Oi, irmã de quarto." (N.T.)

verdade, passando a bola por cima da cabeça de uma zagueira. Quando pegava a bola, seu pé se movimentava como se fosse a mão de uma rainha acenando para a multidão. Elas riam durante todo o jogo. Gols se transformavam em gritos e sambinhas – dançavam com uma expressão encantadora no rosto, mãos no ar com os pulsos flexionados, os quadris gingando.

A bola caiu na minha frente. Tentei fazer algo sofisticado. Quando se está no Brasil, isso funciona um pouco, seus pés parecem enfeitiçados, fazendo coisas que você não é capaz de fazer, como se você tivesse absorvido um pouco daquela ginga. À noite, na cama, eu e Luke ficamos conversando sobre esse fenômeno, imaginando se existe alguma maneira de fazer esses poderes durarem. Ou talvez, assim como a partida que jogaríamos no dia seguinte, isso só seja possível no Brasil.

De alguma forma, acabamos entrando numa sequência sucessiva de imagens, como num filme: conseguimos ver rapidamente os diversos estágios da vida de um jogador, testemunhando o começo, o meio e, no nosso último dia em Santos, o fim.

"Os velhos jogam bem cedo, domingo de manhã", dissera Dani enquanto estávamos na área de serviço de seu apartamento, no 16º andar, olhando para um campo de futebol grande. "O som dos pássaros acordando – é isso que eles parecem."

Estávamos de prontidão na área de serviço, com as camisetas roçando nossas nucas enquanto esticávamos o pescoço pela janela, esperando os jogadores chegarem.

Às 6h15, um homem sentou na beirada do canal e abriu o jornal. Havia uma bola de futebol sob seu pé, e entre os dois uma sandália.

Uma hora depois, a calçada estava cheia de senhores de idade com bolsas esportivas penduradas no ombro, cadarços escapando dos fechos. Cheiravam a loção pós-barba, café forte e emplastro para dor. Alguns vestiam suéter, outros usavam casaco com capuz tipo hip-hop anos 80. Bonés, bermudas, suéteres com estampa de losangos, boinas xadrez e camisetas finas.

Os homens se gabavam, zombavam uns dos outros, davam tapinhas nos ombros. Luke acabou se enturmando, ouvindo as piadas. Foi aceito no grupo instantaneamente. Talvez por demonstrar interesse por eles, talvez por conseguir desempenhar tranquilamente o papel de "velho": Luke tem aquele jeito calmo que só acomete as pessoas depois de umas cinco décadas de vida. Ou, o que é bem provável, por causa do seu português. Ele é loiro, é americano; ninguém esperava que saísse pronunciando o *tch* com perfeição. Os velhos ergueram as sobrancelhas peludas, surpresos, e passaram a observá-lo com mais atenção.

Fiquei perto de Luke, como se assim pudesse absorver tudo que ele entendia. Olhei dentro dos olhos de cílios grisalhos daqueles homens. Luke traduzia os comentários, tão animado com eles que não conseguia guardá-los para si.

"As mulheres os expulsam de casa nas manhãs de domingo."

"Ele diz que eles não sabem jogar, só ficam dizendo que sabem."

"Estão aqui porque o médico mandou. Porque faz bem para o coração."

"Eles chamam de 'jogo da grama molhada'. Eles só são bons para tirar o orvalho do chão."

Um homem de cabelos brancos bem curtos, que se apresentou como Douglas, estava sentado na mureta, folheando uma *Playboy*, sempre assobiando ao virar as páginas. Fechou rápido a *Playboy*, puxou uma lista amassada do bolso e a abriu em cima da capa da revista, dividindo os nomes entre os times.

Às 7h30, Douglas abriu o portão com a *Playboy* enrolada embaixo do braço. Os jogadores foram atrás dele por um caminho de terra, parando perto de um templo ao lado do campo. Balbuciavam algo exageradamente, ajoelhando-se para rezar.

Ficamos perto de umas mesas num pátio ao lado do campo. Eu me perguntava se ainda íamos parar mais vezes. Desde que havíamos chegado à beira do canal, pouco mais de uma hora antes, já tínhamos ido a um café, onde quatro dos homens tomaram um espresso e contaram uma história, todos falando ao mesmo tempo (e agitando as mãos sobre as xícaras, erguendo-as cada vez mais alto, até desenharem animados arcos no ar com os braços); voltamos para a beira do canal; paramos perto do templo; e agora todos estavam sentados nas cadeiras de plástico, jogando cartas, alongando as costas doloridas, folheando a *Playboy* de Douglas.

Lulu, o homem alto que estava do outro lado, perto de mim, passou as mãos pelo cabelo cheio, tão branco e brilhante quanto seus mocassins de couro. Em contraste com o cabelo, seu rosto era tão moreno que parecia ter feito bronzeamento artificial. Os dois botões de sua camisa estavam abertos, deixando entrever uma corrente de ouro e o peito cabeludo. Enquanto eu observava os músculos fortes de suas panturrilhas – os pelos brancos e encaracolados eram a única pista de que aquelas pernas não pertenciam a um homem jovem –, Luke me informou que ele tinha sido goleiro do Santos quando Pelé jogava no time. Fazia sentido: ele tinha aquele jeito meio arrogante de um profissional.

Douglas tocou no meu braço e apontou para um homem que acabara de chegar. "Marta", disse ele, imitando o movimento de um peixe na água com a mão, como um jogador driblando pelo campo. Levei alguns instantes para entender que ele estava fazendo uma comparação, pois considerava Marta o mais elevado bastião da habilidade futebolística. Fiz um "*Ah*", querendo transmitir entendimento e admiração.

A maioria dos homens desapareceu no vestiário (a sexta mudança de local) e eu sentei no banco com três sujeitos que não demonstravam nenhuma intenção de jogar.

O cara atrás de mim já estava com uma cerveja na mão, embora ainda não fossem nem 8h da manhã. Ele apontou para mim e disse: "Alemã?" Eu sabia o que significava. Não era a primeira vez que isso acontecia. "Não", eu disse.

"*I speak English, I speak English*", disse ele, batendo no peito. "*You are from Germany?*"

"*No*", respondi. "*United States.*"

"*Ahhhhh, Germany.*"*

---

* "Eu falo inglês, eu falo inglês. Você é da Alemanha?" "Não, Estados Unidos." "Ahhhhh, Alemanha." (N.T.)

Do outro lado, um homem baixinho cruzou as pernas e desdobrou o jornal, sem prestar a menor atenção na nossa conversa. Estava vestido do jeito que os *hipsters* tentam imitar – óculos de tartaruga, cardigã e mocassins sem meia. Assim que os homens ocuparam suas posições em campo, aquecendo-se sem sair do lugar, ele abaixou o jornal e olhou o campo, como se não entendesse por que seus amigos queriam ficar correndo de um lado para o outro.

Metade dos homens estava descalça, a outra metade usava sapatos confortáveis. (Lulu, no gol, ainda calçava seus mocassins brancos.) A cada toque na bola, era possível ver a grande familiaridade que eles tinham com o jogo.

Embora fossem gentis com a bola, não eram gentis um com o outro – não havia nenhuma consideração pelos quadris frágeis. Partiam para cima com tudo. Corpos voavam. No banco, Luke e eu nos entreolhamos, fazendo caretas de dor, certos de que acabaríamos ouvindo o som de ossos se quebrando.

Cinquenta anos de experiência acabam gerando jogadores obstinados. Gesticulavam ferozmente, gritavam uns com os outros:

"Você sempre faz isso!"

"Ah, tá, e você nunca faz falta."

"Faz um gol, seu babaca."

"Precisamos de uma enfermeira aqui."

"Tá, meti a mão na bola – e daí?"

"Ele não é de nada, não é de nada – passa a bola para mim!"

"Você passou a bola para o meu joelho!"

"O mundo inteiro vai ver a gente e vocês estão jogando desse jeito!"

Algumas bolas, eles não conseguiam alcançar. Quando alguém fazia um lançamento muito longo, o jogador que ia recebê-lo agitava seus braços idosos em vão. Agitava as mãos e resmungava, e eu sabia o que ele estava dizendo, porque já ouvi homens mais jovens dizerem a mesma coisa: "Alguns anos atrás, talvez eu conseguisse."

Olhando para mim de relance, o cara de cardigã dobrou o jornal e levantou. Ele fez um gesto para que eu levantasse do banco e disse algo que devia ser "Entra lá, vai, vai". Ele me empurrou para o jogo, meio irritado; no seu entender, ficaríamos ali sentados para sempre se ninguém nos mandasse jogar.

"Você também", disse, fazendo um gesto com a mão na direção de Luke.

Quando entramos em campo, senti os coroas me olhando. Eram homens de setenta anos, jogando descalços, mas, aos olhos deles, eu é que era o espetáculo. Eles riam alegremente.

Os jogadores do meu time quase sempre me achavam em campo. Quando passavam a bola para mim, parecia puro cavalheirismo, como se abrissem a porta do carro para a namorada.

Do outro lado do campo, Luke jogava de um jeito relaxado, sem pressa, sem querer ser visto como o rapaz exibido de 26 anos de idade. Ele se concentrava em passar a bola para seus companheiros. Em qualquer jogo, se alguém se dá ao trabalho de correr com a bola, você se sente obrigado a jogar com ele, a recompensá-lo; naquele jogo, em que dava para sentir o esforço por trás da menor corridinha, isso valia ainda mais.

Douglas corria, o mais rápido que conseguia, e eu observava seus cotovelos enrugados enquanto ele forçava o corpo pela lateral, e então, do nada, ele caiu e ficou esparramado na grama. Ficou ali deitado de lado durante alguns segundos, apoiado no cotovelo direito como se estivesse descansando num parque. Estava saboreando a tragédia, a injustiça daquela queda. Quando alguém do outro time apareceu para ajudá-lo a se levantar, bateu no chão, como se dissesse "Foi a grama, foi a grama".

Tirei os olhos de Douglas e vi o goleiro pulando de lado, defendendo uma bola. Então ele fez uma pose, inclinando-se casualmente contra a trave, com uma das mãos no quadril. Luke achou que ele estava apoiado na trave para demonstrar o quanto aquela defesa o cansara, mas eu interpretei como *Ah, isso? Isso não foi nada.*

Seu colega pulou em cima dele, comemorando. Quando soou o apito final, os dois saíram de campo juntos, um com o braço no ombro do outro.

Os homens desapareceram de novo no vestiário e saíram cheirando a colônia, com os cabelos grisalhos molhados e penteados. Um homem no bar serviu uma Brahma numa tulipa. Não gosto de cerveja, mas preferi beber a admitir isso para os vovôs que estavam me oferecendo a bebida. "Saúde", disse em português, brincando com eles.

"A gente chama de terceiro tempo", Douglas explicou para Luke, batendo no copo de cerveja e agitando os polegares, fazendo um gesto com eles na direção da boca. "Dois jogando e o terceiro na cerveja."

Quando parou de rir, Douglas girou o resto da cerveja no copo e disse: "A gente passa a semana inteira esperando pelo domingo."

Nos despedimos dos senhores com um beijinho (são dois no Rio e um em Santos) e entramos no primeiro de três ônibus que nos levariam até a casa de Nenê, minha ex-colega de time. No caminho, repassei mentalmente a pelada, sentindo que aqueles senhores haviam nos ensinado algo importante: nós envelhecemos, mas o jogo não.

Os homens em Santos continuavam a jogar. Pelo que pude perceber, quando alguém está contando com você para jogar bem, o futebol tem tanto significado no fim quanto no começo.

3.

"Quem é vivo sempre aparece", dizia a pichação sobre a mureta de cimento que cercava a quadra de futebol na base da favela São Bernardo, uma mureta na altura da cintura.

Foi nesta quadra que Nenê cresceu jogando. É também a quadra onde o irmão dela foi assassinado a facadas. No verão em que joguei no Santos, Nenê me contou sobre seu irmão através de mímicas, fazendo um gesto com o punho fechado na direção do pescoço.

Nenê, aos 27 anos, era uma das jogadoras mais velhas do nosso time. Ela já tinha desistido uma vez para trabalhar numa fábrica de brinquedos e, assim, ajudar mais a família. Mas ela sentia muita falta do futebol e acabou voltando. Os brinquedos de Nenê, parecidos com aqueles que vêm no McLanche Feliz, decoravam os nossos dormitórios. Karen e eu tínhamos um Nemo sobre a cômoda.

Eu sabia que Nenê tinha onze irmãos – ela mandava para a mãe a maior parte de seu minguado contracheque –, mas, mesmo assim, fiquei abismada ao ver todos eles apinhados na cozinha quando chegamos a São Bernardo.

A mãe de Nenê usava óculos e uma saia que ia até o joelho, parecia uma freira. Ela nos fez perguntas em português, falando lentamente, e eu entendi um pouco.

"Onde você mora?"

"*Nortche Carolina*", respondi, satisfeita por ter me lembrado de converter o *t* em *tch*, sem saber que esse som só é pronunciado dessa maneira no estado do Rio de Janeiro. E também devia ter dito "Carolina do Norte", e não "Norte Carolina".

"E a sua família?"

"Flórida."

Ela franziu a testa. "Por quê? Por que você mora na Carolina do Norte se a sua família mora na Flórida?"

Pensei na minha família e olhei as pessoas na cozinha da casa de Nenê. "Não sei", respondi e, naquele segundo, eu não sabia mesmo. Não tinha a menor ideia de por que minha família havia se separado, indo parar em lugares distantes. Pensei mais uma vez no assunto quando nos preparávamos para dormir no chão da sala de estar, colocando minha camiseta enrolada embaixo da cabeça para servir de travesseiro. Pensava na grande mobilidade dos americanos. Os americanos saem de casa para estudar, para trabalhar, e quase sempre vão parar bem longe.

Por meio do futebol, Nenê também seguia as oportunidades, jogando em times de Minas Gerais, Santos e São Paulo. Quando o contrato acabava, ela voltava para casa. "A temporada terminava e eu não tinha dinheiro nenhum. Eu roubava, brigava. Assim como o meu irmão, eu estava indo pelo caminho errado. Não sabia por quê... Só sabia que estava indo. Eu não fazia parte de nenhuma gangue – eu era a minha própria gangue. Passava pela entrada da favela, pela boca de fumo, sem problema nenhum", contou para Luke, nós sentados em seu quarto. "Eu sabia o que as pessoas diziam de mim – que eu tinha cara de ladra. Mas também era conhecida pelo meu futebol. Esse era o meu trunfo. Eu nunca ficava um dia sem ir à quadra. Se às 2h da tarde eu não tivesse aparecido, as pessoas já começavam a ficar preocupadas."

Muitos dos caras com quem ela cresceu foram jogar em outros lugares – alguns em São Paulo, um na Espanha, outro em Portugal. A carreira de Nenê tinha chegado ao fim. "Nem todas podemos ser Martas. Eu não fui pra frente [na carreira] e preferi trabalhar." Voltou a trabalhar na fábrica de brinquedos. No Santos, ela era a artilheira. Como fui testemunha de seu dom, era difícil engolir que a carreira dela já era, que seu talento tinha chegado ao fim. Na fábrica, ela ficava sentada num banquinho, pintando bonecos do Shrek com uma pistola de spray. Ela disse que gostava. Seu quarto tinha dezenas de pequenos bonecos de plástico sobre a cômoda. "Não sei por que gosto tanto deles. Talvez seja porque fui eu que pintei. E nunca tivemos bonecas quando éramos crianças. Então agora quero ter todos."

Seu contrato com a fábrica de brinquedos terminava no fim do mês, e ela não sabia ao certo o que faria depois. "Eu não escolho o que fazer – as coisas vão aparecendo", disse, brincando com uma boneca parecida com a Hello Kitty. "Você fica o tempo todo jogando futebol, jogando futebol. E aí você fala assim: vou procurar emprego. E a carteira [de trabalho]? Você não tem nada na carteira. Futebol não assina carteira. Então minha carteira estava em branco. É difícil no Brasil. Mas eu sempre achei alguma coisa para fazer. Tirar lixo, vigiar carro, ajudar a construir casas – qualquer coisa, eu não ligo. Se é trabalho honesto, traz dignidade." Ela recostou na cama, olhando para a parte de baixo da segunda cama do beliche, para os recortes amarelados de jornal que deixavam entrever estrelas do futebol pelo estrado de madeira.

Agora Nenê normalmente só jogava aos domingos, depois de treinar uma turma de crianças durante duas horas na igreja. Quase todos os caras com quem ela cresceu sumiram. Mas os jogadores que agora estavam na quadra ainda sabiam quem ela era. "Às vezes as pessoas dizem: 'Quem é aquela? O que ela está fazendo aqui?' E aí outra pessoa fala 'Aquela é a Nenê' e conta a minha história."

Na quadra, os passes e fintas eram de cair o queixo. As canetas eram uma versão diferente daquelas que vi na Rocinha, o que fascinava Luke. "É como se cada lugar do Brasil tivesse seus próprios dribles", constatou.

"Vocês americanos planejam – é mecânico", disse Nenê. "Os brasileiros tentam coisas novas, inventam. A gente liga para o movimento."

Um cara usando boné, agasalho com capuz, bermuda comprida e tênis de cano alto vermelho e branco com coisas rabiscadas em letra cursiva – um visual que grita "sou das ruas" – pisou sobre a bola e tropeçou, seu corpo comprido esborrachando-se na quadra. Ninguém esperava que alguém que parecia tão durão fosse cair.

O cara que todos chamavam de Negão tinha 1,90 metro de altura e estava sem camisa, com um gesso no braço direito. "Ele é traficante, um dos caras que comandam a área", disse Nenê, com uma expressão sombria. Foram os traficantes que mataram seu irmão; me perguntei se ela pensava nele quando estava jogando. "Eu queria saber quem fez aquilo e matar a pessoa", ela dizia. "Todos eles."

O relacionamento de Nenê com o irmão era complicado; muitos dos relacionamentos entre irmãos eram assim no nosso time no Santos. Com frequência, os irmãos, aqueles que ensinavam as meninas a jogar, tinham vidas marcadas pela violência e pelo crime. Nenê contou que o irmão tinha vendido a bicicleta, os sapatos, as chuteiras dela, deixando-a fula da vida. Mas, mesmo assim, ninguém deixava de gostar do irmão.

Parecia muito pesado a tragédia dela ter acontecido numa quadra de futebol, o lugar onde ela deveria poder espairecer, esquecer as coisas.

No fim do dia, Nenê sentou com as costas contra o muro, os joelhos encostados no peito. Um menino do tamanho de Ronaldinha sentou perto dela. Ficou brincando com uma bola, rolando-a, esperando sua vez. Eles ficaram encostados no muro pichado, observando o jogo.

5. Saudades

É DIFÍCIL ACREDITAR na nossa última história do Brasil.

Em Santos, depois de passar um dia filmando o mar e a areia branca, deitamos na praia, de agasalho, olhando as ondas. O tempo estava meio agitado, o vento, forte. Figuras solitárias andavam perto da água. Um homem veio na nossa direção, empurrado pelo vento, capuz sobre a cabeça, com o rosto na sombra, difícil de reconhecer. Ficamos olhando enquanto ele se aproximava, esperando para ver se estava mesmo vindo na nossa direção.

De perto, seu rosto era impressionante, lindo. A estrutura óssea e a barba de umas duas semanas o faziam parecer uma estrela de cinema. Seus olhos, do mesmo tom castanho escuro do cabelo, tinham cílios compridos e rugas finas nas laterais, o que lhe dava um ar sábio.

Ele estendeu a mão, segurando uma fruta misteriosa na palma aberta. "Querem uma maçã?"

"O que é isso?", Ryan perguntou a Luke, olhando para a fruta como se fosse a maçã da Branca de Neve.

"Não sei", disse Luke.

Aceitamos a fruta e agradecemos.

O homem, que se apresentou como Ilson, deitou no pedaço de areia perto de nós, conversando com Luke, olhando bem dentro de seus olhos. Depois, levantou-se, limpou a areia da roupa e se afastou. Cada um deu uma mordida na fruta, parecida com um *kumquat*, enquanto o víamos ir embora, como se fosse levado pelo vento.

Uma semana depois, pegamos um ônibus noturno para Curitiba, e depois mais outro, que levaria quatro horas até Floripa, e por fim ficamos mais umas duas horas num ônibus que passava por estradas de terra e parava de vez em quando para pegar crianças nas escolas. Uns oitocentos quilômetros depois, quando chegamos à Guarda do Embaú, uma cidade de pescadores de trezentos habitantes, lá estava ele: Ilson, o cara dos olhos bonitos, no meio da cidade deserta, varrendo a poeira de uma rua vazia.

Quando ele nos viu, seu rosto não registrou nenhuma surpresa. Levantou a mão, como se estivesse à nossa espera.

"Não é possível", disse Ryan, olhando pelo para-brisa.

A estranheza do encontro foi acentuada pelo lugar onde nos encontramos.

Ilson caminhava ao lado do nosso carro enquanto descíamos uma rua de paralelepípedo que terminava na praia. Ficamos de pé na areia, olhando para a frente. Raios de luz escapavam por entre as nuvens escuras, iluminando uma fatia esbranquiçada de um banco de areia formado entre o rio e o mar. Uns dez barquinhos de cores vivas balançavam suavemente quando o vento soprava sobre a água.

Estávamos lá justamente por causa deste banco de areia. Anderson, um cara que cresceu na Guarda, tinha escrito para nós contando sobre o rio da cidade, sobre como ele se divide e ruma para o oceano, formando a pequena ilha onde os guias dos barcos jogam futebol no fim do dia. Mas tudo isso eram só umas frases digitadas por um desconhecido. Agora, estávamos vendo aquele paraíso com os nossos próprios olhos.

Tínhamos tomado o cuidado de não criar muita expectativa – guias de barco jogando futebol sobre um banco de areia? Parecia a coisa mais espetacular do mundo. Então passamos todo o tempo nos cinco ônibus que pegamos nos convencendo de que talvez não fosse tão espetacular assim. Mas era.

Ilson, que estava entrando na água, empurrou um barquinho na nossa direção. "Entrem."

"Descobri com quem ele se parece", disse Ryan, apertando os olhos e observando o rosto de Ilson, iluminado pelo sol. "Não é com um ator de cinema. Ele parece Jesus."

"Bom, ele acaba de me dizer que é um xamã", disse Luke.

Um xamã que se parecia com Jesus estava nos conduzindo por águas divididas. Fixei o olhar na vara de bambu que Ilson carregava, subindo e afundando enquanto ele nos impelia para a frente, fazendo círculos cada vez maiores na água.

Ele parou o barco do outro lado. Desapareceu por um caminho entre as árvores que não teríamos visto sozinhos. Abaixamos a cabeça e o seguimos, rumo à área iluminada à nossa frente, saltando sobre pedras vermelho-terra. O vento forte balançava os meus cabelos e a minha saia quando subimos um penhasco, avaliando seu tamanho. Olhei para baixo, para a descida íngreme que chegava até a espuma do mar, as ondas batendo nas pedras, pouco mais de cem metros abaixo de mim.

Quando chegamos do outro lado, vimos o novo cenário – dunas de areia ao vento. Logo atrás das dunas, parecia que podíamos ver a Irlanda. Imaginei se não estaria num daqueles filmes de ficção científica em que uma paisagem se mescla com outra – flutuando sobre um rio, descendo uma praia branca e vazia, atravessando morros verdejantes, passando por uma ou outra vaca, entrando num mundo feito de pedras, voltando pelo emaranhado da floresta e finalmente entrando em outra praia, com ondas coloridas que vêm e vão.

De volta ao barco, Ilson nos guiou pelo mangue, por canais que pareciam riachos, com cavalos pastando na grama das margens.

Ninguém dizia nada, só ouvíamos o som do barco deslizando sobre a água. A voz de Ilson nos resgatou do nosso deslumbramento. "Futebol? Querem jogar futebol?", disse. "Aqui."

(Até isso me pareceu algo saído de *História sem fim*, um desconhecido místico que nos guia na nossa jornada.)

Na praia à nossa frente, dois Adônis de sunga, com as pernas afastadas, os braços enormes cruzados em frente aos peitos estufados.

Com os calcanhares, os homens desenhavam linhas na areia, traçando não só a grande área como também a meia-lua.

O jogo deles seguia o ritmo relaxado dos guias de barco. Seus corpos musculosos brincavam com a bola, caminhavam devagar pela areia. Mais uma vez tomei uma caneta: o homem de sunga vermelha ficou com os dois pés em cima da bola e, quando fui roubá-la com um chute, ele saltou e a fez passar por entre as minhas pernas, continuando pela praia, guiando a bola por entre as traves improvisadas do gol, feitas de madeira.

Nuvens escuras, anunciando uma tempestade, tomavam conta do céu. Ilson olhou para a escuridão e anunciou: "Temos que ir."

As gotas de chuva caíam pesadas sobre nós e o barco deslizava pela água.

Abrigados na cabana do bar, dois guias de barco tocavam violão e cantavam uma versão em português de "No Woman No Cry". As pessoas que fugiam da chuva chegavam sem fôlego, tremendo, molhadas. Nós, na mesma situação, observávamos a cabana lutar contra a água. De repente, o som ficou mais violento. Logo me dei conta de que uma hora antes estávamos ficando vermelhos sob o sol e agora estávamos debaixo de uma chuva de granizo. Os fragmentos de gelo batiam contra o telhado, fazendo um som cada vez mais alto.

Uma mulher saiu de trás do bar e veio se esquivando por entre os banhistas molhados, segurando um balde metálico gelado sobre a cabeça. "Caipirinha!", gritou. "Com gelo do céu!" O balde de caipirinha – feita com o granizo – passou de mão em mão pelo bar.

Os guias dos barcos cantavam de olhos fechados. Casais dançavam próximos para se aquecerem, as mulheres com o rosto aninhado no pescoço dos homens. Luke me abraçou, minhas costas estavam contra o seu peito, e ficamos observando as ondas quebrarem na praia e o granizo cair violentamente no telhado.

Mal sei falar português, mas sou meio obcecada pelas quatro palavras que conheço: favela, que também significa "flor selvagem"; pelada, que também significa "nua"; brincadeira, que também significa "passatempo"; e saudades, palavra que o meu time me ensinou da última vez que deixei o Brasil, um jeito de dizer "sinto sua falta" com uma só palavra. A palavra descreve "o sentimento de ausência por algo ou alguém que você gostaria que ainda estivesse presente". Passei o mês inteiro dizendo "saudades": para Arnaldo, Nike, Sandro, os garçons, os senhores de idade, a Família Valão, Nenê e Ronaldinha. E a saudade novamente tomava conta de mim naquele momento. Já podia nos ver passeando pelas ruas de outros países, mas com nossos pensamentos sempre voltados para o Brasil.

6. *Picado*

Eis por que adoramos Buenos Aires: os homens cantarolam quando passam por nós na calçada, as mulheres usam sapato alto de couro em cores chamativas – magenta, mostarda, cor de telha. Há livrarias e árvores ladeando as calçadas. Havia a padaria da esquina, onde compramos baguetes por dois pesos, e o Café Richmond, o antigo café onde Jorge Luis Borges ia escrever. Quando acordávamos, ficávamos sentados na varanda, tomando *café con leche*, vendo os meninos debruçados nas janelas da escola do outro lado da rua.

E eis por que nos frustramos com Buenos Aires: porque fomos assaltados no Subte, o metrô (tiraram a carteira de Ryan de seu bolso sem que percebêssemos); choveu 90% do tempo e, quando não estava chovendo, as tipuanas espirravam sua seiva nos nossos rostos; as livrarias se gabam de ter romances em inglês, mas só possuem a série infantojuvenil *Sweet Valley High*; e o pior de tudo: não conseguimos achar o *fútbol*.

Ferg e eu acabamos entrando num sebo de corredores escuros e secretos, repletos de achados em inglês: Charles Bukowski, Ken Kesey, uma série fotográfica de Hemingway na África, uma edição de colecionador de *On the Road*, do Jack Kerouac.

E, finalmente, depois de três dias sem conseguir nada – olhando para rostos inexpressivos quando perguntávamos sobre os *picados*, aparecendo no melhor horário em campos de futebol desertos, indo de metrô de um lado para o outro da cidade, vendo as quadras vazias passando pelas janelas –, começamos a notar os homens. Não aconteceu de repente. É uma cidade; há uma multidão de gente passando por você. Barulho de sirenes e buzinas, táxis parando perto da calçada. Portanto, levamos um tempo antes de avistar um par de caneleiras em meio à multidão. Dei meia-volta na calçada, tentando seguir as pernas, mas elas desapareceram, engolidas pelo monte de gente, e o vislumbre foi tão rápido que eu não sabia se realmente tinha visto aquilo ou não.

Vinte minutos depois, vi Ferg indo contra o fluxo de pessoas, na ponta dos pés, esticando o pescoço. "Tinha um homem com uma maleta", disse, dando uma corridinha para alcançá-lo. "De terno. Mas por baixo... uma camisa de time. Bermuda de futebol. Meia de futebol. Tenho certeza."

Em algum lugar, perto dali, havia gente jogando.

Andamos pelas ruas, para cá e para lá, olhando atentamente os becos, as janelas, os telhados. Ferg e Luke paravam quem ficava para trás na multidão, perguntando aos argentinos o que eles sabiam, como se, em algum lugar, houvesse uma porta secreta que todos, menos nós, soubessem como acionar.

Eles voltavam sem respostas. "Disseram que não tem nenhum campo aqui perto."

Caminhamos lentamente. Comecei a formar opiniões sobre a Argentina, juntando as minhas observações feitas durante aqueles três dias, fazendo julgamentos apressados sobre o país. Os brasileiros são abertos, aceitam tudo, enquanto os argentinos são aristocratas que amarram suéter no pescoço e ficam sentados confortavelmente em restaurantes, de pernas cruzadas, assistindo aos jogos em vez de jogar.

Senti uma onda de calor, comecei a suar. Só porque a nossa ideia do filme tinha sido possível no Brasil não significava que seria possível em outros lugares. Se não conseguíssemos achar futebol na Argentina, a terra de Maradona, Messi, Tévez e Batistuta, como acharíamos em outros países?

Uma pessoa que pensasse com o lado esquerdo do cérebro teria procurado as ruas mais adequadas, entrado em contato com os clubes, lugares onde os jogadores criam suas carreiras. Teria tentado falar com os homens que usam camisas polo com insígnias de times bordadas e que têm acesso a todos os campos. Mas não queríamos montar um jogo. Éramos românticos em busca de jogos informais. Queríamos chegar num lugar e achar gente jogando.

Nós tínhamos nos dado um mês no Brasil, tempo para errar, para nos perdermos. Mas só tínhamos duas semanas na Argentina, sendo que ficaríamos sete dias em Buenos Aires, e três dias já haviam se passado.

E então, de repente, lá estavam eles, bem na nossa frente: sentados na calçada, homens com camisas de futebol e bolsas esportivas, os transeuntes esquivando-se deles, pulando por cima de suas pernas esticadas.

"Donde está la cancha?", perguntou Ferg, chegando perto deles. *Onde fica o campo?*

"No sé", responderam, balançando a cabeça, continuando a baixar meias e tirar caneleiras.

Ela ficou ali parada, os olhos percorrendo todos aqueles indícios de *fútbol* – as bolsas, as chuteiras, as joelheiras, os rostos suados.

Ela girou os quadris, prestes a ir embora, mas foi como se sua mente dissesse, *Espere. Só pode ser isso.* "Onde *vocês* vão jogar?", perguntou.

"Aqui", responderam, indicando a vitrine com o polegar.

Rebekah olhou para o restaurante com fatias de pizza adesivadas sobre o vidro. Olhou de volta para o homem e a expressão em seu rosto dizia *Por favor, me explique por que você está apontando para um lugar que vende pizza e me diga onde é que está o futebol.*

Um homem alto de cabelo preto e bagunçado, grudado na testa molhada, disse algo, mas suas palavras eram rápidas demais, e Ferg ainda estava aturdida com a diferença entre seu espanhol de sala de aula e o espanhol da Argentina, onde os *ll*'s se transformam em som de *j*. Ele percebeu que ela não havia entendido nada, ficou de pé e a conduziu pela porta da pizzaria até um portal, e lá estava o jogo à nossa espera, logo adiante.

Da rua, só dava para ver restaurantes. Mas lá dentro, ocultas atrás das mesas e dos comensais, havia quadras e quadras de *fútbol*. Nas manhãs, passeamos pela cidade em busca do que parecia um truque de mágica: entrávamos em restaurantes e desembocávamos em quadras de futebol. (O Club Eros era o meu favorito: toalhas de mesa com estampa xadrez branca e verde, garrafas de vinho Chianti cobertas de cera de vela, homens de terno cortando *bifes de chorizo* sentados nas mesas que dão para uma quadra xadrez.)

Às 4h30 da tarde, quando os argentinos encerram seu dia de trabalho, entramos no Club Arroyo. Duas mulheres estavam sentadas atrás de um estande que imitava uma janela. Acima delas, um quadro-negro com letras acopláveis, do tipo que vemos nas casas de boliche tradicionais, dava os preços para cada meia hora.

Ficamos olhando feito bobos as letras brancas e tortas na placa, tentando adivinhar se havia algum jeito de jogar com as outras pessoas, e as duas moças atrás do balcão nos encaravam. O cabelo loiro e desgrenhado de Luke gritava que ele era estrangeiro. E eu sou menina; considerando os quinze homens de pé conosco na entrada, isso também não é muito comum.

Quando Luke tentou fazer perguntas, os olhos das mulheres se arregalaram ainda mais, e elas puseram a mão na frente da boca. (No Brasil, Luke era o rei do idioma. Ele tinha a inflexão, o ritmo, a habilidade de movimentar o corpo do mesmo jeito que os brasileiros. Ali, quando abria a boca, o português transparecia em cada sílaba.)

Elas repetiram o que dizia a placa – 100 pesos para alugar a quadra. Poderíamos alugar uma, mas precisaríamos de mais dez amigos. E não tínhamos dez amigos.

"Mas elas disseram que a gente pode jogar se alguém precisar de jogador", Luke me informou enquanto eu o seguia, saindo pela porta do pátio, segurando a nossa bola entre as mãos.

Fomos de campo em campo: um cara com gel no cabelo recusou imediatamente nosso pedido, com o ar de culpa e constrangimento de alguém que recusa esmola a um mendigo. Um grupo de pessoas que aparentava beirar os trinta anos tentou nos evitar. (Era o tipo de gente que sempre me deixava nervosa quando eu estava no colegial e acho que ainda me deixa: têm uma expressão arrogante e descontraída no rosto, porte atlético, vestem-se de maneira elegante, mas despojada, com agasalhos velhos, calças de moletom cortadas, meias de futebol abaixadas.) Enquanto Luke dizia "*Mi amigo, podemos jugar?*", eles continuavam com os olhos fixos na quadra, balançando a cabeça negativamente, sem sequer olhar para ele.

As coisas melhoraram um pouco quando Luke se aproximou de um homem de uns cinquenta anos, magrinho, quase calvo e de olhos brilhantes, alguém que parecia mais inclinado a dizer sim. Com a bola debaixo do braço, ele olhou para mim arqueando as sobrancelhas: "*Usted sabe como mover la pelota?*", e Luke traduziu para mim o que ele disse, "Você sabe movimentar a bola?"

Fiz que sim e sorri. "*Buuuuuennno*", ele respondeu, demorando-se na palavra.

Ele colocou os braços sobre nossos ombros e nos levou até a quadra. Já estávamos tocando a bola em campo com os outros quando apareceram dois jogadores atrasados, correndo e saltitando, amarrando os sapatos às pressas. E com a chegada deles nós tínhamos que sair.

Todos no clube investiram no jogo; vimos homens folheando notas de dinheiro na entrada. Quem pagou para estar ali não ia ceder o lugar para alguém que não pagou. Isso fazia todo o sentido para mim. Mas não tinha a menor ideia de como conseguiríamos jogar em Buenos Aires.

Ficamos pensando se não teríamos mais sorte se eu tentasse. Às vezes, os homens têm mais dificuldade de negar algo a uma mulher. Luke repassou a frase comigo: *Está completo. Está completo.* Quando fiquei na frente daqueles desconhecidos e tentei repetir minha frase, as palavras desapareceram. E outras saíram: "*Jugador completo?*" Ninguém conseguiu entender o que estava dizendo.

Ficamos na área entre duas quadras, vendo os jogos dos dois lados, em silêncio.

"*O que vocês estão fazendo?*", perguntou uma voz atrás de nós.

Em inglês. Até então, língua rara de se ouvir na América do Sul, o que eu admiro: gosto quando os habitantes locais esperam que você se vire sozinho. Mas isso não impediu que minha esperança batesse no teto quando me virei e vi um cara que parecia disposto a me informar onde eu podia encontrar jogos de futebol.

Eu disse a ele – um homem de cabelo escuro, preso num rabo de cavalo, e pele pálida, que já tinha visto nossos pedidos serem recusados – que estávamos tentando jogar. Achávamos que o equivalente de *pelada* na Argentina era *picado*, ou *picadito*, mas, até o momento, essas palavras só tinham nos levado àqueles clubes.

"Há outros lugares além dos clubes?", perguntei. "Lugares onde a gente não precisa pagar nem trazer os amigos?"

"Vocês sabem que estão numa cidade, não?", ele disse. "Não tem espaço. Buenos Aires não é o melhor lugar onde procurar."

"Mas o Rio de Janeiro é uma cidade. E isso não impede os brasileiros de jogarem", respondi, com um ar meio superior, como se tivesse direito de sentir o orgulho dos brasileiros.

Ele ajeitou uma mecha de cabelo atrás da orelha e franziu a testa. "Para achar o *fútbol* de verdade, vocês precisam ir para as *villas*. Mas vocês não podem ir às *villas*."

Dobrei a manga da camiseta e o observei atentamente.

"Lugares como Villa 31, Villa Lugano – os bairros perigosos. Para os estrangeiros, é perigoso demais. Impossível."

Tentamos mais dois clubes-restaurantes, mas agora, enquanto íamos de campo em campo, já tinha na minha cabeça a palavra *villa*, pronunciada com o som de *j*.

Não queria chegar em Buenos Aires e filmar jogos em clubes – jogos onde não podemos entrar e pelos quais precisamos pagar – enquanto o "*fútbol* de verdade" acontecia em outro lugar.

Na manhã seguinte, deixamos as câmeras no apartamento e pegamos a linha azul do Subte até a última estação. Perguntamos ao homem que vendia pão como chegar à Villa 31. Virem à esquerda, depois à direita, e sigam pela linha do trem. "*Es muy peligroso*", advertiu, olhando para nós de cima a baixo por alguns instantes. "*Usted no debe ir allí.*" É perigoso. Você não deve ir lá.

Com umas dez pessoas, mais ou menos, caminhamos rapidamente ao longo da linha do trem, o que dava a impressão de estarmos numa esteira móvel. Um trem passou fazendo muito barulho ao nosso lado, depositando gente nas plataformas que antes estavam vazias. Ouvimos um grito, o som de movimentos, um homem correndo. A mulher à nossa frente não parou para olhar, então também não olhamos. Meu coração batia mais rápido à medida que o som dos passos se aproximava, mas o homem passou por nós correndo, voando. E, assim que chegamos, o bairro de casas de tijolos abriu-se para nós.

Tinham nos dito que a Villa 31 foi construída embaixo de um viaduto, mas aquela informação não significava nada para mim. Agora, enquanto andávamos, podíamos ouvir o som dos carros passando rápido, e o ruído mais longo dos caminhões que passavam acima de nós.

Logo ouvimos os gritos de uma torcida e aí, assim que a estradinha estreita de terra se abriu, vimos um novo mundo que crescia debaixo da rodovia, centenas de pessoas apinhadas ao redor de nada mais nada menos que um jogo de *fútbol*.

Era o torneio de domingo, e a rua principal da *villa* estava sendo usada como campo.

Nos enfiamos no meio da torcida, nos sentindo bem, maravilhados. Um aparelho de som portátil tocava música latina. Havia crianças nos ombros dos pais, penduradas nas pernas das mães, brincando com um punhado de isopor em forma de amendoim. Um homem tentava vender o enorme papagaio empoleirado em seu ombro; o pássaro bicava os botões de sua camisa. Bicicletas de carga com guarda-chuvas acoplados se esgueiravam por entre a torcida, guiadas por homens que vendiam refrigerantes e doces. Cachorros de rua passavam arfando por entre as pernas, procurando comida no chão. Um menino estava recostado contra os pilares da rodovia, segurando uma bola embaixo dos braços, os olhos seguindo a movimentação do jogo.

Depois que um atacante percorreu a parte do campo mais próxima a ele, indo para a esquerda e depois cortando para a direita, o menino correu até a sombra do viaduto e imitou o movimento do atacante, jogando seus pequenos ombros para a esquerda e investindo para a direita. E então voltou para o mesmo lugar e continuou a assistir.

No domingo, depois de ver as famílias, os homens vendendo sorvete e as crianças desenhando com giz, não me pareceu que eu precisasse ter medo daquelas pessoas. Ficaram nos dizendo que a Villa 31 é perigosa: *peligroso, muy peligroso*, uma das poucas expressões em espanhol que ouvi o bastante para conseguir me lembrar depois. Mas gostei do jogo e do menino que assistia.

Quando retornamos no dia seguinte, três policiais tentaram nos parar, um de cada vez. O primeiro disse: "Não entrem ali", fazendo um gesto com os braços em formato de X. O segundo disse a Luke: "A vida é sua, não minha." E o terceiro falou para Ferg: "Na semana passada, o pessoal do Canal Dois veio aqui. Roubaram as câmeras e deram uma paulada na cabeça deles." O último foi o mais convincente, embora a gente quisesse acreditar que ele só disse aquilo para nos fazer voltar. Parecia ingênuo não sentir medo. Todo o ar de festa do dia anterior agora tinha sido substituído pelo silêncio – nada de música, de torcida, de riso. Só o assobio e o estrondo dos caminhões passando.

Tentamos virar na mesma rua em que viráramos no dia anterior. Eu me esforçava para reconhecer algum varal, algum poste pichado, qualquer coisa, quando, de repente, nos deparamos com um campo, um campo diferente do que vimos no dia anterior. Embora já fossem 2h da tarde e o dia estivesse quente, havia gente jogando.

Ficamos a alguns passos da linha lateral, observando. Uma fileira de construções de cimento inacabadas e meio tortas, típicas de favela, eram o pano de fundo do campo. A bola saiu de campo e veio na nossa direção – e meu coração, é claro, começou a bater forte, porque sabia que aquela era a nossa chance e sabia que Luke ia querer aproveitá-la.

Ele foi atrás da bola, jogou-a de volta e gritou: "*Perdón... podemos jugar? Uno a cada lado?*"

Qualquer pessoa que passa três dias só ouvindo negativas não espera um resultado diferente. Eu estava roendo as unhas, olhando para Luke, o homem que amo (não sei se já tinha pensado nele desse jeito sentimental antes, mas foi o que pensei naquele momento, enquanto o observava enfrentar o desafio de falar espanhol com resquícios de português).

Assim como eu, o cara ficou olhando para Luke. Seu rosto suado e bronzeado foi tomado por uma careta. "Hã?", disse, emitindo o som internacional.

Luke repetiu: "*Podemos jugar? Uno a cada lado?*" Falou mais alto, cheio de determinação e confiança, como se soubesse que estava dizendo as palavras corretas. (Este é o segredo que ele aprendeu no Brasil: mesmo que a sua pronúncia não seja perfeita, se você hesitar, eles acham que não conseguem entender. É preciso pronunciar cada palavra com confiança para convencê-los.)

"Aaaah", exclamou o cara, a bola numa das mãos, fazendo um sinal para a gente com a outra. "Claro, claro."

Entramos no campinho de terra, cheio de coisas espalhadas no chão: pedras, sacos plásticos, embalagens de doce, cacos de vidro, um tênis perdido, uma porta de armário. Cumprimentei com um aperto de mão um cara que me olhava como se eu fosse uma alucinação. Sorri para ele. Ele sorriu de volta, mas ainda parecia completamente confuso, como se a minha chegada fosse contra tudo que seus trinta anos de experiência jogando *fútbol* haviam lhe ensinado.

Um rapaz de quinze anos, magro, saltou sobre um cachorro de rua que cruzou seu caminho. Ele devolveu a bola, mandando-a para um cara de meia-idade que terminou o jogo soltando uma bomba, mandando a bola no ângulo. Emoldurado pelas traves do gol sem rede, erguia-se o horizonte de Buenos Aires, atrás da favela.

Sem fôlego, com as canelas suadas cheias de terra, ficamos juntos perto da linha de fundo. O *fútbol* era brutal, intenso, do jeito que eu gosto. (Quando Luke foi para a linha de fundo, acabou metendo o pé numa pedra bem grande. Torceu o tornozelo, mas continuou correndo, fingindo que não havia pedra nenhuma.)

Um cara de uns quarenta anos, com tatuagens nos antebraços, saltou para agarrar a camiseta presa no travessão enferrujado do gol. Ele bateu no adolescente mais próximo com a camiseta, jogou-a sobre o ombro e nos deu um tchauzinho com a mão baixa, antes de voltar para a *villa*.

Picado na Villa 31, favela de Buenos Aires, Argentina. (Cortesia de Ryan White)

Um curativo do tamanho de um cartão de crédito cobria a bochecha direita do cara mais próximo a mim, o que me fez imaginar o que havia ali embaixo. Ele sorriu para mim. Parecia ter uns dezenove anos. Enquanto o sorriso do outro cara era uma máscara de incerteza, o deste era pura sinceridade. Reparei em seus olhos cor de mel. (Luke brinca que eu tenho uma habilidade meio *Rain Man* quando o assunto são olhos: não processo o que as pessoas dizem nem orientações espaciais, mas sei dizer a cor dos olhos de qualquer pessoa.)

Carlos (o cara de olhos cor de mel) nos apresentou para seus dois amigos: Lorenzo, o rapaz alto que jogou no gol, e Campos, um cara robusto que vestia uma camisa falsificada do Arsenal, sem mangas. Carlos havia dado tudo de si, correndo para lá e para cá pela lateral, jogando como se nada mais importasse no mundo, mas Campos ficou andando quase o tempo todo, reclamando, com a mão erguida feito um chef que critica um prato de restaurante cinco estrelas.

O trio nos convidou para visitar seu pedacinho da *villa*. Pegaram banquinhos pequenos em suas casas e os levaram para fora, onde estava mais fresco, enquanto o sol começava a cair por trás dos arranha-céus. Bebemos uma Fanta meio quente enquanto Campos nos contava sobre seu amigo Carlos, um dos caras mais azarados do mundo: ele fez um teste para o River Plate, mas aí (fez um gesto de explosão com os dedos) quebrou a perna. É uma história que, normalmente, eu não entenderia, mas a irmã de Lorenzo, Veronica, que estudava inglês e ficava feliz com qualquer oportunidade para usar a língua, sentou perto de mim e foi me explicando.

Eles ficaram animados ao contar o que o futebol significava na *villa*, principalmente quando descobriram que queríamos divulgar a história dos *picados* para o resto do mundo. (*Picado* significa partido em pedaços, não transmite uma ideia tão bonita quanto *pelada*. Mas Veronica explicou como sendo "o seu pedacinho do jogo", e aí, claro, passei a adorar.)

Na casa de Campos, Ryan e Rebekah gravaram suas histórias:

"Somos muito unidos. Somos imigrantes do Peru, da Bolívia e do Paraguai. A gente anda por aqui e conhece todo mundo. Como em todo lugar, tem gente boa e ruim", disse Campos. "Todos os rapazes sonham em jogar no Boca ou no River. Às vezes, eles não têm dinheiro nem para tentar. Os pais não podem pagar as taxas que os clubes cobram, as passagens de ônibus, as chuteiras. Às vezes os clubes discriminam. Os pais fazem de tudo para conseguir o dinheiro para pagar e aí os clubes dizem: 'Não, você é um rapaz da *villa*, é ladrão.' E têm os caras mais velhos. Alguns tiveram uma chance, mas não conseguiram. E agora a gente joga aqui, juntos, no nosso bairro."

"O *fútbol* é tudo. Ninguém pode tirar isso de mim", disse Carlos. Ele apontou para Campos e sorriu. "E este moleque gordo só joga para tentar ficar em forma."

Antes de irmos embora, caminhamos em grupo até o campo, feito de um misto de cimento e cascalho, que ficava exatamente embaixo do viaduto, e jogamos mais um *picado*. A essa altura, as pessoas já haviam terminado o dia de trabalho e a favela estava cheia de gente que passava, de tempos em tempos, perto do nosso jogo: um homem carregando uma chapa de metal, adolescentes com mochilas e fones de ouvido, um jovem pai segurando as compras num braço e o bebê no outro. A bola bateu numa bicicleta. (Enquanto o nosso jogo na ruazinha de Nike parava para os carros e as pessoas que passavam, este jogo continuava.) Uma família caminhava devagar, sem pressa de sair do meio. Observei a miniblusa rosa e o sutiã preto da mãe, o modo como segurava a mão do homem ao seu lado, que segurava a mão de uma criança de oito anos: os elos da corrente de uma família unida.

"É melhor vocês irem embora antes de anoitecer. A gente acompanha vocês", disse Veronica assim que o nosso jogo terminou. Ela confirmou a história do policial: "Na semana passada, o pessoal do Canal Dois veio aqui. Roubaram suas câmeras e eles foram parar no hospital." Fiquei pensando se não era tolo da nossa parte achar que o *fútbol* podia nos proteger dos perigos.

Caminhamos pela rua comprida e estreita, passando por um jogo de futevôlei, casas sendo construídas e crianças de patins. No fim da *villa*, nós nos despedimos. Cumprimentei Carlos com um aperto de mão, mas aí lembrei que esse é um cumprimento americano. "As pessoas se beijam neste país?", perguntei a Luke, começando a dar beijinhos no rosto antes que ele dissesse sim. Quando cheguei ao fim do círculo, olhei para trás, para Carlos, e percebi que não o beijara. Fiz um movimento meio hesitante para beijá-lo e todo mundo riu, e eu já sentia uma pontada de saudade.

"Por ali é perigoso", alertou Veronica, apontando. "Por ali é seguro. *Aqui... no; Aqui... yes.*"

NO POSTO DE GASOLINA, em alguma hora depois do anoitecer, na metade do caminho para Mendoza, a bola saiu rolando do nosso carro alugado. O frentista do posto correu até ela, matou a bola e fez uma embaixadinha na coxa coberta pelo macacão. Chutou de volta e Luke matou a bola com o pé. Logo estávamos jogando em duplas, sob as luzes fortes do posto.

Mendoza era o nosso último destino na Argentina. A paisagem era diferente de tudo que eu já havia visto, com alamedas sonolentas ladeadas por árvores, montanhas com picos cheios de neve e vinhedos se estendendo até o horizonte. Ficamos hospedados na casa de duas irmãs, amigas de um amigo nosso, e elas nos apresentaram para um grupo de vinicultores apaixonados por *fútbol*. Emilio era paisagista e especialista em uvas, Lucas e Paulo cultivavam vinhedos, Antonio construía bodegas e Raul era economista e professor, e analisava o turismo do vinho. (Quando perguntamos a Raul se ele jogava futebol feito um economista, ele disse: "Acho que sim. Se a probabilidade de eu pegar a bola for boa, eu corro para cima. Se não, não corro.") Alguns foram criados nos vinhedos, aprendendo a arte de fazer vinho com seus avós; outros foram parar ali por conta própria. Juntos, eles desejavam um dia fazer seu próprio vinho. Enquanto isso, jogavam *fútbol* e comiam *asados* depois dos jogos, e nos disseram: "É melhor beber vinho depois do jogo do que antes."

Na área gramada do lado de fora de uma bodega, onde a irmã de Emilio se casara, entre uvas Malbec e Cabernet Sauvignon, ele e Antonio desenrolaram a mangueira do jardim, fazendo uma linha de campo. Baldes de cabeça para baixo serviam de gols. Para escolher os times, Raul e Emilio davam vinte passos e caminhavam um na direção do outro, como se estivessem numa corda bamba, um pé à frente do outro. A cada passo, Raul dizia "*Pan*" e Emilio respondia "*Queso*", suas vozes ecoando como se fosse o tradicional jogo de Marco Polo. O pé de Raul parou sobre o de Emilio, o que aparentemente significava que ele podia escolher primeiro. "Essa é a nossa tradição", explicou Lucas. "Sempre fizemos assim."

Quando Luke mandou uma bola com toda a força em cima das uvas, eles brincaram: "Ah, não se preocupe, são só uns 2 mil pesos em uvas Malbec."

Depois que o sol se pôs atrás dos Andes, bebemos um vinho bom demais para nós e comemos um filé que alegrou imensamente o meu coração carnívoro. À meia-noite, todo mundo, inclusive Ryan, jogou *fútbol* no escuro.

7. *Gauchos* na névoa

Montevidéu – será que posso afirmar que é o meu lugar favorito? Compramos baguete e *chorizo* no mercado perto do porto e fomos andando até a Cidade Velha. A cidade era como Viena, Roma ou Barcelona, só que esquecida, como se todos tivessem ido embora ou desistido dali. Agora, restavam apenas as ruínas de prédios maravilhosos. Fachadas em concreto se desfaziam, os tijolos expostos. Manchas de tinta, musgo subindo pelas paredes, mato crescendo nas rachaduras das varandas. Janelas cerradas com tábuas, com tijolos; janelas que eram só um buraco. Venezianas incompletas, com palhetas quebradas. Uma grande névoa cinzenta – poeira, fuligem ou cinzas – sujava tudo, penetrando em tudo, tomando conta de tudo. As construções-fantasma assombravam as ruas, meras sombras do passado. "Queríamos ser a capital cultural do mundo", disse Gonzalo, cuja foto de um jogo na praia, no Flickr, serviu de inspiração para que fôssemos a Montevidéu. "Mas aí a economia desabou." Em meio ao silêncio lúgubre, fiquei imaginando como era a cidade antes.

Não muito longe dos limites da Cidade Velha estava La Rambla, o pedaço de calçada de frente para o mar. Era ali que as pessoas ficavam. Às 5h da tarde, havia centenas de uruguaios sentados na mureta de cimento em frente à praia. "Vai ter um festival?", perguntei enquanto andávamos. "Algum evento?"

"Não", respondeu Gonzalo, com os polegares encaixados na alça da bolsa-carteiro. "É o nosso costume. Quando chega o fim do dia, a gente vem para cá." Os uruguaios ficam sentados, pensando, tomando mate (um chá que parece feito com um monte de grama cortada) em cuias prateadas. "Somos um povo introspectivo", explicou. Enquanto o espírito de Luke parecia estar em harmonia com o dos brasileiros, decido que o meu é mais parecido com o dos uruguaios. Enquanto eu observava aqueles rostos, sentindo-me feliz com essa constatação, Gonzalo informou: "Temos a taxa de suicídios mais alta da América do Sul."

"Somos um povo triste", continuou. "Somos muito cultos, fomos criados para pensar. Mas aqui não há emprego nem oportunidade. Nossos jovens vão embora do país." Os uruguaios ficavam ali, apertando os olhos, fitando a água.

Qualquer que fosse a aura de melancolia da sexta-feira, ela simplesmente sumiu no sábado: tudo é sol, vento e a calmaria do fim de semana. Num pedacinho da praia, jogamos com colegiais com cabelos cortados com estilo: alguns tinham *mullets*, outros, rabo de rato. Fumavam cigarros e usavam calções de banho no estilo década de 1940. (Exceto pelo cara de cueca *boxer* branca, que ficou um tanto transparente quando ele mergulhou no mar para comemorar seu gol.) Depois, entramos num jogo num gramado em frente a uma rodovia. Uma hora a bola saiu de campo e foi na direção de um motociclista na estrada. Ele mal diminuiu a velocidade, mas baixou o pé e mandou a bola de volta. Na Cidade Velha, jogamos em frente a um prédio de quinze janelas quebradas de largura por quatro janelas quebradas de altura. Era um jogo em família, com gente dos prédios do outro lado da quadra – crianças de shorts jeans, adolescentes com camisas de time, pais barrigudos e uma mãe descalça no gol, usando miniblusa rosa.

Na segunda, queríamos sair da cidade e passear pelo interior. Victoria, a sobrinha do secretário do tio de Luke, em cuja casa estávamos hospedados, perguntou: "Mas por quê? Não tem nada para ver lá. Só vacas e mais vacas." Dissemos a ela que queríamos ir em busca dos *gauchos*.

"*Gauchos*?", ela exclamou, pondo a mão sobre a boca. "Mas eles não existem. São só uma lenda."

Gauchos – os vaqueiros sul-americanos que andam pelo interior. Usam o traje típico, com boinas ou sombreiros e calças largas enfiadas dentro das botas. "O guia diz que dá para encontrá-los nas áreas rurais", defendi, folheando as páginas, ciente do quanto aquilo soava ridículo.

Na Cidade Velha de Montevidéu, Uruguai. (Cortesia de Ryan White)

"Rá! Boa sorte!", disse Victoria. "Deixa eu ver o seu guia." Ela leu por cima do meu ombro, divertindo-se com a ideia de aquele livro ter as respostas, e então olhou para mim. "Há uns cinquenta anos, talvez você pudesse encontrá-los, mas eles se mataram em disputas por terra. O governo obrigou todos a colocarem cercas. E, com as cercas, chegou ao fim um tipo específico de *gaucho*. Não sei exatamente o que você quer dizer com *gauchos*, mas acho que não vai conseguir achar."

Alugamos um carro. Durante todo o fim de semana, vimos carros clássicos e antigos estacionados perto dos meio-fios de Montevidéu. Eu nos imaginava pegando a estrada num velho Peugeot ou Fiat. Mas saímos dentro de uma caixa amarela fosforescente, um carro que deveria ser dirigido por um palhaço de circo.

Nunca quero que os carros cheguem a seu destino. Quando era criança, a caminho dos torneios, eu encostava a cabeça na janela e queria que o tempo demorasse antes de eu sair do carro e treinar. Eu me sentia segura no carro: podia ficar ali, sentada. Olhava para tudo, prestava atenção nas letras das músicas no rádio, ficava vendo as gotas grandes de chuva engolirem as menores em sua corrida pelo vidro. Observando as janelas dos outros carros, imaginava a vida das pessoas que passavam e se afastavam de mim, achando difícil aceitar que jamais conheceria nenhuma delas, que a maior parte do mundo estava fora de alcance. Os jogos de futebol informais mudaram isso: quando chegávamos num lugar novo, o futebol era uma ótima desculpa. Era um motivo para puxar conversa com os senhores de idade que jogavam cartas num canto, com os rapazes de vinte anos com braços tatuados, com qualquer um que parecesse ser capaz de nos informar onde ficava um campo de futebol.

Enquanto ouvíamos o CD que Anderson gravara para nós na Guarda do Embaú, *covers* em português de melodias que conhecemos, mas que não conseguíamos identificar, ficamos olhando os milharais. O mapa estava aberto no colo de Luke. Seu dedo percorreu as linhas finas. Tinha a Estrada 5, a Estrada 7 e a Estrada 31. Podíamos pegar qualquer uma. A certa altura, a estrada terminou, desaparecendo num rio. Uma balsa nos levou até o outro lado, o que achamos uma grande sorte. Continuamos rumo ao norte em busca de *gauchos*, dirigindo por estradas de terra. Não sei por quê. Simplesmente ficamos obcecados com a ideia. Homens que vivem de suas terras, estradas antigas, costumes antigos, espaços abertos.

Quando havia uma cidadezinha, nós a atravessávamos – a praça rodeada de árvores, a igreja e a escola. Avistávamos um campo a cada vinte quilômetros. Um cavalo emoldurado pelas traves do gol, vacas pastando na grande área.

Um parque de terra nos deu uma pista: um velho usando chapéu de vaqueiro, enrolando uma corda na mão e guiando um cavalo lento. Ele parecia ser prova suficiente da existência de *gauchos*. E também devia ter uns noventa anos. Se todos os *gauchos* tiverem a idade dele, é improvável que os vejamos jogando futebol.

Paramos perto dele, depois de seguir lentamente por uma estradinha estreita de terra. Ferg e Luke abaixaram as janelas. Revezavam-se no espanhol: Ferg falava e Luke escutava. Com aquele interlocutor parecia que ia ser difícil. O que podíamos perguntar? Se era *gaucho*? Se conhecia outros *gauchos*? Quem jogava *fútbol* por ali?

Ferg tentou. "O senhor gosta de *fútbol*?"

O rosto dele era cravado de rugas, bronzeado e curtido por décadas debaixo do sol. Quando abriu a boca, a voz era grave e as palavras se misturavam. Ferg e Luke ficaram se entreolhando.

"Uruguai ama o futebol?", perguntou Ferg, em um espanhol truncado.

O homem repetiu o que quer que tivesse dito antes.

Luke disse: "O que eu ouvi foi 'Os aviões disseram para a gente, os aviões'. E 'Copa do Mundo'. Talvez eles tenham recebido a notícia dos aviões, será?"

Em 1930, e depois novamente em 1950, o Uruguai ganhou a Copa do Mundo; mais de cinquenta anos depois, essas vitórias ainda eram o orgulho do país. Imaginei um piloto com megafone gritando a notícia para as pessoas lá embaixo, gente saindo às ruas e comemorando.

Ferg tentou trazer a história para o presente: "O senhor conhece alguém que joga?"

O velho ainda sorria, apontando para as árvores, para a sua memória dos aviões.

Quando o sol se pôs, saímos da cidade. Estávamos nos arredores de Sarandí Grande quando vimos quatro caras sentados num banco, tomando mate em garrafas térmicas.

Passamos por eles e os avaliamos – eram jovens, com dezenove ou vinte anos, e usavam bonés, calças de beisebol largas e camisetas surradas que os denunciavam – e então demos marcha a ré.

Ferg se debruçou para fora da janela e gritou: *"Disculpe, ustedes juegan fútbol?"*

Um cara usava boné branco e uma camiseta com botões azul desbotada. Parecia um Patrick Swayze mais jovem e desgrenhado. Mastigava o cigarro de palha e nos observava. Estávamos constrangidos, com vergonha do nosso carro amarelo, do espanhol ruim. Ele fez um gesto com a cabeça para trás: *"Aquí."*

Vinte minutos depois, estávamos em um campo – grama alta, buracos, ondulações inesperadas. Eu corria, gritando pelas bolas, avaliando o jogo que acontecia ao meu redor – uns vinte caras jovens jogando os bonés, xingando-se de brincadeira, esbarrando uns nos outros. Por incrível que pareça, o nosso passeio sem rumo nos levou à Escola Agrária de Sarandí Grande: área de treino dos *gauchos*.

"Mi amor!", gritou um cara chamado Francisco quando eu driblei; *"Gringo!"*, gritou ele quando Luke driblou. Começou a chover, gotas tão pesadas e rápidas que chegavam a doer. Gritamos, rimos, jogamos mais um tempo, e então fugimos. Sob o beiral da escola, Burro, o Patrick Swayze uruguaio, disse que deveríamos ir com eles à fazenda na manhã seguinte.

Eles nos mostraram o único lugar onde poderíamos nos hospedar na cidade, alguns quartos para alugar em cima de um bar. Parecia um daqueles orfanatos de filme: pé-direito alto, paredes de madeira, umas doze camas e janelas grandes e antigas que deixavam entrar água, molhando a cama de Ryan. Ficamos lendo e ouvindo a chuva no telhado lá em cima.

O Sol róseo surgiu em meio à névoa quando chegamos à escola na manhã seguinte. *Gauchos* trajando suéteres velhos estavam recostados num muro de cimento, com uma perna apoiada, tomando mate, circundados pela névoa. Pareciam ter saído de uma propaganda de colônia.

Empurraram um caminhão Mercedes pequeno antigo até fazê-lo pegar no tranco, cinco homens de cada lado, grunhindo, impelindo o veículo com a força das pernas. Quando o motor engrenou e o caminhão começou a descer o declive, correram para alcançá-lo e se jogaram na caçamba.

Havia dez caras sentados na caçamba vendo o nosso carro ser castigado pelas pedras enquanto os seguíamos rumo cada vez mais ao interior. A névoa escondia tudo, exceto o caminhão à nossa frente.

Meia hora depois, em frente a um celeiro vermelho, nos debruçamos sobre uma cerca de madeira e ficamos observando os *gauchos*: eles pularam para a frente, agitando os braços fortes. Fazendo um ruído choroso, chupando os dentes, correram na direção das ovelhas, pastoreando-as para dentro do cercado. De vez em quando, uma ovelha saltava de susto, quatro patas voando no ar.

A "linha de montagem" continuava: as ovelhas eram enfileiradas até entrarem num canal que parecia uma calha, e uma vara comprida as empurrava para dentro da água cheia de sabão. Molhadas e limpas, batiam umas contra as outras dentro do cercado. Fazia calor no celeiro, e o coro de *bééés* e o som das lâminas, parecido com o de um aspirador de pó, davam a impressão de que estava ainda mais quente. O suor escorria pelas testas dos *gauchos* enquanto mergulhavam as lâminas de tosquiar na lã das ovelhas. Os cachos de lã caíam, deixando as barrigas brancas expostas. Se, por acidente, machucavam a pele, o sangue escorria.

Então, passaram o aparelho de tosquiar para mim. Ele vibrava com força na minha mão. "Uau", disse, lutando para mantê-lo firme enquanto cortava a lã. "Uau!"

Uma hora, uma ovelha conseguiu fugir, virando de repente e correndo na direção errada. Ferg e eu nos recostamos na parede e torcemos secretamente por ela. *Vai, vai! Você consegue!*

No almoço, comemos costelas de cordeiro. Fresquinhas. Centenas de ovelhas ficaram nos observando enquanto comíamos.

Jogamos quatro contra quatro no pasto perto do celeiro. Galinhas passavam ciscando no meio do jogo; rebanhos de ovelhas passavam por trás dos gols improvisados com baldes de madeira. Francisco fez o mesmo som que havia feito quando estava conduzindo as ovelhas, chupando os dentes. Às vezes, bonés caíam. Os peitos brilhavam por baixo das camisas desabotoadas. Um canto do campo estava cheio de plantas com carrapicho. Durante o jogo, Burro sentou e usou uma faca com lâmina pequena para tirar os espinhos do pé. Francisco deitava e enfiava o rosto na grama toda vez que errava a bola. Um cara tirou o sapato que parecia uma sapatilha, cheirou e o descartou, jogando-o por cima do ombro. Como ontem, o *fútbol* era cada-um-por-si-no-meio-da-bagunça. "*Fuerte, muy fuerte*", disse Burro, descrevendo seu estilo.

Nosso goleiro, Alfonso, era a encarnação da lenda do *gaucho* – um homem de cinquenta anos que conhecia as ovelhas, engordava os porcos, ensinava os mais novos a trabalhar na terra. Assim como o velho do parque, seu rosto era moreno e cheio de rugas. Usava um sombreiro e uma camisa de flanela aberta, com a barriga de fora. As calças enfiadas dentro das botas de couro tinham aberturas nas laterais, expondo seus fortes quadríceps. No fim do dia, quando conversamos sobre Montevidéu, Ferg perguntou se ele gostava da cidade. Sem sair do lugar, recostado contra um toco de árvore, ele disse: "Em Montevidéu, você usa gravata, calça apertada. É claustrofóbico, feito um pássaro numa gaiola. Gosto da minha liberdade, do meu cavalo, de acordar cedo, do ar puro, do sol, do vento, do campo, do trabalho... Eu gosto da minha liberdade. Montevidéu, não... Para mim, não."

Depois que cada ovelha foi lavada, tosquiada e solta "nua" no pasto, voltamos para Sarandí Grande. Três *gauchos* seguiram com Ryan no nosso carro amarelo, e Ferg, Luke e eu fomos na parte de trás do caminhão, recostados na lateral. Bebi o mate que Francisco me passou, que deixou pedacinhos da erva na minha boca. Burro gritava para Luke, dizendo que ele se parecia com Bill Clinton, o que é um pouco verdade, e aí todos concordaram e riram, o vento engolindo o som de nossas vozes. Segurando os cabelos revoltos na mão, observando uns sessenta centímetros do pôr do sol e da fazenda passando pelas frestas de madeira da caçamba chacoalhante, me senti em outro mundo – porque estávamos de fato em outro mundo, e porque o futebol, que Burro chama de *fute* (que palavrinha pequena e íntima!), foi o que nos trouxe até aqui.

8. Trezentos panetones

1.

Quando me mudei para Slidell, no estado da Louisiana, no primeiro ano de escola, todo mundo sabia ler, menos eu. A minha professora, sra. Carlan, escreveu *LOOK* (olhar) no quadro negro, desenhou olhos dentro dos *oo* e disse: "*Sem dúvida* esta aqui você sabe." Mas eu não sabia. Depois da escola, ficava sentada com a minha mãe e o meu livro, estudando colunas de palavras. No começo, eu lia porque não queria ser a burra, mas depois eu lia porque era uma oportunidade de entrar na vida de outra pessoa, uma chance de ir para outro mundo. Na faculdade e na pós-graduação, eu escolhia a mesa mais isolada na biblioteca, abria um livro e viajava. Mas essas eram viagens da imaginação, o que é mais seguro. Na maioria das vezes, prefiro assim, ler sobre aventuras em vez de vivê-las. Mas, às vezes, com o livro aberto à minha frente, sinto um pequeno surto de coragem e quero viver as minhas próprias peripécias. Foi assim que fui parar naquele barco no México; foi assim que acabei passando um verão no Brasil; e provavelmente foi isso que nos fez ir parar dentro de uma prisão, em La Paz.

Na noite anterior ao nosso voo para a Bolívia, dormimos no aeroporto sobre as calhas de ventilação em frente à janela, o único lugar além do chão onde era possível deitar. Uma mulher trajando roupas velhas periodicamente chegava perto de nós e gritava: "*Americanos! Peligrosos!*" Isso nos acordava, assim como o ar frio que soprava. Abrimos as bolsas que usávamos como travesseiro e empilhamos camisetas em cima dos nossos corpos. Quando o sol surgiu, por volta das 5h da manhã, enchendo a janela, Ferg e eu sentamos e ficamos encostadas contra o vidro. *"Peligrosos!"*, advertia a velha.

Um dia depois, estávamos em Santa Cruz, na casa de Jorge Molina, um colombiano que ficou em quarto lugar em tiro ao prato nas Olimpíadas de 1984. Com mais ou menos 1,80 metro e de peito largo, não era difícil imaginá-lo vencendo competições que envolvam armas. "Bem-vindos", disse, nos cumprimentando com um aperto de mão. "Os amigos da minha filha são meus amigos."

Me perguntei se ele sabia que eu nunca conheci efetivamente sua filha. Daniela era amiga da minha amiga Stephanie Peel. (Cresci em Pensacola, na Flórida. Peel era de Plano, Texas. Nós nos conhecemos durante os testes do Olympic Development em Montevallo, no Alabama. Ela acabou se mudando para a Pensilvânia, onde foi técnica de Daniela, uma colombiana cuja família hoje reside na Bolívia. Fico admirada como o futebol cria uma rede de relações mundo afora... mas aquele não parecia ser o momento para refletir sobre isso com Jorge, um campeão de tiro, e um cara bastante intimidador.) Daniela havia escrito para a gente: "Vão para a Bolívia. Minha família tem uma casa de campo onde há caça a pombos e um rancho de gado perto do rio Amazonas. Por ali todo mundo joga futebol, menos o meu pai."

Na entrada, fiquei olhando para uma foto de Daniela aos sete anos: ela estava acariciando uma onça. Perto desta, outra foto de seu irmão, com cinco anos, de pé sobre uma garoupa gigante que Jorge havia pescado enquanto nadava no Amazonas. Essas fotos davam o tom do lugar.

Chichito, o melhor amigo de Jorge, era um cara atarracado de pele morena e risada generosa. "Ele sabe mais de *fútbol* do que eu", disse Jorge. "Ele é a melhor pessoa para mostrar o interior para vocês."

Chichito sempre levava folhas de coca, a matéria-prima da cocaína, num saquinho plástico sobre o console de seu Land Cruiser. Essas folhas são a marca registrada do lugar. Não chegam perto de ser cocaína, mas, se combinadas com as cinzas da planta da quinoa, ainda são capazes de combater a fadiga, a fome, a sede e o mal das montanhas – praticamente tudo. E durante todo o tempo que mastigamos essas folhas na Bolívia, me senti como se estivesse sob o efeito de drogas, como se Chichito estivesse também, como se eu estivesse viajando com Hunter S. Thompson no volante.*

Estávamos no meio do Amazonas – búfalos passavam em frente ao nosso carro –, a caminho de um vilarejo de cabanas de palha, perto do rancho de Molina. Chovia há dois dias, e as estradas de terra estreitas haviam se tornado um lamaçal. Nosso Land Cruiser escorregava de um lado para o outro. Chichito não ia com calma: corria pelas estradas que ele mesmo havia construído. Senti as gengivas e a língua entorpecidas, a cabeça zonza devido à altitude ou à coca, e Chichito continuava enfiando mais e mais folhas na boca enquanto metia o pé no acelerador, virando-se para trás no assento e erguendo as sobrancelhas enquanto sorria para mim e para Ferg, aparentemente satisfeito ao perceber o carro deslizando de um lado para o outro. ("Vocês nunca deram um cavalo de pau antes?", perguntou Luke, enquanto eu e Ferg nos segurávamos firme no assento. "Ficar balançando dentro de um carro não é exatamente um rito de passagem para uma moça", respondeu Ferg. Nossa viagem apresentava diversas alianças: Luke e eu, o casal; Ryan e Ferg, os solteiros; Luke e Ferg, os que falam a língua; Luke e Ryan, os meninos. Esta era composta por Ferg e eu, as meninas.)

Quando o sol surgiu, Ryan subiu no teto para filmar cenas da floresta. Fomos devagar no começo, mas, depois de vinte minutos, Chichito aumentou a velocidade. Mais uns dez minutos e caímos em uma poça grande de água, e deslizamos para fora da estrada. Ouvimos uma batida forte no teto.

O carro se chocou contra os arbustos. "Ai, ai, ai, Ryan!", disse Chichito, colocando as mãos na cabeça. "*Me olvidé!*" Eu *me esqueci*. Ele saiu correndo do carro, subiu no apoio para os pés ao lado da porta e espiou lá em cima: "*Hermano, estás bien?*"

"Acho que sim, *sí*", ouvimos Ryan dizer, num tom de voz espantado.

---

* Hunter S. Thompson (1937-2005), jornalista e escritor norte-americano, autor de *Hell's Angels* (1967), sobre as gangues de motocicletas. (N.T.)

Nas duas horas seguintes, Chichito volta e meia esticava a mão para trás para fazer um carinho na cabeça de Ryan.

Rumo ao vilarejo, diminuímos a velocidade enquanto besouros pretos e gigantes pousavam e no para-brisa e logo levantavam voo. O campo de futebol era o centro do vilarejo: as casinhas com telhado de palha foram construídas ao redor dele, em círculo. Um cavalo estava amarrado num poste. Um carvalho gigante projetava sua sombra sobre as mulheres, crianças e velhos sentados perto uns dos outros num banco comprido, observando nosso jogo. Mulheres mergulhavam canecas numa tina cheia de água de milho e as entregavam para os jogadores que saíam de campo. Enquanto eu bebia minha água de milho, vagamente imaginando se me arrependeria depois, cinco menininhas sentaram sobre os calcanhares e sorriram para mim.

No rancho de Molina, que ficava a uma hora do vilarejo, bebemos leite quente que saiu direto do curral para a nossa mesa num balde de lata. Nem piscamos quando engolimos uns pedaços mais grossos porque estávamos todos na mesma sintonia: não podíamos ser frescos. Queríamos ser como Chichito. Não temos medo de nada, somos *blasé*. Todo mundo dentro. ("Todo mundo dentro" era a frase que nossos zagueiros escreviam com caneta hidrocor no pulso um do outro, o que significava que a gente daria tudo de si dentro de campo. Agora o linguajar do futebol invadia minha cabeça enquanto eu pensava em leite... Será que ia ser sempre assim? Será que vou ser alguém que sempre fala em metáforas esportivas, que vê o mundo inteiro como um campo de futebol?)

Voltamos a cavalo para reunir as vacas na floresta.

Subi num cavalo branco com pintas pretas. Não andava a cavalo desde que tinha doze anos, quando fiz um passeio de vinte dólares pelas Smoky Mountains. (Meu cavalo acabou indo parar no meio do mato, e nada que eu fizesse para tentar domá-lo funcionou.) Minha experiência sobre um cavalo não passava daí.

"Chichito disse que este cavalo é selvagem. Tudo bem para você?", perguntou Ferg em voz alta, atrás de mim. Fiz que sim, satisfeita por andar num cavalo de verdade, e não em um aprovado só para as criancinhas.

Ele trotava rápido, deixando o cavalo de Ferg para trás. Demonstrando o quanto se sentia à vontade com cavalos, ela fez o som de um beijo, que significa "vá mais rápido". Seu cavalo não respondeu; mas o meu sim, e saiu em disparada.

Chacoalhei violentamente em cima dele. A cada passada, a cada salto que eu dava para fora da sela, pensava: *Eu vou cair. Vou morrer.* Queria puxar mais as rédeas – sabia que era isso que devia fazer –, mas tinha a impressão de que qualquer movimento ia me fazer sair voando. Um portão apareceu à nossa frente e tive certeza de que meu cavalo tentaria pular e pronto, seria esse o meu fim. Em vez disso, ele empinou e diminuiu de velocidade, pondo fim ao meu pânico.

Uma hora depois, perto de uma lagoa de águas turvas, enquanto todos os outros estavam entretidos pastoreando as vacas, fiquei sentada no meu cavalo, debaixo da chuva rala, olhando feito boba para o nada, ainda bastante estupefata. Quando Chichito chegou perto de mim e me entregou o rifle, perguntando se queria atirar, olhei para ele durante um instante e disse: "Ah, sim, quero sim." Desmontei e engatilhei a arma. Chichito apontou o cano para o jacaré que flutuava na lagoa. Puxei o gatilho. A arma deu um coice. O cano da arma acabou subindo e apontando para as árvores, os papagaios passando por perigo maior do que qualquer réptil na lagoa.

O som ecoava; minhas mãos vibravam. "Uau", disse a Chichito. "Uau!"

NO FIM DA TARDE, saímos novamente no Land Cruiser, dessa vez rumo à cabana de caça a pombas. Ao entardecer, começou a chover forte. Chichito não riu. Às 8h, vimos o quanto a estrada ficava escura quando não tinha nada ao redor. Os faróis do nosso carro emitiam só um brilho fraco, que mal iluminava em meio à chuva. Não dava para enxergar nada. O carro deslizou diversas vezes, por mais que fôssemos devagar. Chichito enxugava o suor da testa enquanto virávamos no meio da escuridão, pegando uma estradinha depois da outra. À meia-noite, uma placa pequena de madeira – CABANA LA PALOMAS – surgiu iluminada pelos faróis. "*Es un milagro*", disse Chichito.

O rancho era rústico, só uma estrutura simples. Esperamos ver algo semelhante quando saímos correndo na chuva e entramos na cabana. Ficamos parados na entrada, com as bolsas perto dos nossos pés, olhando feito bobos: vigas de madeira altas, chão com assoalho de azulejos terracota, móveis entalhados artesanalmente, feitos de teca envernizada. Havia um enorme crânio de jacaré apoiado na lareira de madeira. Peles de cobra de uns cinco metros de comprimento cobriam as paredes. Nas vigas estavam penduradas redes de balanço, de cores vivas, feitas por uma tribo na Colômbia. Jorge nos recebeu: "Bem-vindos à cabana."

Quando Daniela nos escreveu falando sobre a Bolívia, descreveu partidas com menonitas na clareira da floresta, perto da cabana. Certa vez, em Indiana, eu me deparei com uma família menonita numa loja de conveniência, no meio da noite. Três adolescentes estavam no corredor de chocolates e ficaram me olhando. Eles fitavam meu rosto, depois o chão, depois meu rosto novamente. Fiquei confusa: pensava que os menonitas renunciassem ao conforto da vida moderna, inclusive os carros, então não esperava vê-los sob as luzes fluorescentes de um posto de gasolina à meia-noite.

Indiana, interior da Bolívia... Os menonitas escolhem partes remotas do mundo de propósito, já que o isolamento é sua maneira de se resguardarem das influências e distrações. Pela manhã, paramos em uma das fazendas da colônia de menonitas, que se estabeleceram ali cinquenta anos antes. Era estranho ver uma família de quinze pessoas com olhos azuis e cabelos loiros no meio da floresta boliviana. O pai e os filhos, trajando bonés, macacões e camisas de mangas compridas, saíram do celeiro e nos cercaram. Enquanto os homens conversavam, fiquei trocando bola com um dos adolescentes, cujo dedão escapava pela bota furada.

As mulheres nos observavam a uns quinze metros de distância, de pé num saguão externo. A mãe e as filhas usavam vestidos de estampa floral que iam até o pescoço: pareciam saídas de fotografias antigas. A mais nova, com uns três ou quatro anos, usava um chapeuzinho antigo, com uma fita azul de cetim amarrada no pescoço. Uma adolescente lavava os cabelos muito compridos numa bacia cheia d'água. Enquanto tirava o excesso de água, espremendo-os de leve, olhava para Ryan. Então, escovou-os, cuidadosamente, ainda sem tirar os olhos dele.

Eles não jogavam futebol e não conheciam ninguém que jogasse.

Tentamos mais uma fazenda. Essa família era menor – um velho de sotaque canadense e três filhos, um deles com uns nove ou dez anos e os outros dois mais ou menos da nossa idade. Todos eram bonitos e bronzeados. Tinham acabado de chegar, limpando o suor dos rostos quentes: estavam transportando feno. Os filhos não falavam inglês nem espanhol, só o tradicional baixo-alemão. O mais velho recostou-se na cerca, com os polegares por trás dos suspensórios, olhos no chão.

"Não", disse o senhor em seu inglês com sotaque canadense, sorrindo, os olhos azuis brilhando sob a luz do sol. "A gente não joga bola aqui. A fazenda toma o nosso tempo. Trabalhamos desde que o sol nasce até ele se pôr – ficamos cansados demais para jogar. Não, acho que vocês não vão achar ninguém que jogue por aqui."

Ouvi o som da bola e olhei para trás: vi Luke e um dos filhos na grama alta à nossa direita. Estavam a uns três metros de distância um do outro. Luke jogava a bola para ele, e ele a mandava de volta. Um cabeceador bom, forte. O menino de dez anos sentou na cerca e o outro filho mais velho se apoiou nela. Toda vez que o irmão dava uma cabeçada na bola, eles riam, um riso tímido, o tipo de riso que entra sorrateiramente dentro de você e toma conta.

NAQUELA NOITE, seis dos homens que trabalhavam na cabana de caça subiram no carrinho acoplado a uma motocicleta. Dois outros caras foram no para-lamas do nosso carro, pendurados no suporte do teto. Ryan voltou a ocupar o teto. Quando chegamos ao campo de terra, vimos três poças gigantes – havia mais água do que campo de futebol.

O jogo tinha dois objetivos: 1) fazer gols e 2) fazer o possível para evitar as poças de lama. Havia muitos escorregões, muita água espirrando, muitos gritos, mas, no cômputo geral, só uma pessoa se esparramou na lama. E isso aconteceu com o mais macho de todos – um cara com cabelos encaracolados escovados para trás, camisa azul-marinho com botões, jeans e botas de caubói. Ele estava de pé e, de repente, estava no chão, coberto de lama, praguejando, enquanto o resto de nós se dobrava ao meio, rindo, sem ar, com as mãos nos joelhos.

Enquanto o sol se punha e os vaga-lumes surgiam, avistei a poeira que a carroça menonita levantava na estrada perto do campo. O homem segurava as rédeas do cavalo com uma das mãos e protegia os olhos da luz do sol com a outra, o pescoço virado para trás, prestando atenção no campo, no som, nas pessoas que jogavam.

2.

Ryan já tinha visto fotos do salar de Uyuni. "A gente vai", disse ele, o dedo percorrendo as rotas de ônibus de Santa Cruz. Reservamos uma passagem de 26 horas de ônibus até Uyuni, com pausa de uma hora em Sucre. No entanto, a cidade de Sucre estava em greve. Jorge não queria que os amigos de sua filha corressem perigo. Então, pegamos um ônibus de dois andares que viajava a noite inteira até Cochabamba. Sem ar-condicionado. Pegamos os assentos da frente no andar de cima (pensando que seria o máximo olhar pelo para-brisa). As janelas não abriam. Fazia um calor de desmaiar. Estávamos banhados de suor. Ferg comeu uma empanada estragada e vomitou o tempo todo. E aí pegamos uma tempestade. Ficamos a noite inteira vendo os relâmpagos. À meia-noite, Luke apertou a minha coxa e sussurrou: "Feliz aniversário." Agora eu tinha 25 anos. Um quarto de século.

De manhã, chegamos a Oruru. E precisávamos achar um ônibus que fosse até Uyuni. Atravessamos a plataforma larga da estação, examinando as propagandas de agências de turismo, com promessas escritas em tipos grandes. Uma *jukebox* tocava Enya, que foi seguida por Ja Rule. Nós nos esquivamos de vendedores insistentes, homens que entravam na nossa frente, sacudindo panfletos na nossa cara. Chegamos a um quiosque onde havia duas mulheres que sorriam para nós com a animação e o ar amistoso de duas criancinhas vendendo limonada. Ryan enfiou a mão dentro da gola da camiseta e tirou de lá uma carteira que estava mais para um bolso pendurado (parecia uma pochete), que ele usava desde que fora roubado no Subte. Tirou o dinheiro, comprou quatro passagens para Uyuni e enfiou a carteira pendurada no pescoço de volta na camiseta.

Agora tínhamos dez horas sem fazer nada. Oruru era pequenininha. Um cinema com apenas uma sala passava o que esperávamos ser a versão legendada do filme *A volta do Todo-poderoso*, com Steve Carell. Mas era dublado. Saí da sala depois de quinze minutos e fiquei sentada sozinha no parque.

Durante a viagem inteira, carreguei as 240 páginas impressas do meu livro sobre o meu irmão, dobradas dentro da minha bolsa enganosamente grande, enfiadas embaixo das minhas chuteiras. Achei que fosse trabalhar nele, mas sequer toquei no livro.

Recostei-me no banco do parque e olhei para um casal de idosos do outro lado, que jogavam sementes para os pássaros, enquanto corvos ciscavam a calçada.

Peguei minha bolsa, desenterrei a resma de papel, folheei umas vinte páginas e simplesmente comecei a ler do meio.

Senti mãos nos meus ombros. Me estiquei para trás, minhas mãos tateando pulsos e braços: era Luke, debruçado sobre mim.

"Oi", eu disse, aliviada por ter sido interrompida.

"Achei melhor vir procurar você", disse ele, sentando perto de mim. Ele tirou um livro do bolso do casaco. Enquanto ele lia, eu cortava frases.

Pensei na cena do livro *Garotos incríveis*, de Michael Chabon, em que o personagem principal vê o vento levar embora as páginas do romance que ele sabe que jamais terminará.

Às 10H DA NOITE, voltamos à estação. Só vimos um ônibus e não era o que estava indicado nas nossas passagens. Sentamos no meio-fio e esperamos. Rebekah segurava nozes numa mão e os bilhetes de passagem na outra quando a mulher do quiosque, que não sorria mais, tirou os bilhetes da mão de Ferg, substituindo-os por outros.

As empresas de ônibus de turismo resolveram juntar todos num ônibus só. Saímos para uma viagem que duraria a noite toda com dez pessoas de pé no corredor, rumo à cidade que é descrita como "de clima difícil" no nosso guia, com temperaturas abaixo de zero à noite, sem aquecimento e percebendo, de repente, que a janela à nossa frente estava quebrada e não fechava. Subimos as golas das jaquetas que tínhamos comprado num mercado de pulgas em Santa Cruz e puxamos os gorros artesanais bordados sobre o rosto. Ferg, Luke e eu ficamos empilhados uns em cima dos outros, tentando não morrer.

Ryan sentou-se uma fileira à frente. "*Frio?*", perguntou a senhora perto dele, tocando sua bochecha gelada. Ela puxou o rosto dele na direção de seu peito, envolvendo-o em seus cobertores de pelo de lhama, colocando as pernas ao redor dele.

Às 3h da manhã, o ônibus nos deixou em Uyuni. Estava completamente escuro lá fora. Não havia ninguém (muito embora as mulheres do quiosque tivessem nos dito que haveria várias pessoas para nos dar informações). E parecia que os outros também não tinham para onde ir: os bolivianos ficaram com a gente no saguão iluminado da estação de ônibus até todos sermos expulsos. E então ficamos parados do outro lado da rua, olhando para as luzes, tomados por um sentimento primário de autocomiseração, do tipo que acontece quando sentimos muito frio. O sono parecia tomar conta da minha cabeça aos poucos, feito uma onda. As pessoas se dispersaram aos poucos, entrando na escuridão.

Com o vento uivando, caminhamos pelas ruas vazias até acharmos o centro da cidade. Batemos na porta de um albergue. Ninguém respondeu. Batemos na porta de outro. Cinco minutos se passaram. Ferg e eu nos sentamos, bem abraçadas às nossas bolsas. Ryan bateu mais uma vez – suas batidas soavam lentas, lúgubres – e a porta foi aberta por um homem esfregando os olhos.

Às 9H, depois de dormirmos várias horas, fomos até a praça onde ficavam as agências de viagem. Escolhemos a primeira que vimos, já que, no dia anterior, tínhamos aprendido que pensar com cuidado nem sempre funciona.

Uma hora depois, o nosso Land Cruiser fazia um barulho sibilante enquanto passávamos voando por cima do sal. Do lado de fora das janelas, parecia que tinham apagado o mundo – não havia nada além de branco. Tiramos fotos engraçadas nesse não espaço. Perdemos a noção de profundidade – não havia nada com que pudéssemos fazer comparações. Então, se eu andasse uns cem metros para trás e esticasse o pé, na foto parecia uma fadinha com o pé na orelha de Luke, o Gigante. Um Ryan em miniatura podia ficar sobre a palma da mão de Ferg. A bola podia ficar tão grande quanto um planeta, e nós éramos os pontinhos pequenininhos em cima dela.

Vulcões, gêiseres, ilhas e lagos espalhavam-se por quilômetros e mais quilômetros de uma superfície branca e reluzente.

Um ônibus boliviano parou perto da mesma montanha que nós, uma montanha que se erguia inexplicavelmente do sal. Ficamos olhando para os possíveis colegas de time enquanto comíamos os nossos sanduíches.

"*Ustedes quieren jugar?*", perguntou Luke.

"*Sí*", respondeu o boliviano.

Usamos garrafas d'água vazias para fazer os gols, a bola quicando pelo sal. Quando alguém dava um chute longo, ela parecia rolar para sempre.

Laguna Colorada, nossa última parada, é um lago vermelho. Se eu tivesse lido isso num guia de viagem, ficaria desconfiada do mesmo jeito que fico ao ver um escritor descrever olhos cinzentos. Mas era vermelha só quando o sol batia nela em determinado ângulo. Era vermelha-vermelha, e ficava perto de outras águas que eram de um azul petróleo fosforescente. Existe uma explicação para toda essa cor, algo a ver com as algas, o enxofre e os sedimentos, mas eu não queria saber da ciência por trás, só queria ficar olhando. Centenas de flamingos cor-de-rosa enfiavam-se na água morna, ondulando seus reflexos.

À noite, o vento ficava mais forte, já que não havia nada na planície de sal para quebrar o vendaval. O lugar onde ficamos não tinha aquecimento. Vestimos nossos chapéus de alpaca e cachecóis, nossas jaquetas do mercado de pulgas boliviano e seis camadas de camisetas, nos amontoando ao redor de uma mesa, tentando dar forma ao nosso filme e ouvindo o vento gemer ao nosso redor. O plano era deixar que Luke e eu fôssemos o fio condutor, uma solução para concatenar as outras histórias, de modo que o filme não parecesse uma grande montagem. Mas ninguém sabia como isso ia funcionar. Era doloroso pensar no Brasil – Rua de Lazer, Família Valão, Ronaldinha, os garçons, Nenê, os senhores de idade. Coisas demais. Argentina, Uruguai, Bolívia – era difícil imaginar como ia caber tudo isso. Mas, sentados ali, esfregando as mãos contra as bochechas frias, nos sentimos confiantes. Olhando para a imensidão de sal, pensando em todas as pessoas com quem jogamos, ficamos em silêncio, maravilhados com o futebol.

Na viagem de ônibus até La Paz, passamos de mão em mão o guia da Lonely Planet, *South America on a Shoestring*, que ensina como viajar pela América do Sul com pouco dinheiro, e lemos sobre as revoluções, os conflitos e os costumes, dobrando a orelha das páginas de bairros e mercados que queríamos visitar, dos pratos típicos que queríamos provar. Lemos fatos interessantes uns para os outros. "La Paz fica quase 4 mil metros acima do nível do mar", anunciou Luke por cima do barulho do ônibus. "Os prédios da cidade amontoam-se nas laterais do cânion e vão descendo de maneira espetacular."

Estiquei a mão para pegar o livro e folheei as páginas, meus olhos parando num capítulo grifado: a prisão San Pedro. Uma das prisões mais infames do mundo. Na década de 1990, mochileiros subornavam os guardas para entrar e conseguir drogas, grandes quantidades de cocaína barata produzida em laboratórios improvisados dentro do terreno. Hoje em dia, não é mais possível entrar lá.

Vasculhando a internet em busca de pistas sobre onde ir e com quem jogar, encontramos pequenos relatos sobre o futebol nas prisões sul-americanas. "Faz sentido, não?", disse Luke. "Eles não têm nada para fazer além de jogar." Na etapa de planejamento, quando nos sentamos ao redor de uma mesa e escrevemos o que queríamos fazer em bloquinhos de anotação, um jogo na prisão parecia ser a história perfeita.

Mas, já na estrada, uma partida de futebol na prisão parecia uma ideia absurdamente distante. O que a gente esperava que fosse acontecer? Entraríamos pelo portão, com câmeras dentro das bolsas, colocaríamos as mãos nas grades e perguntaríamos se podíamos entrar?

Jogos de futebol espontâneos são espontâneos. Nosso modo de viagem era espontâneo: nós aparecíamos e vagávamos pelas ruas. Não é assim que as prisões funcionam. Tem a burocracia. Provavelmente precisaríamos obter uma autorização com meses de antecedência. E mesmo que tivéssemos esse tempo, por onde começaríamos? Mandando um e-mail para a prisão? Usando nossos documentários de vinte minutos da faculdade para convencer os administradores de que éramos jornalistas dignos de confiança?

Mesmo assim, era difícil não se demorar na página do guia que falava sobre San Pedro. Se já foi possível subornar para entrar e conseguir drogas, será que não havia uma chance de a gente conseguir pagar e jogar futebol?

Chegamos a La Paz. Pegamos um táxi até a primeira pousada listada no guia da Lonely Planet. Colocamos nossas bolsas no chão. Ficamos no saguão. Olhamos pela janela. "San Pedro", apontou Luke. Ryan, Ferg e eu olhamos para o outro lado da praça, nosso olhar pairando sobre um prédio largo e baixo, cercado de guardas. A nossa pousada ficava a cem metros da prisão.

Comemos num restaurante que era um cubículo, na mesma rua. Em La Paz, com três dólares você consegue uma tigela grande de sopa, truta, batatas e sobremesa, o que nos fez gostar da cidade imediatamente, principalmente porque nosso dinheiro estava acabando. Na mesa coberta por uma toalha xadrez, tomamos nosso *chairo* e observamos as famílias bolivianas que comiam ao redor. Analisei as pessoas em busca de sinais de *fútbol*, registrando cada camisa de time, cada tênis Adidas manchado.

Num café com internet ali perto, procuramos no Google por San Pedro + futebol. "Existem torneios", eu disse, repetindo a informação que via na tela. "Cada setor de celas tem um time. Eles apostam muito dinheiro nos jogos."

Num fórum de viagens meio antigo, encontramos um número de telefone; aparentemente, bastava ligar e falar com um prisioneiro do outro lado da linha. Depois de protelar por uns vinte minutos, Ferg entrou numa cabine telefônica.

"Ela está falando em inglês", disse Ryan enquanto tentávamos ler os lábios dela. "Será que tivemos a sorte de achar um prisioneiro que fala inglês na Bolívia?"

Com o rosto vermelho e sorrindo, Ferg saiu da cabine. "Desculpem. Sei que pareço animada, mas não devia. Nada aconteceu", disse. "É só que, bom, eu estava falando com um prisioneiro. Um sul-africano que foi preso por causa de drogas. Isso é meio maluco. Mas, já que queremos filmar, ele não tem como nos ajudar."

Passamos mais três horas dentro do café vazio, namorando San Pedro.

Na praça em frente à prisão, casais inclinavam-se numa fonte, crianças corriam na grama atrás de bolas de futebol e as mulheres montavam barracas para o mercado de pão, que vai de quinta a domingo. Sentamos num banco, olhando para as paredes de cimento de San Pedro e para os guardas que as cercavam.

Eis o que sabíamos: os presidiários é que mandam. Embora os guardas vigiem a parte externa, eles não entram. Por dentro das paredes altas, os presidiários de San Pedro controlam sua própria sociedade. As mulheres e crianças dos prisioneiros podem viver lá dentro e são livres para ir e vir. Homens vendem sorvete, brinquedos e cocaína. Como no mundo lá fora, é preciso dinheiro para viver. Até as celas precisam ser compradas: se você não tem dinheiro, não tem lugar para dormir. A média é de quatro mortes por mês.

Era difícil achar a linguagem apropriada para convencer um guarda armado a destrancar os portões e nos deixar entrar com nossa câmera de vídeo. Ferg segurava um cartão-postal brilhante – na frente, a foto da mão de uma criança descansando sobre uma bola surrada e, no verso, a descrição do nosso filme. Fizemos esses cartões enquanto levantávamos fundos, esperando que nos dessem mais credibilidade. Agora, esperávamos mais uma vez que a foto nos ajudasse a convencer os outros de que merecíamos crédito.

Ryan e eu ficamos olhando e esperando enquanto Rebekah e Luke iam até os homens armados de uniforme verde. Rebekah ficava apontando para o cartão-postal e arrumando o cabelo atrás da orelha; Luke fazia gestos amplos, como se pensasse que, quanto mais mexesse as mãos, melhor seria entendido.

Um guarda apontou para a esquerda e Luke e Rebekah desapareceram, virando uma esquina. Ryan e eu levantamos do banco e os seguimos à distância. Eles pararam em frente a uma porta lateral com uma placa dourada que dizia: DIRETOR. Um homem saiu da sala e abanou as mãos, afugentando Luke e Ferg.

"Você ouviu ele dizer algo sobre a embaixada dos Estados Unidos?", perguntou Ferg a Luke, enquanto os dois voltavam.

"Acho que talvez a gente precise ir lá", respondeu Luke.

Não parecia muito promissor. "Imagino que não vão gostar da ideia de quatro americanos querendo entrar numa prisão", disse Ryan, enquanto chamávamos um táxi para ir à embaixada.

Ficamos olhando os números no taxímetro subirem e subirem, e aquela pequena viagem parecia mais e mais sem sentido.

Assim que o taxista nos deixou na calçada e foi embora, percebemos que havia pouco som ou movimento ao redor. Uma placa dizendo FECHADO fora colocada diante das persianas.

Embora os estabelecimentos muitas vezes fechassem aos sábados e domingos, e às vezes até às segundas e sextas, nada ficava fechado numa quarta-feira... exceto a embaixada dos Estados Unidos. "Imagino que, se você perder o passaporte ou seu filho for raptado, vai ter que esperar até quinta-feira", disse Ryan, nós quatro parados em frente ao prédio vazio.

QUANDO VOLTAMOS AO CAFÉ com internet perto da nossa pousada, o proprietário nos cumprimentou como se fôssemos velhos amigos, com um aperto de mão, feliz com o fato de passarmos muito tempo em seus computadores.

Antes de sentarmos, perguntamos se ele tinha alguma ideia de como a gente poderia jogar *fútbol* dentro da prisão. Ele levantou, foi até a porta e assobiou para alguns homens uniformizados que andavam pela calçada. Cinco minutos depois, soldados nos acompanharam até o escritório do diretor, o mesmo escritório de onde Rebekah e Luke haviam sido expulsos no dia anterior. Desta vez, fomos levados por uma escada estreita até uma sala pequena e úmida, com uma mesa de vinil marrom e duas cadeiras laranja, o que lembrava o escritório de um corretor de seguros da década de 1970.

Um homem careca de óculos sentou à mesa sem falar conosco. Escreveu as informações num papel rosa. "Vão até o Ministério de Presídios da Bolívia", orientou. "Precisam falar com Alejandro. Se ele der permissão, vocês podem falar com os presos." Ele ficou de pé e apertou nossas mãos. "É difícil, mas não é impossível."

Às 8h da manhã seguinte, estávamos sentados ao redor de uma mesa de reunião. Alejandro tinha uma cicatriz que descia por todo o rosto. Só se falava em espanhol. Fiquei olhando para Luke e Rebekah, que pareciam ter encontrado o tino para falar a língua. Eu girava na cadeira, derrotada pela capacidade deles de entenderem os sons que Alejandro despejava boca afora. Até Ryan parecia compreender melhor, assentindo depois de cada frase. Por fim, nos despedimos, levantamos e fomos embora.

"E aí?", perguntei enquanto entrávamos no elevador. "A gente conseguiu? A autorização?"

"São os prisioneiros que decidem de fato", respondeu Luke, colocando o capuz do casaco sobre a cabeça, como se estivesse se preparando para uma operação secreta.

Não podíamos ir todos conversar com os presos. Rebekah sabia falar espanhol, Luke entendia espanhol – eram eles que iriam. Ryan e eu ficamos na pousada. Tentei ler, olhando fixamente para as páginas de *Não me abandone jamais*, de Kazuo Ishiguro, mas só pensava em Luke e Ferg dentro da prisão.

Quando eles voltaram, ouvi suas vozes imediatamente, os dois conversando rápido no saguão. Pulei da cama, fui para o corredor e me inclinei no parapeito para ouvir a conversa.

"O que foi? O que foi?", perguntei.

"Melhor chamarmos Ryan também", disse Ferg.

Nós quatro sentamos na cama.

Luke e Ferg contaram a história, alternando-se.

"A gente explicou o filme...", disse Luke.

"Eles ouviram com muita atenção", continuou Ferg.

"Ficaram muito animados – entenderam de cara. Fizeram comentários espirituosos sobre 'o poder de conexão do futebol pelo mundo'..."

"E aí eles falaram: 'Bom, agora a parte difícil... o que isso vai custar para vocês.'"

"Vocês precisam trazer panetones para um quarto dos presidiários."

"Levamos um tempo para entender. Panetones. Será que ele estava falando do bolo com frutas cristalizadas? Será que era isso mesmo? Então pedimos para eles explicarem, e sim, querem bolos com frutas cristalizadas. Panetones."

"Fizemos as contas, tentando descobrir quantos panetones seriam. E perguntamos: 'Como é que vamos trazer trezentos panetones?'"

"E foi aí que eles disseram: 'Não, não. Vocês dão o dinheiro e nós compramos os panetones.'"

Então, com "panetones", eles queriam dizer dinheiro. É assim que San Pedro funciona.

No bloquinho de anotações da pousada, Ferg começou a fazer as contas. Isso ia nos custar uns quatrocentos dólares.

Era Ryan que cuidava do dinheiro. Dava para ver que ele estava fazendo as contas das despesas na cabeça. Mas sabíamos que íamos fazer aquilo. Não podíamos dispensar uma oportunidade como aquela. Íamos jogar com os presidiários bolivianos. Eu estava tentando imaginar como seria quando Luke virou-se para mim e disse: "Mas eles falaram que você não pode jogar. Não querem mulheres. E foram bem taxativos."

Encostei no travesseiro e fiquei olhando para ele.

No caixa automático do banco, perto da pousada, Luke sacou 3 mil bolivianos. Filmamos vários *close-ups* do dinheiro, da máquina cuspindo as notas, em parte porque queríamos ter certeza de que tínhamos todas as peças para contar a história depois, em parte porque estávamos nervosos, hesitantes.

O mercado de pão funcionava a todo vapor na Praça San Pedro. Mulheres usando chapéus-coco e saias compridas ficavam atrás das mesas cheias de pães caseiros. Uma banda tocava música andina, homens de ponchos tocando violões enquanto nos preparávamos para entrar pelos portões. (Assobio na favela, violões na prisão – sempre tínhamos um acompanhamento musical quando estávamos prestes a entrar num lugar violento.)

Andamos até o portão e Ryan nos filmou pelas costas.

"*Corte*", disse um policial, fazendo um gesto de tesoura com os dedos.

"Corta", disse Luke. Ryan desligou a câmera enquanto Luke explicava para os guardas que tínhamos um trato com os prisioneiros.

Fomos levados para um lugar que era como o purgatório, algo entre o mundo exterior e os homens que são mantidos fora dele. Os prisioneiros estavam com os braços para fora das grades, olhando para nós. Um cara mastigando algo me olhou de cima a baixo. Eles zombavam, davam cantadas e faziam caretas. Um cara de jaqueta vermelha parecida com a velha jaqueta de esqui da minha mãe reconheceu Luke do outro dia. Sorriram um para o outro, cumprimentando-se através das grades. O prisioneiro, como se fosse o mandachuva, dando o sinal verde ao leão de chácara, conversou com o guarda e apontou para Luke.

O guarda manuseou seu grande molho de chaves e, de repente, havia uma fresta no portão e Luke passava por ela, entrando na prisão, o som metálico do portão batendo atrás de si.

O guarda virou e me viu ali ainda parada. Usei meu indicador para sinalizar que também gostaria de entrar. Com as sobrancelhas erguidas, ele disse algo em espanhol e, muito embora eu não falasse a língua, sabia que ele estava perguntando "Você também?". Fiz que sim com a cabeça, como se não tivesse nenhuma dúvida de que queria entrar.

O portão se abriu e entrei na prisão. O cara com jaqueta de esqui já estava pronto para nos levar a algum lugar específico e Luke estava pronto para segui-lo, mas eu estava ali pedindo que esperassem, segurando seu braço até que Ryan e Ferg também cruzassem o portão.

Havia coisas demais para processar. Vi uma fonte deteriorada, caindo aos pedaços, com crianças agachadas na beirada, mergulhando canecas de café na água suja. Um varal de roupas cruzava a praça, camisetas infladas pelo vento. As pessoas vestiam o que queriam: vi camisas acetinadas de futebol, bonés, jaquetas acolchoadas usadas sem nada por baixo. Os homens perambulavam sem nada para fazer, ficavam lá de pé com as mãos nos bolsos. Meu irmão passou dois anos numa prisão e, por mais que aquele lugar não se parecesse em nada com o lugar onde fui visitá-lo – ali ninguém usa jalecos desbotados, não há uma esterilidade hospitalar e não há manutenção da ordem –, ainda assim havia a mesma sensação constante de espera, de estar preso.

Seguimos dois homens por uma escada, subindo até uma sala cheia de presidiários que foram eleitos como representantes: eram os detentos no comando, os homens com quem Luke e Ferg fizeram o acordo. Na parede, tinha um calendário com a foto de uma mulher de seios grandes e de biquíni pendurado entre um pôster de Jesus Cristo e uma foto emoldurada de Simón Bolívar, o fundador da Bolívia. Adesivos do Ursinho Pooh estavam colados nas laterais do computador, num canto nos fundos da sala. Um homem fazia anotações num bloquinho cheio com corações vermelhos brilhantes. Outro estava em frente às grades da janela, olhando para o mundo lá fora.

Luke e eu sentamos num sofá verde maltratado. Mordi uma unha. Luke entregou a eles um envelope com o dinheiro e disse, em espanhol: "Aqui está a primeira parte."

Aqui está a primeira parte: tivemos essa ideia, influenciados por tantos filmes de ação. Dividimos o dinheiro, dando metade como adiantamento e a outra metade quando estivéssemos a salvo fora da prisão.

Fiquei olhando para os anéis grossos de ouro nos dedos de Teófilo enquanto ele contava o dinheiro. Esperamos pelo momento em que ele se daria conta de que ali só tinha metade do que foi combinado. Ele terminou de contar e olhou para Luke.

Luke pigarreou e tentou explicar nossa oferta. Sua voz foi sumindo.

Eu me afundei no sofá, impressionada. Realmente achamos que entraríamos numa prisão e mandaríamos em tudo?

"Não", disse Teófilo. "Dê tudo agora."

Luke não hesitou e entregou o segundo envelope.

O total dos dois envelopes era menor do que a quantia que eles haviam pedido. São 1.500 presidiários; eles queriam panetones para um quarto dos presos – 375 panetones, que custam dez bolivianos cada, o que dá cerca de quinhentos dólares. Nós levamos quatrocentos dólares. Resolvemos apostar na ideia de que eram tantas contas para fazer que nos fingiríamos de bobos, agindo como se aquela fosse a quantia que calculamos. Isso me deixava nervosa. Observei Teófilo lambendo o dedo enquanto contava as notas.

"Três mil bolivianos", disse, batendo com a pilha de dinheiro contra a mesa como se fossem cartas de baralho.

Olhou para o homem sentado do outro lado da sala, que deu sua aprovação com um aceno de cabeça.

"Tudo certo", disse Teófilo.

E, então, tudo ficou em silêncio e não entendi por quê. Era como se estivéssemos esperando por algo. Tentei puxar conversa. "Panetones?", perguntei.

"*Sí*", respondeu Teófilo.

Ele esticou a mão embaixo da mesa e tirou de lá uma embalagem amarela de panetone.

Olhei para ela, surpresa, tentando imaginar há quanto tempo estava ali, se mostravam a embalagem como prova toda vez que faziam uma negociação. Talvez estivessem dizendo a verdade; talvez dessem para cada prisioneiro um panetone de Natal.

"*Es interesante*", disse Luke, ainda parecendo que estava engasgando sempre que tentava falar.

"*Hasta la cancha*", disse Teófilo, ficando de pé. (*Cancha*, "campo", é uma palavra que conheço, principalmente porque, da última vez em que tentei pronunciá-la, me informaram que eu estava pronunciando algo totalmente diferente, algo que eu não ia querer de jeito nenhum dizer aos presidiários.)

Saímos do escritório e seguimos o som. Os presidiários gritavam "*Hola, gringos!*". Uma multidão de homens fazia um coro de assobios. "Eu sabia que devia ter ido na sua frente", disse Luke, inclinando-se para perto de mim.

Um prisioneiro agarrou a bunda de Luke. Continuamos andando. Um homem com uma caixa pendurada no pescoço vendia pipoca como se estivesse num jogo de beisebol. À minha esquerda, vi um homem com um corte de uns quinze centímetros no lado do corpo. Parecia recente. Ele me viu olhando e abriu a jaqueta jeans para que eu visse o sangue. Continuei andando. Olhei para trás, para Luke, para ver se ele também tinha visto, mas ele estava olhando em outra direção, para dois homens que jogavam futebol de botão na lateral de uma viela. Embora estivéssemos andando em velocidade bem normal, era como se voássemos, com coisas e mais coisas para ver passando por nós. Vi um homem dentro do menor quiosque do mundo, mal tendo espaço para movimentar os braços, parecendo o Zoltar, o vidente no filme *Quero ser grande*.

Saímos por um corredor estreito para um pátio triangular, que servia de campo de futebol, sendo que um gol era mais fácil de defender que o outro. Na parede dos fundos estava pintado um tigre gigante usando uniforme de futebol, com as palavras *Bienvenidos a la Cancha* ao redor. Celas cercavam o pátio. Sentamos embaixo do tigre e ficamos olhando os prisioneiros jogarem. O futebol parecia duro, rápido, intimidador.

Havia um guarda em pé perto de nós (e com "guarda" quero dizer o preso que fazia o papel de guarda.). Ele bateu com o cassetete numa bola que saiu de campo.

Quando apitaram o fim do jogo, Luke e o guarda-prisioneiro atravessaram o campo em direção ao grupo de jogadores. Fiquei sentada embaixo do tigre, observando enquanto Luke conversava com os homens.

"Quando a gente pode jogar?", ele perguntou, fazendo gestos com as mãos e depois entrelaçando os dedos novamente.

"Amanhã cedo", respondeu o cara, sabendo que não íamos passar a noite ali.

Ele riu e colocou a mão no ombro de Luke. "Brincadeira, brincadeira."

Luke riu também, alto.

"Você pode jogar com a gente", continuou o cara. "É claro."

Enquanto estava sentada, observando, vi folhetos brancos, do tipo que vemos nos quadros de anúncio dos corredores de escola, com as palavras CELA À VENDA. Lá em cima, dois homens estavam sentados no telhado da prisão, com as pernas cruzadas, roupas lavadas estendidas ao redor deles, secando ao sol. Acima de um guarda-sol da Coca-Cola, grades dividiam uma janela como se fosse um jogo da velha, e eu provavelmente sequer teria notado a janela se não fosse pela cabeça que apareceu no meio da quadra, bloqueando o campo de visão.

"Gwenny, você pode jogar", disse Luke, vindo na minha direção, apertando meu ombro antes de voltar para seu novo amigo.

Fui até lá lentamente. Enquanto atravessava o pátio, era como se todos os presidiários estivessem olhando para mim.

Quando cheguei ao outro lado, os homens estavam agrupados em times, definindo posições e quem ia jogar em seguida. Luke sinalizou para que eu fosse até um grupo de caras empoleirados em dois degraus. Estavam sentados com os cotovelos apoiados nos joelhos, só olhando para frente. Um deles segurava um pedaço gigante de madeira e o girava nas mãos como se estivesse pensando no que fazer com ele.

Outro cara estava mais para o lado, com as mãos nos quadris, mas sem uma postura agressiva. Foi ele quem abordei. "*Como se llama?*", perguntei.

"Juan", disse, uma resposta breve, cautelosa.

"Meu nome é Gwendolyn", disse, apontando para mim.

"Wendy?", perguntou ele.

Dei de ombros e assenti. "*Sí.*"

Estiquei o braço para cumprimentá-lo. Quando ele se afastou, os homens nos degraus começaram a assobiar e aplaudir. Ele os chutou de leve nas canelas, do jeito que um menino tímido faria no parquinho de uma escola.

As pessoas começaram a aparecer para ver. Homens se amontoavam perto do parapeito acima do pátio.

A bola era do tamanho de uma bala de canhão. Era mais pesada e dura do que uma bola normal, mais propensa a ficar parada no chão.

Cada jogo informal tem suas próprias regras – ninguém pode fazer gol de dentro de sua área, não há escanteio, aquela parede vale mas o jardim não –, então Luke tentou descobrir as regras daquele jogo. "*Cuales son las reglas?*"

"Vale tudo", disse um prisioneiro, rindo loucamente, como se soubesse o quanto aquilo soava ameaçador, como se estivesse zoando com a nossa cara.

Não fiz nada nos primeiros cinco minutos. Não conseguia achar um jeito de chegar à bola. O time de Luke controlava o jogo, passando a bola de jogador para jogador enquanto eu corria atrás, avançando em diagonais desesperadas.

Estávamos a 3.600 metros de altitude – mais de três quilômetros acima do nível do mar. O guia da Lonely Planet advertia que, em altitudes elevadas, estrangeiros têm mais dificuldade de respirar. Conversáramos muitas vezes sobre a Fifa ter banido jogos da Copa do Mundo na Bolívia. Luke nos dissera que o presidente boliviano Evo Morales havia protestado contra a decisão indo jogar informalmente no topo de uma montanha, o ponto mais alto do país, como se dissesse *Viram só? Qualquer um pode jogar aqui.*

Mas, a princípio, como estava concentrada nos prisioneiros adversários e na bola, eu não pensava na altitude. Só me perguntava que diabos estava acontecendo comigo, por que não conseguia respirar. Tentava sorver o ar, mas não conseguia, o que me deixava confusa, aturdida, e sabia que seria substituída.

Mentalmente, disse a mim mesma para me recompor, porque mesmo que eu visse a prisão girando, de modo algum pediria para ser substituída, de jeito nenhum seria a moça americana molenga demais para jogar.

Quando a bola voou para fora do campo, para dentro da cela de alguém, Ryan, que me ouviu arfando, perguntou por trás da câmera: "Você está bem?"

Justo quando eu estava dizendo a ele "Não toquei na bola, não consigo respirar", o goleiro mandou a bola nos meus pés. Dei um toque rápido, passei a bola para a frente e Juan correu para ela, mandando um chute que podia ter entrado ou não. O juiz, que vestia um suéter esportivo (a última coisa que eu imaginaria num juiz de jogo de prisão), fez sinal negativo com o dedo e com a cabeça – nada de gol. Juan saiu em disparada para o gol sem rede, agitando as mãos agressivamente através do que seria a rede lateral, se ela existisse. O juiz, com o apito nos lábios, apontou e deu um passo ameaçador na direção de Juan.

Meu time estava dois gols atrás. Senti o rosto afogueado: toda vez que meu time perde, como sou menina, eu sinto, me importo. Não quero que ninguém pense que é por minha causa.

Consegui a bola novamente na jogada seguinte e, desta vez, não a passei tão rápido. Era o que eu queria fazer, mas primeiro precisava tirá-la daquele burburinho, driblando os zagueiros antes de conseguir uma brecha. Encontrei a brecha e passei a bola; estava 2 × 2 para mim.

Então, a bola ficou solta no meio do campo, talvez não completamente solta, mas longe o suficiente do pé do cara a ponto de eu pensar que podia tirá-la dele. Parti para cima ao mesmo tempo em que ele esticou o pé para puxá-la.

Mais tarde, nós o entrevistamos em frente a uma janela com grades. Fiquei sabendo que ele cumpreia pena por homicídio. Ele nos disse que era "um criminoso famoso na Bolívia". Mas, naquele instante, era só um cara forte, de movimentos graciosos. Olhei para ele e pensei num bailarino: o pescoço alongado, os quadríceps bem definidos, as pontas dos pés esticadas, a expressão neutra no rosto.

Chegamos na bola ao mesmo tempo. Eu o peguei desequilibrado. Ele caiu, eu fiquei de pé. Nem sempre ouço os sons numa partida, mas agora podia ouvir aquele ruído, que vinha de cima, com as duas varandas que davam para o pátio tremendo. Homens assobiavam com os dedos e vozes roucas gritavam enquanto me movimentava pela quadra e o cara se erguia do chão.

Quando o jogo terminou, o sol batendo no meu rosto, sentia sal nos cantos dos olhos e no queixo, e o peito ainda gritava tanto por causa do ar rarefeito quanto por causa do esforço. A competição, o medo, a sensação de não ser boa o suficiente, e depois a sensação enlevante de ter jogado bem: eu me deixei ficar ali parada alguns instantes, absorvendo o quanto me sentia bem.

Um prisioneiro com um coração com arame farpado tatuado no antebraço serviu Fanta quente num copinho de plástico rosa que parecia saído do conjunto de chá de uma menina. Luke bebeu, esfregou o rosto vermelho e gracejou: "*No soy Evo Morales.*" Uma menininha andou cambaleando até eles; o cara a girou no ar e a passou para o homem do outro lado de Luke. "Estou aqui há dois anos", disse ele. "A gente joga todo dia, todo dia."

Depois de um jogo, as pessoas estão sempre abertas. Há esse pacto de que todos ali amam a mesma coisa. Mas ali, na prisão, nossa interação parecia ainda mais pessoal do que de costume. Eu me lembro dessa sinceridade quando visitava meu irmão – os caras sentados ao lado dele e as mulheres sentadas em frente me contavam tudo, como se pensassem: eles estão aqui, já sabem o pior, não há mais nada a esconder.

Primeiro conversamos com Juan, o homem que me chamou de Wendy, e com outros dois prisioneiros que estavam sentados nos degraus, homens mais velhos com rostos maltratados, que cumpriam pena por homicídio. Eles nos contaram isso com a simplicidade da distância, o fato sobre o qual tiveram décadas para refletir, o fato que definiu suas vidas. Os dois homens tinham uma atitude protetora em relação a Juan, como se fosse um irmão mais novo, e explicaram a história dele em seu lugar: estava ali por homicídio culposo – *accidente de velo.* Agiam como se ele fosse diferente, como se fosse mais vítima da má sorte do que das más escolhas.

Fernando, o cara que brincou com Luke sobre ele voltar na manhã seguinte, nos convidou para sua cela: paredes azuis, cobertores listrados, uma pilha de pratos sujos num canto da mesa, uma panela com resto de feijão num fogareiro portátil. Fernando era bonito, com cabelos ondulados, olhos castanhos, pele morena, e se movia de um jeito leve, confiante, afastando os pratos da mesa, fazendo um gesto para que entrássemos na cela. Tinha uma risada calorosa, sonora – dava para imaginar mulheres se apaixonando por ele sem resistir. Sentou na cama e nos contou sua história. "Estou aqui há dois anos. Antes, a minha vida era... um desastre...", disse, balançando a cabeça, esfregando as pernas, sem conter o sorriso. "Traficando."

Ouvimos alguém batendo na porta da cela. "Esta é a minha filha", disse, esticando os braços para pegá-la, uma menina de dois anos vestindo saia rosa, segurando um celular de brinquedo contra a orelha.

Fiquei do lado de fora da cela, já que não era grande o suficiente para todos nós. Da porta, vi Fernando beijar a bochecha da filha. *"Aah, mi amor. Besos. Besitos"*, disse.

Mais tarde, quando as pessoas descobrirem que jogamos dentro de uma prisão, ouviremos: "Vocês estão loucos?" Dirão isso como se tivéssemos ficado trancados junto a monstros. Mas não conhecemos nenhum monstro. Sei que existem pessoas sem bondade: ao visitar o meu irmão, o olhar vacilante e o sorriso doentio de um dos caras me metiam medo. Mas, no geral, tanto lá quanto aqui, são pessoas que não começaram com muita sorte na vida, que não conseguem deixar de decepcionar a si mesmas.

O homem em quem eu fiz a falta, o "criminoso famoso", estava listrado devido à luz do sol que entrava por entre as grades da janela. Vestia uma camisa sem mangas do Chicago Bears, com um 54 bordado no canto. Eu me perguntei o que Brian Urlacher pensaria se soubesse que sua camisa chegou a uma prisão na Bolívia. O prisioneiro falou com um tom de voz constante, manso, o barulho do jogo lá embaixo ameaçando abafá-lo. Geralmente, dá para saber se uma pessoa está dizendo algo de peso mesmo que não dê para entender o significado das palavras: é possível ver pela expressão do rosto, pela cadência da voz que sobe e desce. Mas, com o fã de Urlacher, não consegui distinguir. Sua voz era tão suave que parecia que, quanto mais baixo falasse, mais diria. "Eu vendia móveis, vendia carros... Acidentes aconteceram, erros foram cometidos. É por isso que estamos aqui. Não somos santos."

Por fim, ele disse: "Aqui a gente não tem nada. Nossa vida é jogar."

Aonde quer que vamos, os homens falam sobre o grande poder do *fútbol* de transportar você para outro mundo.

9. Gigante

A CAPA DO NOSSO GUIA da Lonely Planet sobre a América do Sul tem uma foto de uma mulher trajando roupas tradicionais do Peru – chapéu-coco, camadas de lenços, uma saia comprida e grossa – correndo atrás de uma bola de futebol. De acordo com um pequeno parágrafo no capítulo sobre o Peru, nas grandes altitudes, é possível encontrar as mulheres que pastoreiam ovelhas durante o dia jogando *fútbol* à noite.

Estávamos num ônibus meio vazio, transitando pelas imensas planícies do Altiplano, numa manhã de sábado. Conversávamos, dos dois lados do corredor, sobre o que Ryan tinha achado na noite anterior, enquanto fazia o registro das filmagens na prisão: Ferg, que tinha se afastado do jogo para filmar as montanhas de La Paz como pano de fundo da prisão, apontou a câmera para cima e a torre do guarda ficou em seu campo de visão. Ryan escrevia "cenas com pombos e montanhas" quando, do nada, apareceu no vídeo um homem com um rifle, apontando-o diretamente para a lente da câmera. Por trás da câmera, Ferg levou um breve instante para perceber que estava olhando para o cano de uma arma. Ela afastou a câmera. Nos últimos instantes da cena, quando o guarda vê a surpresa de Ferg ao descobri-lo, ele gargalha lá de cima da torre.

Ryan havia colocado a câmera na cama e perguntado: "Ferg, como é que você não nos contou que uma pessoa fingiu que ia atirar em você?"

Por algum motivo, até mesmo naquela manhã, no ônibus, ela insistia que não havia sido nada de mais. "Ele só estava brincando."

"Brincando com a arma. Muito engraçado", disse Ryan.

"Culturas diferentes. Sensos de humor diferentes, talvez?", disse Luke.

Partida de mulheres em Andahuaylillas, Peru. (Cortesia de Rebekah Ferguson)

Quando desembarcamos do ônibus em Andahuaylillas, uma cidadezinha no alto das montanhas, a primeira coisa que vimos foi um grande gramado com várias pessoas. Isso acontecia direto. A vida inteira participei de conversas sobre o quanto o futebol era popular no mundo, mas ainda fico chocada toda vez que entramos sem rumo num lugar qualquer e damos de cara com um campo.

Era um torneio de sábado, um dos grandes costumes desse continente: vimos a mesma coisa na Villa 31, em Montevidéu, em toda Santa Cruz, no vilarejo perto do Amazonas. Todo mundo da vizinhança aparecia para jogar. Havia música, comida, crianças passeando, famílias sentadas sobre toalhas de piquenique, famílias batendo os pés contra as arquibancadas. Homens com rostos suados chegavam para beijar o pescoço de suas esposas.

A diferença nesse jogo no Altiplano era que os jogadores que aqueciam no campo eram mulheres. Não pareciam a mulher da foto do guia da Lonely Planet – não usavam saias, chapéus ou lenços, só uniformes enormes que pareciam uns dez tamanhos acima dos seus, com camisas que batiam nos joelhos.

Quando dei por mim, já havia sido escolhida para um time e estava usando uma dessas camisas, embora não ficasse gigante em mim. Eu era pelo menos quinze centímetros mais alta, sobressaindo acima das outras. Era uma experiência totalmente nova para mim. Sequer chego a ter 1,78 metro de altura. As mulheres olhavam para mim e davam risadinhas com a mão na boca, me olhando dos pés à cabeça.

Agora podia experimentar como era ter a vantagem de dar passos duas vezes mais compridos que os outros. Estava sempre derrubando as outras. "*Lo siento, lo siento, lo siento*", dizia, me desculpando e ajudando-as a levantar.

Quando tiramos a foto do time, no fim da partida, com os braços nos ombros umas das outras, eu era como Yao Ming, como Shaq, como Crouch.* Era uma gigante.

* Yao Ming e Shaquille O'Neal, jogadores de basquete da liga nacional norte-americana, c.2,30 metros e 2,15 metros, respectivamente. Peter Crouch, atacante da seleção inglesa de futebol, c.2 metros. (N.T.)

10. O mundo inteiro

Em Trinidad e Tobago, se mencionássemos nossa busca pelo futebol informal mundo afora, eles nos perguntavam: "Quantos países vocês já visitaram?" E aí precisávamos admitir que aquele era o primeiro. Dava para ver, pelo jeito como as pessoas faziam um gesto afirmativo com a cabeça, que não acreditavam que fôssemos conseguir. Nem mesmo nós tínhamos certeza de que conseguiríamos. A América do Sul era uma coisa – assim que você consegue os seiscentos dólares para uma passagem de avião, é possível ir de ônibus para qualquer país no continente gastando quarenta ou cinquenta dólares. Mas viajar pelo resto do mundo? Mesmo que escrevêssemos inúmeras cartas, isso não bastaria para juntar dinheiro suficiente para viajar pela Europa, África, Ásia e Oriente Médio. Precisávamos de um investidor. Era um conceito no qual eu tinha dificuldade de acreditar: encontraríamos alguém disposto a nos dar centenas de milhares de dólares?

Logo antes de partirmos para a América do Sul, a mãe de Luke escreveu para o jornal da cidade dela contando o que íamos fazer. Por acaso, um homem de Pasadena apareceu num Starbucks em Orange County na manhã em que o *The Orange County Register* publicou a matéria. Um dia depois, o repórter ligou para nós. "Tem um senhor chamado Les, com sotaque escocês, que viu a matéria sobre vocês no jornal. Ele disse: 'Quero fazer isso ser possível para esses meninos' – e, pelo jeito, ele estava falando sério." Uma hora depois, Luke estava falando com ele no telefone. O escocês nos disse para irmos em frente com o plano da América do Sul, editarmos a filmagem e, se ele gostasse, financiaria o resto do filme.

Muitas vezes, conversas acabam não dando em nada. Tentamos nos resguardar, não ter esperanças exageradas. Mas todos acreditávamos que

Les era a nossa saída. Quando voltamos para Durham, sabíamos que precisaríamos dar forma às duzentas horas de filmagem na América do Sul, fazendo de tudo aquilo um filme de uma hora que o levasse a pensar *Este é um filme que precisa ser feito.*

O Centro de Estudo de Documentários em Duke nos cedeu as chaves do prédio, e nós passamos dia e noite editando, dois de nós durante o dia e dois à noite. Nos alimentamos de restos das saladas dos eventos do Centro, dormimos na casa de amigos e testemunhamos o que era ver uma ideia na cabeça se tornar algo real. Quando terminamos a versão do filme, Ryan foi de avião para a Califórnia para ter uma reunião com Les e um amigo dele que trabalhava com cinema, diante de uma televisão de tela plana. No sofá, Ryan ficou observando a reação dos dois. Duas horas depois, ele telefonou. A ligação estava ruim e a voz dele soava abafada, mas conseguimos ouvi-lo dizer "Ele quer financiar o filme". (E se Les não tivesse resolvido ir tomar café no Starbucks naquela manhã? E aí?) Fui escorregando dentro da cabine de telefone, no meio do corredor do CED, zonza de tanta sorte.

Tudo aconteceu muito rápido depois disso. Era uma corrida contra as estações do ano, pois queríamos estar na África quando o clima estivesse ameno, época em que os jogos informais acontecem com mais frequência, e na Europa durante o Campeonato Europeu de 2008, que deixa o futebol na cabeça de cada habitante do continente. Descobrimos que não conhecíamos quase ninguém na Europa, nem na África. Mandamos e-mails para todo mundo, em busca de alguém que conhecesse. Traçamos um itinerário, rascunhamos um storyboard, reservamos passagens e pensamos: *Caramba, a gente vai fazer isso mesmo.*

Mas eu tinha receio quanto à Europa. Será que ia chegar ao mesmo nível da América do Sul? Jogamos a 3.600 metros de altitude, numa prisão, na qual só entramos subornando as pessoas. Um xamã foi nosso guia no paraíso, nos levando a uma praia onde homens com corpos de modelo jogavam sob o pôr do sol. Bebemos caipirinha feita com granizo e derrapamos no carro em estradas cheias de lama na floresta amazônica. Atirei de rifle num jacaré. Nada disso poderia acontecer na Europa.

No avião, rumo a Paris, ouvi um *podcast* em francês que Luke havia baixado para o meu iPod – *Je voudrais un café, s'il vous plaît; J'aime chocolat* – e fiquei preocupada. As pessoas vão à Europa para ler romances em cafés e comprar flores nos mercados. Mas jogar futebol na rua? Será que os europeus fazem isso? Consigo imaginar uma cena assim na década de 1940 – partidas em ruas de paralelepípedo, homens sorridentes, uma voz de ópera italiana e a estática do rádio pela janela. Mas em 2008? Agora havia clubes de futebol, sistemas, ruas pavimentadas, grama sintética. Talvez ninguém mais jogasse futebol informalmente.

No nosso primeiro dia em Paris, baldeamos para o apartamento de subsolo que alugamos, próximo o suficiente das atrações turísticas, mas longe o bastante para dar a sensação de que estamos vendo a Paris dos parisienses. Deixamos nossas malas, compramos pão e queijo no *supermarché* e nos forçamos a sair, muito embora pensássemos: *Nos Estados Unidos, agora são 3h30 da manhã, e o que eu mais quero é uma cama.*

Quando chegamos ao Champ de Mars, o gramado que sai da Torre Eiffel, onde ouvimos falar que as pessoas jogam, vimos cordas brancas e uma pequena placa em francês e inglês: GRAMADO PRINCIPAL FECHADO PARA MANUTENÇÃO.

Tentamos conversar com os homens da manutenção. Eles convidaram Ferg para tomar um café, mas não sabiam nada sobre *le football*. Um bando de crianças francesas de uns sete anos, fazendo uma excursão pela Torre Eiffel, jogava num gramado lateral. Luke e eu nos recostamos contra o banco e ficamos observando enquanto Ferg filmava, caso aquele fosse o único jogo de futebol que achássemos na França. Um estraga-prazeres agarrou a bola e saiu correndo, fazendo as outras crianças irem atrás dele até que alguém conseguisse tirar a bola de suas mãos.

Um cara bêbado com uma Polaroid queria bater bola e nos beijar no rosto, mas optamos por não jogar com ele. As únicas pessoas que restavam estavam ou cochilando ou namorando embaixo de guarda-chuvas. Luke rolou a bola na grama e esperou para ver se alguém mordia a isca. Mas ninguém mordeu.

A beleza dos jogos informais é que podem acontecer em qualquer lugar, com qualquer pessoa, independentemente do local ou da hora. E é isso que também faz com que seja difícil encontrá-los. Quando você planeja sua viagem, acaba se baseando no que te contam, procurando os lugares onde as pessoas dizem que viam esses jogos, mas, quando chega lá, não há nenhuma garantia de que os menonitas ainda joguem no meio da selva boliviana ou que o gramado da Torre Eiffel não vá estar fechado.

Andamos uns dez ou onze quilômetros para casa debaixo de chuva, molhados mas com calor, passando pelo Museu d'Orsay, o Champs-Elysées e o Louvre. No jantar, fomos ao restaurante Antoine, recomendado pelo homem de quem alugamos o porão: "É bom, barato e vocês vão gostar." Nas paredes de pedra, fotografias de lápides iluminadas por uma luz suave. As mesas eram próximas umas das outras e o menu estava escrito num quadro-negro sobre um cavalete. Pedimos dois pratos para dividir – *boeuf bourdeaux* e um peixe muito bom. Enquanto esperávamos a comida, tirei meu caderno e tentei escrever as frases em francês que achei que precisaríamos: *Où est le football? Peuvons-nous jouer football avec toi?**

Quando Fabrice, um dos irmãos donos do restaurante, apareceu para encher nossos copos de água, ele sentou, pegou meu caderno e mudou a conjugação dos verbos, trocou os artigos, acrescentou acentos. As pessoas nas mesas próximas tentavam se lembrar de lugares aonde pudéssemos ir. (O homem à nossa direita passava metade do ano em Chicago e a outra metade em Paris. "Vocês tiveram muita sorte de achar este restaurante. É o meu favorito da cidade", disse.)

Fabrice suspirou. "Mas Paris é como um museu. Vocês não podem jogar futebol dentro de um museu. Acho que vocês precisam ir a outro lugar, algum lugar mais proletário. Como Marselha."

Já estávamos planejando ir a Marselha; havíamos reservado apenas dois dias para Paris, para poder passar mais tempo no porto antigo que os fóruns de viagem descreviam como "rústico". Marselha é uma cidade

* Algo como "Cadê o futebol? Podemos jogar contigo?". (N.T.)

de imigrantes, com gente da Argélia, Itália, Tunísia, Marrocos, Armênia, Ilhas Comores. Ryan tinha ouvido falar da forte cena musical que existe lá. E Luke declarou que era a "cidade de Zidane, a cidade de Drogba". Precisávamos conhecer o lugar onde os dois haviam crescido.

Antes de sairmos de Paris, voltamos mais uma vez à Torre Eiffel. Naquele primeiro dia, tudo o que eu tinha visto foram bandos de turistas, um céu cinzento e uma estrutura de metal gigantesca ao redor da qual ninguém jogava futebol. Na segunda tentativa, andamos até a outra extremidade do Champ de Mars. Varri com o olhar o gramado em busca de possíveis jogadores, imaginando se sempre seria preciso reunir as pessoas se quiséssemos jogar na Europa. Estava andando em círculos, sentindo-me derrotada, como se fosse a confimação de que já estava vendo tudo o que havia para ver. Ouvia o que Fabrice dissera, pensando que Paris era apenas uma vitrine, que só existia para ser admirada, quando meus olhos se depararam com uma quadra de futebol. Oculta atrás de um grupo de árvores. Gols e jogadores simplesmente à nossa espera, ao lado do famoso ícone parisiense. (Isso me surpreendeu. Quer dizer que estava ali o tempo todo e não tínhamos visto? Será que isso acontece muito? Será que a gente vive olhando para um lado sendo que do outro tem algo sensacional acontecendo?)

Aquela quadra me fez mudar de ideia rapidinho. Olhei com admiração para os 324 metros da torre. Agora era espetacular, era o centro de Paris, a Cidade Luz.

Na quadra, eram cinco contra cinco. Quem ganhasse, continuava em campo. Havia adolescentes de uniforme com cortes de cabelo repicados e mochilas, e pareciam saídos dos vídeos dos livros didáticos que víamos na aula de francês – meninos chamados Jerôme e Jean-Paul. Um estudante de intercâmbio mexicano nos contou que jogava ali todos os dias. Vários franco-argelinos eram os reis da quadra, já que ninguém era capaz de derrotá-los. Eu não conseguia parar de olhar para os músculos das coxas de um deles. Era como se explodissem de energia. Eu me sentia animada enquanto jogava; todos se sentiam. Fiquei pensando se não era a inspiração

Na quadra em frente à torre Eiffel, Paris, França. (Cortesia de Rebekah Ferguson)

trazida pela Torre Eiffel. Quando uma coisa dessas avulta atrás de você, você não se sente compelido a se equiparar à sua grandeza?

Horas depois, quando saímos da quadra, três outros jogos estavam acontecendo no campo de terra em frente à École Militaire. Esposas e namoradas liam romances no gramado ali perto. Um homem de cinquenta anos fez um gol e ergueu os braços. Do meu ângulo, parecia que ele estava pegando a Torre Eiffel entre as mãos. O céu estava rosado, o sol desceu e ficou exatamente atrás da torre, o que dava a impressão de que ela estava iluminada de dentro para fora. Luke veio por trás de mim, me abraçou pela cintura e ficamos juntos olhando as pessoas vivendo e jogando no museu que é Paris.

No caminho de volta para o apartamento, um francês bem-vestido achou que éramos parisienses (um engano capaz de deixar qualquer turista feliz) e nos pediu informações. Eu disse "*Je ne parle pas français*", não falo francês, a única frase que realmente aprendi. Continuamos andando. Uns cem metros depois, ele ainda estava atrás de nós, indo para a mesma direção que a gente. Perguntou de onde éramos e por que estávamos ali, e nós contamos a ele sobre nossa busca pelo futebol.

"Ah?", disse. "Vejam isso." Ele tomou a bola de Luke. De colete de tricô cinza, calça de alfaiate e sapatos pretos e lustrosos, começou a fazer embaixadinhas no meio da rua de paralelepípedos.

PEGAMOS O TREM rumo a Marselha, observando todas as cidadezinhas francesas, vinícolas e morros que passavam rápido pela janela. Durante todo o resto da viagem pelo continente, Luke aproveitava os trajetos de trem para dar informações para mim e para Ferg sobre futebol. Ele não queria ficar vagando pelas cidades com gente que não sabia nada das lendas locais. Perguntava qual jogador pertencia a qual time e nos contava tudo que acreditava que qualquer pessoa que se considerasse amante de futebol devia saber.

Não cresci assistindo a jogos de futebol. Na adolescência, nunca tinha ouvido falar do Campeonato Europeu ou do Manchester United. O canal Fox Soccer não existia. Eu via a Copa do Mundo, o único futebol que passava na televisão. Tinha quinze anos. Aqueles jogos me deixavam aturdida. Colocava meu despertador para as 5h45 da manhã, todos os dias, ficava em frente à televisão e via uns três jogos, um atrás do outro. E aí ia jogar, entendendo pela primeira vez o que existia lá fora. Antes da final, o canal fez uma montagem dos melhores momentos. Na aula de inglês daquele ano, escrevemos redações sobre uma palavra que podíamos escolher; escolhi "paixão". Aquilo – homens deitados com o rosto no chão, homens encolhidos no chão, chorando – era o máximo que eu havia testemunhado. Antes de sair para um torneio ou jogo, eu assistia àquela montagem e me dava um nó na garganta.

Zidane e Drogba, meus favoritos da Copa do Mundo de 2006, eram dois dos poucos jogadores sobre os quais Luke não precisava me dizer nada. Como adoro os azarões, a Costa do Marfim era meu time favorito. Eu olhava a agonia e esperança estampadas no rosto de Drogba e pensava: isso é *amor*. E Zidane... aquela cabeçada. "Zidane prejudicou toda sua carreira", o narrador anunciara, mas, enquanto eu via Zidane descer para o vestiário sozinho, não acreditava que o narrador estivesse falando sério. Sentimentos não podiam ser contidos – deve ser por isso que eu assisto.

Mas não, eu não sabia dos laços deles com Marselha. Assim que descobri, comecei a ler todas as histórias, artigos e matérias que Luke já tinha lido. Zidane, o mais novo de cinco irmãos, cujos pais eram argelinos, cresceu em La Castellane, um conjunto habitacional no norte de Marselha. Toda a sua família ainda mora lá, sendo que o seu irmão é técnico do time local e Zidane é "presidente vitalício". (Um dos jogadores do time disse a um repórter: "Quando você diz que é de La Castellane, as pessoas geralmente ficam com medo. Então, você diz que joga num time liderado por Zidane, aí eles te respeitam.") Quando, numa matéria de 2004 para o *Guardian*, perguntaram a Zidane onde ele se sentia em casa, ele respondeu ao jornalista: "Acima de tudo, sou de La Castellane e Marselha. Adoro Madri. Fico feliz por estar aqui. Estou aqui há três anos e espero ficar mais tempo. Mas sinto orgulho de onde vim e nunca me esqueci das pessoas com quem cresci. Aonde quer que eu vá, sempre quero voltar para La Castellane. Ainda é o meu lar... É verdade que é uma área complicada, o que, em francês, as pessoas chamam de *quartier difficile*. Mas acho que lá existe uma cultura especial... muito vibrante, muito forte... Minha paixão pelo futebol vem da cidade de Marselha."

Drogba só morou em Marselha durante um ano, mas ele adorava a cidade e a cidade o adorava. Dizia que era amigo dos técnicos, do "padeiro da esquina". Fez 29 gols pelo Olympique de Marselha e levou o time para a Liga dos Campeões. José Mourinho, prestes a ser técnico do Chelsea, foi vê-lo jogar: "Eu mal tinha me sentado e aquele gigante usando a camisa 11 já tinha feito um gol", escreveu Mourinho no prefácio das memórias de Drogba. "Ainda me lembro dele comemorando aquele gol como se fosse o último, transformando a torcida numa bola de fogo..." No fim da temporada, o Chelsea ofereceu ao Olympique de Marselha a quantia, inédita à época, de 24 milhões de libras, mas Drogba não queria sair. "Eu quis agir feito o Maldini", disse Drogba num documentário sobre sua vida. (Luke precisou explicar para mim quem era Maldini – o jogador que passou todas as 25 temporadas de sua carreira jogando no Milan.) Quando o Olympique de Marselha aceitou a oferta do Chelsea, uma quantia que o clube considerava irrecusável, Drogba chorou. A cidade pendurou sua camisa na basílica de Notre-Dame de la Garde. Na Liga dos Campeões de 2009, quando o Chelsea jogou contra o Olympique de Marselha, os fãs do Marselha aplaudiram Drogba de pé. Drogba ainda fala do quanto sente saudades da cidade: "Em Marselha, eu jogava com o coração."

O TÁXI QUE PEGAMOS na estação de trem nos deixou no centro de uma enorme praça no Porto Velho. Havia prédios em tons de pêssego e rosa, desbotados pelo sol e com telhados de terracota, uns de frente para os outros. Meninos passavam de bicicleta pelo meio de uma fonte. Havia mulheres sentadas nas mesinhas de plástico de um bar do bairro, bebendo o vinho de cinco dólares anunciado na plaquinha de quadro-negro. Pescadores durões fumavam charutos de pernas cruzadas, bebendo pastis, enquanto pombos voavam de uma janela para outra.

Serge, o homem cujo apartamento alugamos, disse: "O quarto de vocês fica ali, perto dos pombos." Apontou para o topo do prédio, bonito como todos os prédios franceses, só que descuidado e maltratado pelo tempo, assim como todos os outros prédios da rua. As venezianas das janelas, açoitadas pelos ventos mistrais, estavam tortas, com a tinta descascando e sujas: pareciam guardar segredos há milhares de anos.

"E hoje à noite vocês devem vir para a festa do bairro. É uma festa de aniversário", convidou Serge.

Subimos com as malas por uma escada estreita em espiral que não terminava nunca, até finalmente chegarmos ao topo, sete andares depois. Abrimos as venezianas e nos revezamos para olhar pela janela, virando a cabeça para a esquerda e observando os mastros dos barcos a vela, centenas deles, atracados no porto.

Às 8h, fomos seguindo pelo litoral até chegar a um pequeno porto de pescadores encravado na lateral de um penhasco branco. As luzes da rua refletiam na água, barquinhos batiam uns contra os outros. Os moradores nos cumprimentavam com beijos no rosto e nos ofereciam queijo de cabra, tabule e bolo de aniversário. Um homem de camisa listrada azul e branca, como se fosse o uniforme de um gondoleiro, nos disse coisas sobre sua cidade: "Em Marselha, temos música, futebol e peixe. E há pessoas do mundo todo aqui – dá para ver culturas de vários lugares só descendo a rua."

NO FIM DA NOITE, já tinha duas páginas de nomes. Embora fosse óbvio para mim, naquele momento, quais nomes indicavam um enorme parque gramado, o bairro de comida étnica e uma praia, tudo ficou bem menos claro quando olhei para minhas anotações na manhã seguinte.

Também fiz um desenho: parecia um jogo de forca não terminado, mas, quando mostrei o desenho para um taxista, ele interpretou como um mapa de ruas e nos deixou num enorme gramado perto da água.

Ficamos olhando para o Mediterrâneo. Era de um azul profundo, nada daquele tom claro e cristalino do golfo do México. Essa água grita que é mar. E os pescadores pareciam pescadores. Bonés manchados pelo sal, rostos enrugados com olhos avermelhados, mãos nodosas. Uns dez deles estavam alinhados no píer de pedra. (O pai de Luke era pescador de lagosta e saía para pescar do píer de San Clemente, na Califórnia. Ele morreu antes de Luke nascer, mas, se estivesse vivo, já estaria com uns oitenta anos, bem mais velho que os homens ali de pé sobre as pedras.)

Luke só saiu para pescar uma vez, com o meu pai, na Carolina do Sul. Era a época errada para pescar. O cara das iscas não queria nos vender nada. Luke prendeu queijo processado na sua linha de pesca, só para ver o que acontecia, e três minutos depois havia um robalo enorme em suas mãos. Meu pai e eu ficamos olhando um para o outro em silêncio, pensando que fora obra do destino ele ter pegado aquele peixe. (E aí Luke o deixou cair na água. O peixe foi nadando para as profundezas do lago. Eu não sabia ao certo o que pensar daquilo.)

Olhei as boias no cais. "Luke, lembra quando você pegou aquele peixe?", perguntei. "Você acha que aquilo quis dizer alguma coisa?"

"Eu estava pescando. Peguei um peixe. Não é o que todo mundo faz?"

Fomos seguindo as pedras. Três caras mais novos estavam agachados perto de uma caixa de ferramentas no fim do cais. Eu os observei durante algum tempo, enquanto Ferg e Ryan filmavam o brilho do sol e o mar. "*Tu joue le football?*", perguntei, em parte porque eles tinham um porte atlético e em parte porque ainda estava testando os meus poderes de comunicação.

"*Le football?*", perguntou um cara de cabelos negros e lustrosos, penteados para trás, e óculos bonitos.

"*Oui*", disse.

"*Oui?*"

"*Oui.*"

"*Attends ici.*" Ele apoiou a vara de pescar entre as pedras e saiu andando. Ficamos olhando enquanto ele pulava de pedra em pedra, até desaparecer no estacionamento.

Quando ele voltou, começou a lutar com um nó numa sacola plástica, tirando de lá uma camisa de manga comprida do Olympique de Marselha. Ele a virou de um lado para o outro. "*Chemise de Drogba*", disse, a voz num tom sério.

"*C'est vrai*", disse o homem. "*Real.*" Ele me deixou segurá-la. Passei as mãos sobre o nome de Drogba.*

---

* "Você joga futebol?" "Futebol?" "Sim." "Sim. Espere aqui. ... Camisa de Drogba. É verdade. Real." (N.T.)

De volta ao gramado, Luke e eu discutimos sobre o que ele quis dizer com "*real*".

"Ele só quis dizer que é uma camisa oficial", disse Luke. "O Drogba não a usou de verdade."

Aquilo não tinha me ocorrido. Será que alguém fazia isso com uma camisa comprada numa loja, carregá-la consigo o tempo todo? Ficar pulando sobre as pedras para poder trazê-la e mostrá-la a desconhecidos? Imagino que sim. Aquela expressão absorta no rosto dele, com a camisa nas mãos: era como se pudesse ver o estádio e o campo de futebol.

Havia uns cinco ou seis jogos acontecendo no parque. Ficamos ali parados, observando, medindo as possibilidades, ainda imaginando se a camisa pertencera de fato a Drogba. Uma bola veio quicando na nossa direção. Luke saiu atrás dela e a lançou de volta. Ficou em silêncio durante alguns instantes e então disse: "Quando a bola vem na minha direção, considero que o jogo está me chamando – que o jogo me quer."

Luke age como se eu fosse boba. Não, pegar um peixe quando o cara das iscas diz que não dá não é um sinal. Não, aquela camisa não pode ter sido mesmo do Drogba. Mas aí um pensamento como aquele entra na cabeça dele e o entrega: ele é um romântico, por mais que negue. Seguimos a bola lançada por Luke pela grama. Tirei meus chinelos e entrei no jogo. Na América do Sul, ninguém usa sapatos, a não ser que esteja jogando no chão de concreto. Na França, senti alguém me tocar no ombro. "*Madame, tes pieds*", disse um homem com uma expressão preocupada.*

Às vezes tenho medo de ver homens jogando futebol. Quando estão totalmente absortos num jogo, chegam ao auge de sua capacidade, ficando à vontade, de um jeito que toda mulher deseja estar. A primeira vez que vi Luke jogar, ele me conquistou por completo. Olhei para toda aquela calma e senti o risco.

Mas ver homens jogando também pode nos mostrar seu pior lado. Nos dez primeiros minutos de nosso jogo na grama, em Marselha, senti que

* "Senhora, seus pés." (N.T.)

era um ego contra o outro. Eles partiam para cima de três jogadores ao mesmo tempo, tentando reviver sua glória. E aí, quando se chocavam, gritavam e agarravam tornozelos, os rostos desfigurados, como se estivessem choramingando. Reclamavam de qualquer coisa, como se sua grandeza individual estivesse sendo ameaçada pelos defeitos de todos os outros. O mau humor se espalhava e tomava conta de todos.

Um cara com uma camisa da cor de um marca-texto, que driblava sem parar, me lançou um sorriso, que ele nitidamente achava irresistível. Seu cabelo era cacheado e preto, penteado para trás, e estava com a barba por fazer. Quando o jogo acabou, pegou minha mão e sussurrou no meu ouvido. "De onde você é?"

"Estados Unidos."

"Mas você não é gorda. Pensei que as americanas fossem gordas", disse, sorrindo. "Desculpe por a gente não te passar muito a bola. Somos franceses. Somos egoístas." Eu ri e o cumprimentei com um aperto de mão, e ele se afastou.

Luke também estabeleceu seu próprio bate-papo do outro lado do campo, conversando com dois dos jogadores mais jovens, que não jogaram com o mesmo ar irritado e petulante que o resto de nós.

"A gente está indo para um estúdio de rap", Luke me informou quando fui até eles.

"Vocês precisam ver a música", disse o jovem de camiseta regata e bermuda comprida de basquete. Tinha grandes olhos castanhos e uma pele que era ao mesmo tempo clara e escura. Ele me cumprimentou com um aperto de mão. "O meu nome é Fares. Sou argelino, igual ao Zidane."

Talvez eu estivesse copiando Zidane, copiando Drogba, feito uma menina que acaba de saber que seu herói ama algo e decide amar isso também, mas Marselha estava começando a me parecer absurdamente especial. Havia aqueles prédios – grandiosos mas descuidados, como os que amei em Montevidéu. E havia o queijo de cabra, o bolo de aniversário, o tintilar dos barcos no porto. Depois, o cara com a camisa mágica no píer de pedra. E agora estávamos todos apinhados num Fiat branco, com Fares e um jovem chamado Lamin, um imigrante da Gâmbia que acabara de conhecer Fares em campo. Eu estava a caminho de um estúdio de rap, sentada no colo de Luke, minha cabeça batendo no forro frouxo do teto, a bolsa com a câmera encaixada embaixo do meu queixo.

O *New York Times* publicou um artigo sobre a cena rap em Marselha. (Talvez esse artigo também seja, em parte, o motivo de eu adorar este lugar – o texto era tão bom que dava vontade que fosse sobre a sua cidade.) Dois meses antes de chegarmos à França, tumultos devido a questões raciais abalaram as ruas de Paris e Toulouse, mas não Marselha, e, de acordo com o artigo do *Times*, talvez a música tenha tido algo a ver com isso. Quando 130 conservadores do Parlamento francês processaram doze grupos de rap por "causar" tumulto e um "sentimento antifrancês", nenhum desses grupos era de Marselha. O hip hop de Marselha pode ser bem revoltado – letras que criticam a alta taxa de desemprego da cidade, o conflito de ter dois lares e o famoso preconceito dos franceses –, mas, como explicou o principal rapper do popular grupo IAM, "o rap de Marselha nunca integrou a violência do jeito que Paris fez". E isso, disse ele, se devia ao orgulho local, que você não encontra necessariamente no resto da França. Os pobres imigrantes não moram em quarteirões isolados de concreto, distante do centro da cidade, como em Paris; os bairros mais pobres estão espalhados por toda Marselha, dentro dos limites da cidade. "Portanto, os habitantes sentem que são de Marselha, porque de fato o são, e sentem que Marselha pertence a eles também", escreveu o repórter Michael Kimmelman. Músicos escrevem odes aos seus bairros e às ruas onde se exibiram pela primeira vez. Vendem seus CDs nos quarteirões em que habitam. Os rappers de sucesso ajudam os desconhecidos. A cidade transformou um depósito de tabaco do centro num estúdio de música para os jovens, encorajando a expressão artística. O hip hop de Marselha bebe na fonte do flamenco, do jazz, do blues e do rap americano – uma fusão de culturas tão ampla quanto a da cidade.

Fares aumentou o volume do rádio, sintonizado na estação de hip hop. Lamin, de dezoito anos, estava na França havia apenas um ano, mas já aprendera francês suficiente para conversar rápido com Fares. Ele queria ser rapper – tinha cadernos cheios de versos em inglês e francês – e, para ele, aquela viagem até o estúdio era uma oportunidade.

Quando paramos o carro, dois rappers estavam sentados nos degraus do lado de fora. Fares cumprimentou-os batendo neles com o ombro e fez um gesto na nossa direção. A única palavra que consegui discernir foi "futebol".

"Ah, é?", disse o cara com agasalho grande de capuz vermelho, em inglês. "Em Marselha, quando o futebol é bom, as pessoas ficam felizes."

Ele baforou a fumaça do cigarro e continuou: "Aqui o futebol e a música estão intimamente ligados. Os dois te dão a chance de dizer algo. Jovens chegam aqui vindos de todos os lugares do mundo. A música te permite expressar de onde veio, quem é, o que tem para provar."

Apagou a guimba do cigarro e segurou a porta aberta. Subimos as escadas até um estúdio de música de verdade. Eu nunca tinha estado em um antes e fiquei impressionada. A mesa de som cheia de controles e botões brilhantes. Uma divisória de vidro com um ar imponente. As pessoas ficam do outro lado da divisória quando estão prontas para cantar uma música que os outros desejam ouvir.

Os rappers, parte do selo Street Skillz, já tinham aberto um show para Soprano, o rapper mais famoso da França, mas dava para ver pela expressão deles que ainda queriam agradar. "Vamos fazer uma música *freestyle* pra vocês, estilo livre", disse o cara de capuz.

Colocaram os fones e ficaram atrás dos microfones. O cantor principal, um cara magro e baixinho de pele escura, pegou uma bola no canto da sala e ficou fazendo embaixadinha enquanto cantava. Com o pé direito controlando a bola totalmente, seus ombros se movimentavam de um lado para o outro, em sincronia com a batida da música.

Depois, vi Lamin conversando com o cara que jogou bola no canto da sala. Ele veio até nós. "Eles vão me deixar ficar. Talvez tenham trabalho para mim uns dois dias na semana", disse.

No estúdio, fizemos um jogo improvisado de dois contra dois. Pela maneira como arrastaram as cadeiras, ou pelo jeito casual com que tiraram do lugar os painéis do teto, dava para ver que isso fazia parte de sua rotina, como se o futebol fosse aquilo que os inspirava para a música, o que eu considero curioso, fascinante – o contrário daquilo a que estou acostumada: ouço música para me inspirar a jogar.

Quando eu tinha doze anos, fiz teste para o time do Florida Olympic Development, prendendo o número 1566 com um alfinete na perna direita do meu short Adidas vermelho. Usei uma camiseta com os dizeres SE VOCÊ NÃO PRATICA, NÃO MERECE SONHAR, e ouvia pelos fones de ouvido "I'm Your Baby Tonight", de Whitney Houston, guardando a letra bem no fundo do peito: "Whatever you want from me/ I'm givin' you everything."*

Mas não consegui. Fiquei observando os outros jovens com bilhetes de parabéns em tom rosa berrante pulando pelo gramado, enquanto eu estava sentada na grama de pernas cruzadas, ouvindo o técnico dizer aos que não foram selecionados "Vocês precisam sair daqui pensando que cometemos um erro", muito embora desse para ver pelo seu tom de voz que eles não cometiam erros.

Quando falei com ele, quando fiquei sob sua sombra, olhando para cima, tentando murmurar "Como posso melhorar?" sem chorar, ele disse: "Você corre de um jeito muito estranho para este nível." Deve ter dito outras coisas também, coisas mais gentis, mas só me lembro disso.

Voltei para casa e só ouvia a voz dele dizendo naquele tom falsamente piedoso: *Vocês precisam sair daqui pensando que cometemos um erro.* Eu passava meia hora todos os dias driblando latas de lixo, ouvindo o CD do Eminem do meu irmão no fone de ouvido (Whitney Houston tinha sido banida). Ia até a pista de corrida com o meu pai e treinava. Treinava com o meu time, com o time do meu irmão, e liguei para o time do ensino secundário, perguntando se podia treinar com eles também. Nos dias em que treinava em dobro, arrastava as latas de lixo para longe dos postes de luz e driblava no escuro.

FIQUEI PENSANDO um pouco sobre o nome "Street Skillz". Skill – em inglês, "a habilidade oriunda do conhecimento, prática, aptidão etc. para

* "O que você quiser de mim/ Vou te dar." (N.T.)

fazer algo bem". Eu confiava nas habilidades. Era um desastre em termos sociais, o tipo de menina de doze anos que queria tanto fazer amizades que não tinha nenhuma, mas, contanto que eu soubesse jogar, nada mais importava. "Todo jogador precisa ter uma caixinha de surpresas, os passes", nos disse o nosso treinador com seu forte sotaque de Trinidad. Um verdadeiro orador, ele sabia quando fazer uma pausa, como deixar as pessoas hipnotizadas. Às vezes os pais não conseguiam entender o que ele dizia, mas nós sempre entendíamos. "Você pode fazer uma mágica a qualquer momento. Estou falando do sobrenatural. Essas surpresas, esses passes são a sua assinatura, a sua especialidade, a sua armadura."

Um treinador não tem como saber qual de seus discursos vai fazer efeito, mas essa ideia da caixinha de surpresas... eu a absorvi imediatamente. Quando nos deparamos com o nosso último jogo em Marselha, foram essas palavras que ouvi na cabeça.

No começo, eram apenas jovens de dezesseis, dezessete anos, de bobeira numa quadra, revezando-se para chutar a bola na trave, exatamente aquilo que eu e Luke crescemos fazendo do outro lado do mundo. (Como será que isso acontece? Será que todos descobrimos isso sozinhos, pensando *E se eu acertar a bola na trave?*) Eram adolescentes cheios de atitude, com golas levantadas e perfume forte. Rostos do mundo inteiro – imigrantes de primeira e segunda geração. Um rapaz usava brincos gigantes de diamante falso. Eles se empurravam, roubavam os chutes uns dos outros, conversavam rápido em francês. Três deles ficavam ao redor de um celular que tocava rap alto, mexendo-se no ritmo da música. Pelo jeito com que tomavam conta da quadra – alguns sentados, outros de pé, alguns dançando, outros chutando a bola ou deitados com a cabeça apoiada na mochila –, dava para ver que estavam ali para ficar muito tempo, até as luzes se apagarem.

E aí eles começaram a jogar. A frequência com que acertavam o travessão devia ter me deixado desconfiada, mas os passes e fintas deles me deixaram ainda mais surpresa. Um pouco daquilo que vimos antes – lambretas, firulas, se agachar e fingir que está amarrando os cadarços e, em vez disso, mandar a bola pra frente –, mas a maioria era tão original que nós quatro voltamos mais tarde ao apartamento e tentamos reproduzir os passes, só de meia no assoalho de madeira, relembrando cada parte. Eles pediam a bola com vários *icis voilàs*, ditos com raiva – "aqui!", pronunciados com mais exigência e sentimento que os *icis voilàs* que eu ouvia na aula de francês. Um rapaz bateu com a cabeça na barriga de outro, de brincadeira. Eles usavam expressões em inglês: *"Oh, my goodness"*, gritavam quando um driblava o outro. *"Yes, lady!"*, gritavam quando eu pegava a bola. Um deles, um cara de óculos que fumava enquanto jogava, me disse: "Zidane, ele jogou aqui, *ici*, nesta quadra."

"Sério?", perguntei. *"Vraiment?"*

"Não", respondeu, sorrindo.

O rapaz com brinco de diamante era quem se destacava, até o momento. Ninguém se movia como ele. Mais tarde, depois do jogo, os outros o fizeram dançar no ritmo do celular de alguém. Ficamos olhando enquanto ele batia com um punho fechado no outro, o corpo inteiro se contraindo e descontraindo, a melhor dança que já vi na vida. Os caras o abraçaram e gritaram quando ele terminou, bagunçando seu cabelo e enterrando-o no meio do grupo. "É um tipo de dança africana – eles sempre trazem coisas novas para cá", explicou um rapaz com tranças no cabelo. "A dança é o modo como ele se expressa. É por isso que ele adora dançar no campo, com a bola."

O que usava brinco de diamante apontou para Deus, para seus brincos e seu coração e disse, em inglês: "I LOVE YOU DANCE."

Outros caras também dançavam, e então a dança se transformou num rap *freestyle*, um show atrás do outro.

Quando o primeiro cara começou a cantar, o único verso que entendi – um verso que fez todos pularem e gritarem – foi *Prisonnier de ma passion/ appelle-moi Ingrid Betancourt* ("Prisioneiro da minha paixão,/ me chame de Ingrid Betancourt"). Ingrid Betancourt – uma mulher que concorreu à presidência da Colômbia e foi refém durante 2.321 dias, nacionalizada cidadã francesa... no meio do rap de adolescentes, numa quadra de futebol.

Yassar, um rapaz armênio, cantou a seguir, mexendo em sua corrente prateada enquanto aguardava o acompanhamento do celular. "Para a mi-

Jogo em Marselha, França. (Cortesia de Ryan White)

nha família em Marselha", disse. Assim que começou, dava para ver pela expressão dele e dos outros que cantava algo forte, cheio das emoções da adolescência, com o ritmo de alguém que tem o dom.

Mais tarde, achamos alguém para traduzir para nós o que ele cantou: "Perdido entre os bancos da rua e da escola/ centros diferentes/ Sempre me dizem que estou confundindo direitos e deveres/ Sem Cor/ perdido neste racismo/ Para eles, você é inferior se as suas raízes estão em outro lugar/ Os sonhos são meus pesadelos/ Já que meus sonhos estão mortos/ Perdido quando a derrota/ Os satisfaz/ Muitas vezes é preciso retomar/ A sorte que você tem para conseguir/ Perdido porque minha paixão excede/ o simples nível do prazer/ metas bem definidas/ ambições apressadas/ Perdido porque me criticam, não sou bom o suficiente e nem estou presente/ Vou até a neve/ Defendo meus direitos/ Perdido naquilo em que estou me transformando/ minhas crises de adolescência..."

Ele me comoveu. E o ritmo era tão bom que ficamos pensando se não era uma música popular que ele tinha decorado. Será que inventou aquilo na hora? Por que é tão difícil para nós acreditar que as coisas são de verdade?

EMBORA EU QUISESSE ficar naquela quadra para o resto da vida, estávamos atrasados para o nosso jantar com a família de Fares. A mãe dele havia preparado frango assado, bolinhos fritos com queijo de cabra, pão argelino feito em casa e docinhos franceses – a melhor refeição que tivemos. Ficamos sentados na varanda com velas acesas sobre a mesa, conversando sobre os nossos países de origem e o país onde estávamos. Quando agradecemos, eles disseram: "É assim que somos em Marselha. Todo mundo é bem-vindo."

Eu me recostei na beirada da varanda e fiquei olhando as luzes de Marselha, ainda relembrando o jogo. (Essa é uma das melhores coisas de jogar: você leva os jogos consigo, são pedacinhos de sensações que você pode reviver inúmeras vezes.) No fim, quando a luz do sol começava a fazer listras na quadra, um garoto estalou os dedos e gritou: *"Le foot et la fiesta!"* Jogou os braços em volta dos ombros de dois rapazes perto dele e apontou para o círculo. "Ele é Robinho, ele é Zidane, ele é Drogba e eu sou Eto'o. Somos o mundo inteiro."

11. Campos grandes e pequenos

1.

Roma – passamos por mulheres que prendiam o salto nas pedrinhas da rua e padres que andavam de lambreta, as batinas voando. Queríamos jogar no Vaticano. Tivemos essa ideia meio ilógica de que, se era possível jogar com prisioneiros na Bolívia, devia ser possível jogar bola com os sacerdotes.

Esse desejo surgiu quando descobrimos a Copa Clericus, em que padres em formação, vindos do mundo inteiro, jogam num campo que dá para a Basílica de São Pedro. Luke estava há semanas lendo sobre esses padres-jogadores. "O Cardeal Bertone – secretário de Estado do Vaticano – é devoto do *calcio*, do futebol. Ele acaba de comprar um time da Série C", contou na nossa sessão de dados factuais durante a viagem de trem. "Ele espera um dia ter um time profissional representando o Vaticano... o menor país do mundo."

Embora Luke tivesse enviado e-mails para todo mundo, do recepcionista ao próprio papa, ninguém havia respondido quando chegamos a Roma. A possibilidade de que, em algum canto, dentro dos muros da cidade, os sacerdotes jogassem futebol informalmente gerou várias dúvidas na nossa cabeça: será que jogavam pacificamente ou aproveitavam a única oportunidade que têm de se soltar? Será que jogavam sujo, com golpes baixos? Será que os homens de Deus eram muito competitivos?

Pombos ciscavam enquanto andávamos a esmo ao redor do Vaticano, com a bola de futebol na mão, perguntando a todos os padres de aparência cordial: "*Mi scusi, padre, lei gioca a calcio?*" Também conversamos com policiais que usavam quepe e blusa de gola alta vermelha (mais parecendo modelos da revista *GQ* do que policiais) e membros da Guarda Suíça, com uniformes bufantes que pareciam feitos com o tecido amarelo e azul de uma tenda de circo. Um padre quicou a bola com a mão como se fosse uma bola de basquete e nos disse o quanto adorava futebol, e aí todos percebemos claramente uma coisa: não tínhamos a menor chance de jogar bola dentro do Vaticano. Um oficial da Guarda Suíça bateu com o dedo na espada e nos disse, com um sorrisinho: "É quase impossível."

Agora, redirecionados para as escolas do seminário, achamos alguém para nos indicar onde ficava o campo de futebol. Chegamos numa enorme área de terra, com várias escavadeiras. O antigo gramado estava sendo substituído por um gramado de futebol. "Estamos na Itália. Vai levar um bom tempo", disse um seminarista.

Os padres, como ficamos sabendo, não são o único grupo ocupacional a formar times na Itália. Betsy Whitaker, que se formou na Duke em 1984, nos contou que havia times de cantores, advogados, políticos. Na sua cidade morava Cristiano Cavina, um autor recordista de vendas que jogava no time nacional de escritores. Depois de dois dias sendo barrados no Vaticano, partimos para Casola Valsenio, para nos encontrar com o escritor.

Dirigindo pela Toscana, era boa a sensação de sair da cidade, de se afastar do fracasso. Olhava para os morros cobertos de flores vermelhas selvagens, pensando o que a profissão diz sobre uma pessoa. Em seu livro *Futebol ao sol e à sombra*, Eduardo Galeano escreveu: "Diga-me como jogas e te direi quem és." Adoro essa frase. O que acontece quando pensamos nas carreiras que escolhemos, então? Será que é possível ver um cantor em campo e detectar um ar exuberante, a confiança e a presença de palco? Mick Jagger jogaria futebol diferente de John Lennon? Um advogado contestaria cada decisão do juiz? É possível dizer se um político é corrupto só pelo jeito como ele defende? Será que um escritor pensaria em excesso sobre cada jogada?

Em South Bend participei do time local dos estudantes de inglês. Nosso capitão nos mandava por e-mail versos sobre mitologia grega. Há dez anos o time não ganhava. Certa vez, depois que o nosso zagueiro, que usava óculos, tentou dar uma cabeçada na bola, o juiz teve de parar o jogo para que todo mundo ajudasse a procurar as lentes dos óculos na grama – bem o tipo de situação que se espera de um time composto por amantes da literatura.

Nossa estadia em Casola parecia uma montagem de filme romântico: dirigimos pelos Apeninos, passando por ciclistas que andavam tão lentamente que pareciam que iam cair. Nas ruazinhas de paralelepípedo, no centro da cidade, velhos parados sob os arcos das entradas de prédios centenários. Betsy, uma mulher cheia de energia, pequena mas musculosa e que tratava Ryan, Ferg, Luke e eu como se fôssemos amigos de longa data, nos fez sentar com suas três filhas na mesa da cozinha de seu apartamento, servindo vinho e macarrão, enquanto o vento castigava as árvores do lado de fora da janela. Uma tempestade começou a cair quando apanhávamos cerejas num morro. Ficamos vendo os relâmpagos ao longe. Abrigados num celeiro, ficamos ouvindo o som da chuva batendo no telhado de zinco enquanto eu sentia o ar quente que Luke soprava na minha nuca. Tomamos banho na banheira vitoriana de um apartamento de setecentos anos de idade, com paredes de pedra, propriedade de um homem chamado Biaggio, que estava explorando uma caverna em algum lugar, como nos informou Betsy. A sala parecia a de um mago: estantes enormes cheias de livros antigos; fotos em preto e branco da época em que Biaggio inventara uma bicicleta voadora, a cidade inteira comparecendo para ver a corrida inaugural; pinturas que incorporavam todo tipo de material, desde raízes retorcidas até gatos mumificados; centenas de facas fincadas na porta de madeira, parecendo a entrada de uma fortaleza.

À noite, nós oito passeamos pelas ruas sem nenhum carro. Ernie, o filho loiro de dez anos de Betsy, fluente em italiano, tinha um recital de música. Nos sentamos em bancos antigos, que estalavam, vendo pessoas de todas as idades se apresentando – tocavam piano, tuba, alguns cantavam. Dois homens sem experiência em canto fizeram um dueto no palco. Fazendo caretas e desafinando, pareciam se sentir muito ridículos. Mas, mesmo assim, terminaram a canção corajosamente. Fiquei sentada com os joelhos encostados nos assentos, totalmente absorta pela experiência de ser testemunha de primeiras tentativas. Isso era totalmente diferente do que faço, me apegando desesperadamente à única coisa que sei.

Depois do recital, encontramos Cristiano, o escritor, na pizzaria. Estava atrás do balcão, com uma faca enorme nas mãos, cortando com força e rapidez, a lâmina fatiando pimentões e cebolas. Ele não fazia o tipo de italiano com gel no cabelo e sapatos elegantes: tinha uma aparência desgrenhada – cabelo cortado rente, a sombra da barba por fazer no rosto. Levantou os olhos para nós e cumprimentou Betsy com um movimento de cabeça, mas continuou a preparar sua pizza, agora com os polegares trabalhando a massa. Eu podia ver o calor do forno de tijolos refletido em seu rosto enquanto ele tirava e colocava as formas.

Depois que Cristiano fechou a pizzaria e varreu o chão, nós seis – ele, nós quatro e Emma, a filha adolescente de Betsy – ficamos sentados no pátio, com uma jarra cheia de cerveja sobre a mesa de ferro fundido à nossa frente. "Eu não me vejo como escritor – sou um narrador. Só registro as histórias desse lugar", disse Cristiano. "Não quero ser nada além de *pizzaiolo*. Quando não faço pizza, escrevo. Quando não escrevo, faço pizza."

Sua voz era áspera, as palavras em inglês pronunciadas com certo ar de desafio, como se ele pensasse *Não é a minha língua e não consigo fazer o que quero com ela, mas vou falar em inglês mesmo assim*. Iluminado diretamente pela luz da lâmpada, esfregava a sobrancelha, fumando um cigarro atrás do outro. "Cresci na minha história. Sou como os meus personagens. Filho único, sem pai, pobre. A gente morava num conjunto habitacional. Eu jogava *calcio* das 6h da manhã às 8h da noite num terreno de cascalho. O tempo todo. O terreno ficava ao lado de uma videira mais antiga que o país de vocês. Vou mostrar a vocês."

Cristiano nos conduziu pelas ruas de pedra vazias. A torre do relógio estava iluminada pela luz da lua. Havia lamparinas acesas nos prédios de pedras de cor pastel. "Aqui é o lugar", disse, no meio de um terreno vazio. Ele chutou o cascalho, fazendo as pedrinhas voarem. "E esta é a videira." Era nodosa, retorcida, muito alta. Ele colocou o braço ao redor dela, como se fosse uma velha amiga, testemunha dos mesmos jogos, da mesma cidade, da mesma vida de que ele participou.

Jogamos com Cristiano no domingo, não no cascalho onde ele jogou na infância, mas num campo que parecia ter caído do céu no meio de duas montanhas. Não sei o que aconteceu com as pessoas que jogavam com ele, mas parecia que ele era o único que restava. Os jogadores em campo eram garotos de quinze anos que agora moravam ali. "Não é a mesma coisa. Eles não jogam como a gente jogava", confidenciou, apontando para eles. "São sofisticados, molengas. Jogam vídeo games, têm motocicletas. Para a gente, o futebol era a única coisa."

Cristiano usava uma camiseta com mangas cortadas (geralmente não gosto disso, mas ele parecia ter rasgado as mangas porque elas o atrapalhavam) e uma calça de moletom cinza escuro, com uma bainha dobrada, tipo gângster. Fiquei observando aquela bainha, pensando se aquilo era parte de seu esforço de combater o detalhismo da vida de escritor. Sua corrida de manhã, o jogo de futebol, fazer pizza – coisas físicas e honestas às quais havia se apegado para compensar as horas que passava absorto em sua própria mente.

O jogo era razoável – meio brando demais, como se todos soubéssemos que o futebol pode ser muito mais do que aquilo. Os meninos de quinze anos usavam chuteiras Nike e gel no cabelo. "Achei que os italianos falassem alto, fossem expressivos…", disse a Cristiano.

"O silêncio é por sua causa", respondeu ele. "Os italianos não jogam com mulheres." Parecia ser verdade – os adolescentes estavam incomodados, fazendo leves caretas –, mas também parecia que era por causa dele. Agiam de modo constrangido, como se pudessem se ver pelos olhos de Cristiano e tivessem o desejo repentino de abandonar tudo e passar o resto de suas vidas adolescentes em qualquer lugar, menos em campo.

Cristiano andava altivamente pela lateral, irritadiço, dando toques grosseiros mas precisos na bola, conseguindo que eles fizessem o que precisavam fazer. Roubou a bola dos caras mais novos e chutou com toda a força, movendo-se como alguém que jamais hesitava. Às 5h da tarde, saiu do jogo mais cedo, com um cigarro numa das mãos e uma jarra de suco de maçã na outra, indo para a pizzaria de seu tio.

NAQUELA NOITE, visitamos Cristiano em seu apartamento para registrar o homem que registrava. Como a maioria dos italianos, ele ainda morava com a mãe. Quando o vi reclinar-se e beijar o rosto da mãe, que estava com as mãos brancas de farinha preparando uma massa, fiquei pensando se todos nós não deveríamos morar com a mãe. "Cappelletti, a melhor *pasta* do mundo", disse, apertando o ombro da mãe enquanto ela cortava a massa na mesa da cozinha.

Cristiano tirou seu livro da estante da sala e sentou na cadeira em frente à mesa. "Vou ler o fim", anunciou, folheando para as últimas páginas. "Não escrevo livros de mistério. Não ligo."

Ele leu com a mesma voz áspera com que falava, só que seu italiano era mais suave, mais lento. Depois, fechou o livro. "*Finito. The end.*"

Ele nos serviu grappa e traduziu o significado, fazendo gestos com as mãos. "É a história de um velho que imagina o que dirá a seu neto... que existe um deus que protege os campos de futebol, algum tipo de mágica. Não os campos grandes – os pequenos, nas províncias." Com a cabeça inclinada para o lado, deu um sorriso tímido, como se estivesse nos contando algo pessoal, cheio de emoção: "O futebol lhe dá mais coisas do que você dá para ele."

Essa frase me impactou. Bebi a minha grappa – um negócio horrível – e fiquei pensando por que demorei tanto tempo para ver algo que é tão óbvio.

Em todas as partidas que joguei, desde a faculdade, têm algumas jogadas que me fazem sentir como se eu tivesse um dom momentâneo. Fico parada em campo, me perguntando: *Será que eu poderia ter sido uma grande jogadora?* Mas, por mais sucesso que eu pudesse ter tido, jamais teria deixado uma marca no futebol como ele deixou em mim. Ali, de pé na cozinha, todas as dúvidas não respondidas desapareceram por completo.

ASSIM, IMAGINO QUE SERIA FÁCIL prever que, um dia depois, sentada perto de um galão com uns vinte litros de Chianti (abastecido por uma bomba de vinho muito legal, que mais parecia uma bomba de gasolina), sentindo-me 100% satisfeita com tudo, abri um e-mail enviado por Stephanie Peel, que estava jogando futebol na Suécia: "Você ficou sabendo que a liga profissional americana vai voltar? Pensa em tentar participar?"

Luke, que percebeu que fiquei catatônica, aproximou-se por trás e mexeu no meu cabelo enquanto lia por cima do meu ombro. Fiquei olhando para o computador. Uma oportunidade, exatamente quando eu havia decidido que não precisava de uma. Fiquei irritada, eufórica, em pânico.

HÁ QUATRO ANOS, Ruud van Nistelrooy – o famoso atacante da Noruega e do Manchester United – saiu de férias e foi viajar pelo Blue Ridge Parkway, na Carolina do Norte. O tempo estava ruim – céu nublado e pouca visibilidade. Condições bem ruins para viajar de carro. Então, quando ele viu a placa do Holiday Inn Drive, saiu da estrada e resolveu esperar o tempo melhorar.

Enquanto tirava a mala do carro, notou uma pequena placa branca: CENTRO DE FUTEBOL DE SALÃO DE ASHEVILLE.

O Centro de Futebol de Salão de Asheville era um lugar difícil de encontrar. Era preciso passar pelo Holiday Inn Drive, pelo estacionamento do hotel, até chegar a uma estrada sinuosa e pouco iluminada, que levava a um depósito de paredes de lona que pareceria abandonado, não fosse pela pequena e quase imperceptível placa, com uma seta que supostamente apontava para um campo de futebol. Se você fosse Bobby Somerville, o gerente do centro, acharia que não havia a menor chance de uma estrela do futebol internacional aparecer na recepção.

Quando o homem alto, de cabelos castanhos e perfil marcante entrou no centro e explicou que estava de férias, dirigindo há um bom tempo, e queria jogar um pouco de bola para esticar as pernas, Bobby estava se preparando para ir para casa. Como Bobby não gostava de deixar ninguém na mão, e não porque achasse que estava falando com Ruud van Nistelrooy, concordou em deixar a quadra aberta meia hora a mais.

O primeiro chute de Ruud bateu nas luzes do teto. Bobby levantou da mesa e ergueu os braços, como se dissesse *Eu deixo você entrar e aí você destrói tudo na quadra?* Ruud encolheu os ombros e fez um gesto embaraçado de desculpas.

Cinco minutos depois, Mike Rottjakob, técnico do lugar, entrou. "Quem são esses caras?", perguntou ele.

"Não tenho ideia."

Mike saiu do escritório e voltou para a quadra, observando durante vários minutos antes de voltar à mesa de Bobby. "Acho que aquele é Ruud van Nistelrooy."

Os dois se debruçaram na mureta da quadra coberta e tentaram decidir se era mesmo possível que um dos maiores artilheiros do mundo estivesse jogando ali, na frente deles, em Asheville, Carolina do Norte.

"Ruud? Ruud van Nistelrooy?", chamaram.

Enquanto eu arquivava as fichas do time, a principal tarefa do meu emprego de meio expediente no centro, pedi para Bobby repetir a história. "Ele era muito tímido. Nunca nos respondia diretamente. Batia uma bola longe e dizia, brincando: 'Quem poderia lançar a bola assim?'"

Meia hora mais tarde, depois que Mike e Bobby ligaram para todos os jogadores que conheciam, Ruud van Nistelrooy estava jogando com qualquer um que quisesse se juntar a ele.

Por causa dessa história e do meu subsequente apreço por Ruud van Nistelrooy, quando Ryan, Luke, Ferg e eu apostamos dez dólares em quem venceria o Campeonato Europeu de 2008, eu escolhi os holandeses.

Ferg apostou na Alemanha; Luke ficou com a França (e disse que era culpa dos meninos de Marselha, que o convenceram de sua grandeza embora não tivessem Zidane); e Ryan escolheu os italianos. Não culpo Ryan por sua escolha. Como ele era antes de tudo um jogador de tênis, não devia saber que os italianos eram a seleção que todos amam odiar – simulações de falta dramáticas e caras de choro, nada que alguém em sã consciência gostaria de apoiar. Ainda não perdoei a Itália pela teatralidade que levou aos questionáveis pênaltis na Copa do Mundo de 2006, trapaceando contra os australianos nas oitavas de final e contra os Estados Unidos na primeira fase, tampouco o jeito como Materazzi insultou a irmã de Zizou e então se jogou no chão. Alguns países ensinam que simular falta faz parte do jogo, outros não.

Claro que, estando numa sala cheia de italianos, guardei essa opinião para mim mesma.

Chegamos a Arezzo e descobrimos que a escola de arte onde íamos passar a noite não tinha uma televisão que funcionasse. Deixamos as malas e entramos no carro alugado, procurando uma televisão pelas ruas, o que geralmente é fácil de achar quando a seleção nacional está jogando. Mas não era possível chegar ao centro de carro. Era uma caminhada de vinte minutos, e não tínhamos esse tempo. O único bar nos arredores da cidade estava fechado, a porta totalmente abaixada. Mas era possível ouvir ruídos lá dentro.

Ferg e Luke bateram no alumínio. Alguém abriu a porta até a metade. "Jogo?", perguntou Luke.

Agora, estávamos cercados de italianos que fecharam o bar para se concentrarem melhor na partida. Faziam muito barulho, mas não estavam felizes, já que a Itália perdia de 2 × 0.

Com a minha aposta liderando por dois gols, eu conseguia reagir sem deixar transparecer o ânimo. Mas, quando a Holanda fez seu terceiro gol, Rebekah, Luke e eu nos denunciamos, batendo palma. Os quatro homens à nossa esquerda lentamente viraram para nos olhar, com uma expressão de reconhecimento no rosto: tinham dado cerveja e comida para o inimigo.

Um homem grande, sentado na fileira de trás, levantou da cadeira e foi diversas vezes ao banheiro, trazendo água nas mãos e jogando na gente, como se fôssemos uma maldição da qual desejava se livrar.

Quatro dias depois, querendo ver um jogo do Campeonato Europeu de perto, fomos de trem para Innsbruck, na Áustria, onde os suecos enfrentariam os espanhóis.

Três horas antes de o jogo começar os suecos estavam pendurados nos sinais de trânsito vestidos com a bandeira azul e amarela. Suecos usando a coroa dourada de um herói nórdico, suecos com chifres de alce. Velhinhas suecas, suecas loiras e lindas com o penteado da Princesa Leia. Um cara de peruca amarela usava o que parecia ser uma versão improvisada da bermuda dos alemães – mas era o short da seleção sueca preso bem alto na cintura com suspensórios azuis e amarelos. Ele bamboleava e fazia uma dancinha enquanto andava por entre a multidão.

E aí surgiram os espanhóis. Homens em versões vermelho e amarelo do palhaço Bozo, vestidos de dançarinas de flamenco. Rostos pintados com as listras da bandeira. Quatro homens fantasiados meio de Super Homem, meio de Zorro: chapeu vermelho, máscara amarela, maiô vermelho, biquíni amarelo, meia-calça vermelha e bandeiras da Espanha amarradas no pescoço como se fossem capas. A cantoria, os pulos, as canecas de cerveja, as camisas dos times em todos os lugares. Todos se movimentavam juntos numa onda só, que tomava conta das ruas.

Eu segurava uma placa de papelão que dizia: PRECISAMOS DE INGRESSOS.

"Rá!", disse um homem usando um chapéu de feltro vermelho, batendo no ombro de Luke. "Todo mundo precisa!"

Um viking sueco e três Zorros espanhóis aguardam o início do jogo entre as seleções dos seus países no Campeonato Europeu de 2008, em Innsbruck, Áustria. (Cortesia de Luke Boughen)

Um casal de meia-idade, com aparência de americanos – shorts cáqui, camisa polo e óculos de sol – nos perguntou quanto estávamos dispostos a pagar.

"Duzentos?", arrisquei.

Ele deu um grito e colocou as mãos na cabeça. Sequer me respondeu, simplesmente foi embora.

Um homem de aparência misteriosa, silencioso, que falava sussurrando, abaixou a cabeça, olhou para o chão e murmurou: "Setecentos?" Euros. Ou seja, 1.100 dólares americanos.

Diante de uma quantia dessas, o negócio foi desistir. Não tínhamos chance. Abaixei o cartaz de papelão.

Luke comprou uma garrafa grande de cerveja por três euros de um cara e pegou o meu cartaz. Deixou o cartaz apoiado no ombro enquanto fomos empurrados na direção do estádio, com o som das cornetas, do canto, dos tambores e da bagunça ao redor.

Um homem com o chapéu do Peter Pan e uma camisa da Espanha fez um sinal para nós. Luke viu uma brecha em meio à multidão e saiu correndo. O Peter Pan tirou dois bilhetes do bolso de trás e explicou que seus amigos tinham um ingresso extra e ele queria sentar com eles. Tinha dois ingressos para vender e, como já era quase hora do jogo, disse que vendia os dois por 200 euros cada.

Nós hesitamos, de pé no meio da rua, pesando o lado positivo – conseguir entrar num jogo do Campeonato Europeu, uma oportunidade única na vida – e o negativo, a grande quantia de dinheiro que teríamos que desembolsar, fosse um preço justo ou não.

Peter Pan se afastou um pouco de nós, já que não queria se separar dos amigos. Em comparação com setecentos euros, duzentos era uma pechincha, difícil recusar. "Está bem, vamos", eu disse. Corremos pela rua, colidindo com suecos vestidos de galinha e espanhóis de macacões de poliéster, tentando achá-lo, os olhos em busca daquele chapeuzinho verde. Dez minutos depois, diminuímos o passo. Ele havia sumido.

Mas, a uns cem metros de distância do estádio, por pura sorte, o fluxo da multidão nos empurrou na direção dele, o verde do chapéu se destacando entre os cabelos castanhos das cabeças ao redor. "Te achamos!", eu disse, agarrando seu ombro e girando-o. Ele sorriu, me reconhecendo. "*Sí, sí*", disse, apontando para o estádio. Luke explicou: queríamos os ingressos.

Nós nos protegemos no umbral de uma entrada, longe do empurra-empurra da torcida. Entregamos quatrocentos euros a ele; ele nos entregou os ingressos. Agarrei o antebraço do homem e disse: "Muito, muito obrigada."

Seguimos rumo ao estádio, e agora a sensação trazida pelo burburinho do jogo era ainda melhor, já que íamos assistir à partida. Eu estava de camiseta com um tom de azul quase igual ao da bandeira sueca e Luke vestia sua camiseta vermelha, representando a Espanha. Achamos uma tinta amarela no chão e passamos nas bochechas. Festejávamos com suecos e espanhóis bêbados, que colocavam os braços nos nossos ombros e berravam sua cantoria para nossa câmera. Os gritos da torcida nos meus ouvidos. Vimos o ônibus da seleção da Suécia chegar mais cedo, todo mundo batendo nas laterais, os jogadores conseguindo entrar.

Enquanto um sueco gordo de bigode loiro colocava o braço ao meu redor e pulava, pensei nos meus contatos com seleções. No último ano da faculdade, a técnica de outra universidade me disse "Parabéns!". Esperei para ouvir por quê.

"A seleção feminina sub-20. Você conseguiu."

"Não, não fui eu", disse, sorrindo, atônita com a crueldade de estar ouvindo uma coisa que sempre quisera ouvir, mas que não era verdade.

"Tenho certeza que é você. Alyssa me disse. Ela viu o seu nome, Oxenham."

De pé no escritório do técnico, segurei as alças da mochila e tentei me concentrar em manter as expectativas baixas. Fui até o furgão sentindo os braços arrepiados. Muito embora dissesse a mim mesma para não acreditar, parte de mim se agarrava àquilo e não queria largar. À noite ela ligou para me dizer que havia cometido um engano.

Não foi a primeira vez que fui enganada. Durante a primavera, no meu primeiro ano de faculdade, consegui ficar entre as finalistas com menos de dezoito anos. Oxenham, o meu nome, apareceu na lista da seleção dos Estados Unidos: fiquei olhando aquela lista a manhã inteira e, à tarde, fui a uma consulta médica. Fui flutuando, mal conseguindo lembrar que consulta era aquela, mal percebendo a dor chata no meu pé. Ouvi o médico falar sobre uma lesão no ligamento – dizendo que, se eu continuasse a jogar, meu pé ficaria destruído, que quanto mais cedo eu operasse, melhor.

"Você vai ter outra chance", disse meu técnico, mas fiquei de muleta e com um pino no pé durante seis meses, e tive que esperar mais dois anos até estar completamente curada. E aí me formei, no mesmo ano em que a liga profissional parou de jogar. "E foi isso" – fecho que se ouve no mundo inteiro. Em todos os lugares, jogadores que chegam perto do sucesso contam histórias sobre pernas quebradas, acontecimentos inoportunos, desdobramentos inesperados do destino. Alguns dizem tudo isso logo de cara: querem que a gente saiba logo. Outros contam depois de algum tempo, cabisbaixos, com vergonha do orgulho e da autocomiseração que ouvem em suas próprias vozes.

"A vitória será nossa!", gritou um espanhol no meu ouvido, segurando a ponta de uma bandeira do tamanho de uma sala, que se enchia feito um paraquedas sobre nós. *"España! España! España!"*

Na entrada, umas dez catracas com gente recolhendo os ingressos. Nós nos despedimos de Ryan e Ferg. Íamos entrar e eles ficariam do lado de fora, e me senti mal por isso. A lógica do grupo foi que, em algum momento, talvez fosse bom ter uma cena de Luke e eu no estádio. Então, Ferg colocou a câmera na minha bolsa, me deu instruções de última hora e finalmente partimos rumo ao portão do estádio.

Conseguimos esquecer a culpa de deixar Ryan e Ferg para trás e sorrimos um para o outro quando a mulher com uma viseira com as palavras "Euro 2008" pegou nossos ingressos e disse: "Só um minutinho." A princípio, não sentimos nenhum pânico – esperar faz parte da fila. Mas logo essa espera parecia ser algo mais pessoal, como se fôssemos os únicos a ficar aguardando.

A mulher falou rápido em alemão no *walkie-talkie*. Luke e eu nos entreolhamos, as sobrancelhas erguidas. E aí ela virou para nós, percorrendo os dedos pelos ingressos. "Olha só, eles são grossos, grossos demais." Apontou para algo escrito em letras bem pequenas. "E aqui deveria ser *Coke Side of Life*. No ingresso de vocês diz *Cake Side of Life*. São falsificados." Ela deu uma risadinha, como se aquilo fosse de fato engraçado.

Luke e eu pensamos nos nossos euros perdidos e no jogo que não veríamos... quando avistamos um grupo de fortes policiais austríacos vindo na nossa direção. E aí lembramos que revender ingressos não é atividade totalmente dentro da lei. Não sabíamos exatamente que parte do processo era contra a lei – comprar ou vender – mas, quando perguntamos se estávamos em apuros, a mulher disse "Ah, sim", como se estivesse surpresa por não sabermos.

A música que vinha do estádio parecia um tema de filme da Disney, com xilofones e órgãos tentando passar um ar de encanto e magia. Foi isso que ouvimos quando entramos pelo portão, passando pelo jogo, indo para o escritório da polícia.

Na delegacia, cobri o rosto pintado de amarelo com as mãos e me apoiei em Luke. Tentei pensar se existia alguma maneira de fazer a nossa história soar inocente, um incidente de pouca importância. Os pensamentos voavam, mas não consegui pensar em nada. Uma moça com excesso de rímel olhava para a gente, esperando, então resolvemos simplesmente contar o que aconteceu. Luke estava dizendo "um espanhol com chapéu de Peter Pan", quando vi Ryan e Ferg, que aparentemente perceberam o que havia acontecido conosco, entrando na sala... para nos salvar.

"Como vocês conseguiram entrar?", sussurrei para Ferg.

"Dissemos a eles que filmamos o Peter Pan."

Aparentemente, a Áustria tem centenas de policiais à paisana que se misturam à multidão, segurando cartazes de papelão iguais ao nosso, tentando pegar os homens que se aproveitam de paspalhos inocentes como nós. Eles passaram o dia inteiro assim e não conseguiram nada, então a cena em que eu agradecia efusivamente ao Peter Pan era algo que eles muito cobiçavam.

Eles analisaram a cena num programa de computador sofisticado. O policial clicou duas vezes no rosto do espanhol, aumentando-o: lá estava ele, o homem que estavam procurando. Agora, só precisavam encontrá-lo no meio de mais de 60 mil pessoas.

Enquanto éramos levados pelos fundos do estádio, ouvíamos os urros da torcida cada vez mais altos, e depois diminuindo, como se fosse uma grande expiração. Luke e eu nos entreolhamos, mas só pensávamos no campo, imaginando o que podia ter causado aquele som – talvez um ataque perdido, talvez um passe enfiado de Xavi para Torres. Saímos pelo portão e olhamos para trás. "Estávamos tão perto", eu disse. E tão longe.

O QUE ACONTECEU A SEGUIR pareceu um sinal. Estávamos sendo conduzidos para fora do estádio, andando por um corredor dos fundos, uma entrada de serviço que levava ao estádio. Havia um alambrado, um campo gramado, sons de gente jogando. Chegamos perto e o que vimos foi, à esquerda, uma fileira de trinta ambulâncias e carros de bombeiro estacionados; à direita, homens e mulheres com uniformes de paramédico e

Do lado de fora do estádio em Innsbruck, partida de paramédicos e bombeiros. (Cortesia de Luke Boughen)

bombeiro, jaquetas fluorescentes com listras refletoras, jogando futebol, correndo pelo campo, rindo e gritando. A cem metros dali, a Espanha jogava contra a Suécia. Enquanto não ouviam chamados pelo *walkie-talkie* para resgatar algum jogador ferido ou fã bêbado, ficavam ali, correndo pelo gramado com suas botas pretas e pesadas.

Ficamos olhando feito bobos pelo alambrado para aquela partida informal que jamais teríamos visto se não tivéssemos sido impedidos de entrar na partida oficial.

2.

"Só podia acontecer mesmo com um americano", disse Erich Braun, um alemão que jogou com Luke na faculdade, depois que contamos a nossa história dos ingressos falsificados, enquanto íamos da estação de trem até sua casa, em Rödermark, um subúrbio de Frankfurt. "Só um americano não saberia que precisa tomar cuidado com essas coisas."

"A fonte era pequena, muito pequena", disse Luke, colocando as mãos sobre os olhos. "Pelo menos pegaram o cara – aquele chapeuzinho verde ajudou. E recuperamos o nosso dinheiro."

Naquela noite fizemos churrasco de linguiça e bebemos Franziskaners enquanto Luke e Braun compartilhavam suas lembranças: Braun, um moço bem-nascido de classe alta, gostava de jogar duro, mandando Luke, que era calouro, de volta para o vestiário para recuperar o fôlego; o pessoal do time da Notre Dame cobrava uma multa de dois dólares de qualquer um que demonstrasse afeição em público com beijos ou abraços, e os caras se escondiam no meio da moita para pegar os colegas com suas namoradas. "Minha namorada já estava desconfiada de mim, já que eu estava a milhares de quilômetros de distância, numa faculdade americana. E aí ela veio me visitar e eu nem pude segurar na mão dela", contou Braun.

Às 8h vimos o jogo da Alemanha contra a Turquia, na semifinal. "A rixa é grande – a população turca aqui é imensa", disse Braun. "Deve ser parecido com a relação que os Estados Unidos têm com o México."

Braun se serviu de mais cerveja e continuou: "Alguns dos caras com quem joguei estão na seleção, jogando nesses grandes campeonatos, em frente a essa gente toda. E eu me pergunto: por que eles estão na TV e eu aqui?"

A reclamação de Braun me era familiar. Acho que todo jogador se pergunta o que houve; é sempre difícil saber se seu talento acabou de vez ou se você deixou de acreditar em si mesmo.

"Meu plano era jogar durante dois anos na Notre Dame e aí virar profissional – lembra como eu estava em boa forma na faculdade? Digo, pelo menos para o meu nível." (Braun era o típico atacante estrelinha que sempre quer a bola, que faz todos os gols e corre o mínimo possível.) Ele fez um gesto com as mãos. "Eu perdi velocidade, fiquei lesionado. Eu era o melhor e não consegui, e agora não sei mais."

"Você já perdeu as esperanças de se tornar profissional?", perguntei, ávida pela resposta, como se ela pudesse me ajudar.

Braun balançou a cabeça com a mandíbula relaxada, fazendo-a tremer. "Estou velho demais – é impossível. Meu corpo dói. Estou feliz onde estou. Jogo num time. Mesmo com vinte quilos a mais, ainda sou bom para o meu time", disse. "Mas vocês... Quantos anos vocês têm? Vinte e cinco? Vinte e seis?"

Nós assentimos, ele também. "Bom, vocês estão naquele ponto em que precisam decidir se vão continuar tentando ou não. Mas eu já tenho 29, já estou chegando na fase em que você se pergunta 'Será que penduro as chuteiras?'. Porque não posso mais fazer o que eu fazia. Percebo que estou piorando e penso: 'Será que devo continuar jogando só pela diversão ou desistir de vez?'"

Na TV, a seleção da Turquia fez o primeiro gol, a Alemanha empatou e tomou a dianteira, e aí a Turquia fez mais um. A Alemanha ganhou na prorrogação. Depois do gol de cada time, ouvíamos as pessoas comemorando – o som da cantoria e das buzinas entrando pela janela de Braun.

Quando saímos para jogar no dia seguinte, Braun ainda estava sob efeito da névoa da nostalgia. "A gente costumava jogar todo dia depois da faculdade – chegava em casa, largava a mochila e ia para o campo", disse, enquanto andávamos por uma estradinha de tijolos com chalés recém-pintados e floreiras nas janelas, parecendo um cenário de fábula. Braun estava com uma bolsa de palha pendurada no ombro, o que lhe dava um charme antiquado, algo que uma bolsa esportiva preta da Nike não transmitiria.

"O barbeiro morava aqui", disse, apontando o chalé à nossa direita. "E aquela era a casa do Jimmy. Eu batia na porta, ele falava com a mãe dele e a gente saía." Agora ele não estava mais relembrando seus jogos com colegas de campo; estava apertando os botões do celular, enviando uma mensagem com informações sobre como chegar para seus amigos Toby, Til e Kevin.

"Cara, estou tão animado. Faz anos que não faço isso", disse Braun, quando chegamos ao campo. "Hoje em dia, todos os campos ficam trancados. Tive que conseguir uma chave."

Ao abrir, o portão arrastava na estrada. Entramos no gramado bem cuidado. Braun e Luke carregaram os gols até as linhas de fundo. "Da última vez em que viemos aqui, sabe o que aconteceu quando eu dei o primeiro toque na bola? Torci o pé", contou Braun.

Sentei num banco e amarrei os cadarços do meu Asics, vendo os meninos brincarem uns com os outros, me amaldiçoando mentalmente por ter deixado as chuteiras em casa. Na América do Sul, elas ficavam num bolso estratégico da mochila, mas eu nunca as usei. Como podia ter pensado que seria a mesma coisa na Alemanha? Fiquei imaginando Braun e os outros alemães descalços, correndo pela grama perfeita. Impossível. Eles precisavam mesmo das chuteiras, que estavam amarrando bem apertado.

Eu me inclinei, puxei a lingueta dos tênis e percebi que estava nervosa. Todos os amigos de Braun já tinham jogado profissionalmente; Kelvin, um cara negro e alto que chegou numa Mercedes, jogou na primeira divisão da seleção alemã. Éramos só seis, o que significava que não teria onde me esconder: se não jogasse bem, os outros perceberiam logo, logo.

Não sei se quero esse tipo de futebol. Tento não fazer generalizações sobre o estilo de um país – os brasileiros são criativos, os alemães são eficientes –, mas, de fato, penso um pouco assim. Em campo, os brasileiros e eu gostávamos da mesma coisa: o elemento-surpresa. (Gostavam tanto que pareciam quase distraídos, divertindo-se demais para se lembrar de partir para o ataque.) Os alemães não parecem gostar tanto assim de surpresas. Eu me perguntei se todas as coisas que os repórteres diziam na TV durante os jogos da Copa do Mundo seriam verdade: que seriam bons de lançamentos, passes, cobranças de faltas, em fazer faltas duras.

"Bem-vindos à Alemanha", disse Braun, depois de derrubar Luke na primeira jogada.

O jogo todo foi uma batalha masculina: eles grunhiam, empurravam, agarravam shorts, exaltavam-se, impelidos pela veia competitiva que todo atleta tem. Os shorts de Braun rasgaram na metade do jogo. Quando ele corria, o náilon branco balançava ao vento, deixando sua perna branca exposta.

Passar a bola – triangulando, ultrapassando a zaga, invertendo o jogo – me deixava frustrada. Se ninguém ia driblar, minhas chances de tirar a bola das pessoas ficavam bastante reduzidas. Geralmente, esse é o meu *modus operandi* nos jogos informais: tomo a bola de quem fica tempo demais com ela. (Na faculdade, colei uma citação da *Sports Illustrated* sobre dois defensores no meu armário do vestiário: "O que os dois tinham em comum era a obsessão com que perseguiam a bola.") Mas, aqui, Braun e seus amigos só queriam levar a bola para a frente. Quando Luke tentou algo um pouco mais elaborado, Braun disse: "Boughen, para com essa palhaçada." E quando a bola veio para mim, não tentei fintar, já que não queria arriscar num jogo em que ninguém arriscava.

"Melhor de três?", perguntou Braun, assim que o sol começou a se esconder atrás das casas.

Ele foi para perto de Luke e pediu a bola. "Vou pôr um fim nesse negócio agora mesmo", disse ao receber a bola. Mandou um chute longo que bateu na trave. Til pegou a bola e veio na minha direção. Quando ele deu um segundo toque na bola, ataquei, partindo para cima dele. Roubei a bola, corri para a frente e chutei. Geralmente não faço isso; não ataco nunca. Mas Luke fica sempre zombando da minha tendência de ficar driblando até ficar encurralada, de abandonar a jogada quando faz mais sentido tentar partir para o ataque, de fazer tudo menos tentar eu mesma fazer um gol. Então, parti para o ataque, fiz um gol e o jogo terminou.

Braun bateu com a mão na trave, e ouvimos o eco do metal vibrando. Ele foi para o gramado vazio atrás do gol, enfurecido, andando para lá e para cá, agitando as mãos no ar.

"Por mais que não tenha importância, ainda me importo", disse, enquanto voltávamos para casa. "Enquanto eu jogar, vou ligar." Ele ficou em silêncio durante alguns instantes e continuou: "Estou meio chateado com Til. Uma pessoa pode ficar surpresa por ver uma moça jogando futebol uma, duas, talvez três vezes, mas não durante duas horas inteiras. Faz alguma coisa, joga ela no chão, qualquer coisa!" Ele arrumou a sacola de palha nas costas. "Sabe, tenho uma teoria: quanto mais gordo fico, melhor jogo. Não consigo fazer aqueles passes sofisticados. Eu me atenho às coisas básicas. Dominar a bola, passar a bola e terminar a jogada sempre que possível."

"Existe um deus que protege os campos pequenos… os pequenos" – ouvi mentalmente as palavras de Cristiano enquanto saíamos do campo de Braun, e mais uma vez quando nos hospedamos com Balint e Butter num vilarejo de 250 habitantes na Hungria. Balint e sua mãe foram morar ali quando estavam fugindo do regime comunista.

Bebemos vinho caseiro e observamos a paisagem do interior da Hungria – parecia uma Toscana secreta –, enquanto Balint nos contava sobre as partidas que tinham acontecido ali há trinta anos.

Às quinta-feiras, jogadores dos três vilarejos da região – Szentbékkálla, Mindszentkálla e Köveskál – encontravam-se num enorme campo gramado, que ficava menor à medida que os jogadores iam ficando mais velhos, já que todo ano os gols eram tirados de lugar e colocados cinco metros mais para dentro.

Havia vovôs com rostos tão velhos quanto aquele que imaginei ao ler *Um senhor muito velho com umas asas enormes*, de Gabriel García Márquez. Também havia adolescentes: seis deles saíram de um fusca velho com a pintura descascada, música *techno* em alto volume escapando pelas janelas.

Além disso, havia também um menino de oito anos que usava uma camiseta de Cristiano Ronaldo. Assim como em Trinidad e Tobago e no Brasil, a geração anterior passava o futebol para a geração seguinte.

Quando o sol se pôs, percebi Ryan escondido atrás dos arbustos, com os cotovelos apoiados contra os ossos da costela, que é a sua técnica para deixar a câmera imóvel. Fui até lá para ver o que ele havia filmado e vi quatro jogadores andando em direção ao pôr do sol. Três deles caminhavam estrada acima e um ia lentamente na bicicleta, a mão segurando a mochila do garoto à esquerda. Testemunhei uma série de empurrões, o menino da ponta empurrando o do meio, que, por sua vez, empurrava o menino da bicicleta, que se desequilibrou e foi parar no meio do mato alto e depois voltou para a estrada. Dois deles, usando camisas da seleção brasileira, fizeram uma posição de ataque de brincadeira e desferiram chutes no ar, e depois continuaram a andar, indo embora.

Naquela noite, fomos dormir num *loft* usado para secar lavanda e amêndoas – com amêndoas espalhadas pelo assoalho de madeira ao redor de nossas cabeças. Deitada ali, senti a respiração regular de Luke na minha orelha, vendo aquela brincadeira ao pôr do sol e linhas laterais se deslocando em pequenos campos de futebol.

3.

Na Hungria, não conseguíamos pronunciar o nome da cidade, nem dizer "olá" ou "adeus", só agradecer (*Köszönöm*), porque Butter nos ensinara um truque mnemônico (é parecido com a pronúncia de *"cuss a gnome"**). Quando chegamos a Londres, nos refestelamos: podíamos ouvir a conversa dos outros no metrô, ler manchetes por cima dos ombros, saber o que estava acontecendo ao nosso redor.

Enquanto os americanos gostam de correr depois do trabalho, os ingleses parecem preferir jogar futebol. Vimos homens no metrô com chuteiras

* "Amaldiçoe um gnomo." (N.T.)

nos pés, bola na mão, a caminho de um "*kick about*", o jogo informal deles. (O termo "*pickup*" tem uma conotação totalmente diferente: é a abordagem às mulheres em bares.)

No nosso primeiro dia em Londres, no Regent's Park, participamos daquele que foi, até o momento, o jogo mais chato de toda a viagem. Ninguém fez piada, ninguém gritou, não havia raiva ou entusiasmo, só um ou outro jogador praguejando em voz baixa. O momento mais divertido foi quando um cara usando uma camiseta com a palavra CRAP ("merda") entrou correndo no nosso campo atrás de uma bola de *softball*. Jogar num *kick about* é tão divertido quanto pedalar na academia.

Luke nos informou que Eric Cantona, ex-astro do Manchester United, acreditava que os ingleses eram os melhores torcedores: se os italianos e os espanhóis vaiam quando as coisas não vão bem, os ingleses sofrem junto com você. De certo modo, dava para sentir essa abordagem no jogo de segunda: eles estavam ali, independente da chatice, leais ao jogo um bom tempo depois de ele já ter terminado.

Quando saímos do parque, ouvimos gritos em um dos cantos do gramado. Homens balançavam os braços, sinalizando. "Se vocês querem jogar uma partida interessante, é aqui", disse um cara apoiado numa bicicleta, nos observando.

Os jogadores eram iraquianos – a maioria curdos, alguns poucos sunitas. Aparentemente, estavam brigando para saber quem ia jogar em qual time. A gritaria parou durante um breve instante e Luke gritou: "A gente pode jogar com vocês?"

Isso pareceu deixá-los transtornados. Um homem usando uma bermuda amarelo-berrante cobriu o rosto com as mãos. "Não, não", disse, cheio de agonia na voz. "Hoje estamos completos. Volte amanhã. 7h da noite."

Voltar no dia seguinte quase sempre não dava certo, então não foi nenhuma surpresa quando chegamos às 7h da noite, na terça, e não encontramos ninguém ali. Ficamos circulando pelo parque, procurando em cada cantinho, lembrando de Paris, do fato de que, por pouco, quase perdemos um campo de futebol inteirinho. Conversamos com vários caras que confirmaram que os outros realmente jogavam ali, com frequência, mais para o fim do dia. Sentamos ao redor de uma árvore e esperamos, observando alguns jogos meio insossos, que reforçaram nossa vontade de jogar com os iraquianos.

Passei o tempo tentando imaginar como seria meu teste para a liga profissional. Parecia absurdo. Será que ia mesmo prender um número no meu short, como fiz quando tinha doze anos? Prender o cabelo num rabo de cavalo alto? Deixar meu travesseiro e minha mala no dormitório? Empacotar biscoitinhos e barras de granola? Sonhar novamente em ser profissional?

Eu tinha saído da faculdade há cinco anos. Eles me deram placas comemorativas, tapinhas nas costas, me disseram para achar uma vida nova. E eu achei: estudei teoria literária, fui a saraus, usei cachecóis, avaliei provas, comprei café todos os dias no posto.

Fiquei puxando gravetinhos na grama ao redor. Pensei no jogo em Marselha, no jogo na favela, no jogo na prisão. Talvez eu tenha melhorado, desenvolvido a visão que nunca tive na faculdade, absorvido um pouco da ginga que vimos em todos os lugares.

Fiquei de pé, tirei restos de casca de árvore da calça e comecei a fazer embaixadinhas com Luke enquanto parte de mim pensava na possibilidade de voltar a jogar profissionalmente.

No dia seguinte, estávamos mais uma vez sentados ao redor da árvore. O pedaço do gramado onde os iraquianos jogavam continuava vazio, mas ouvimos algumas vozes com sotaque britânico falando alto do outro lado do parque. Fomos até uma parte onde vimos uma mistura de caras branquelos e imigrantes africanos. Chegamos lá exatamente no momento em que estavam sendo invadidos por um jogo de *softball*. "Por isso que o time da Inglaterra é tão ruim", reclamou Dean, um londrino negro. "Não dá pra conseguir um campo porque tem um monte de gente jogando críquete, *softball*. *Softball*? Pelo amor de Deus."

Procuramos outro pedaço de grama. Eu estava tremendo de frio e resolvi puxar conversa falando do tempo.

"Estamos no verão, menina", disse Dean. "De onde você é?"

"Estados Unidos... Flórida."

"Um americano apareceu aqui uma vez. Um cara baixinho que disse que se chamava Woody. Levou uma semana até alguém reconhecê-lo: era Woody Harrelson."

"Sério?", perguntei. (Fico muito animada sempre que ouço falar de americanos famosos que gostam de futebol.)

"Ele vinha de bicicleta para o campo todo dia. Aparecia até quando estava chovendo horrores. Nunca perdia um *kick about*."

Disse a ele que, nos Estados Unidos, chamamos os jogos informais de *pickup*, pensando que talvez outras pessoas achassem essa variedade de termos tão interessante quanto eu.

"*Pickup*?", ele repetiu, com uma expressão desconfiada. "Parece coisa da *Playboy*."

Jogamos um futebol inspirado. Os caras ficavam dizendo "É o último gol"... Mas aí faziam mais um... e depois mais um... Depois, fomos todos até o bar mais próximo, para assistir ao jogo da Espanha contra a Alemanha pela final do Campeonato Europeu. Só havia espaço para ficar em pé, e esticamos o pescoço para ver as TVs no canto, assistindo aos homens cujas camisas estávamos usando.

A SEXTA-FEIRA foi o nosso quinto dia no Regent's Park. O parque estava vazio, já que os ingleses deviam estar comemorando o fim da semana de trabalho afrouxando suas gravatas nos pubs, em vez de ficar correndo num gramado. Estávamos mais uma vez encostados na nossa árvore quando percebemos um homem fazendo embaixadinha no mesmo lugar em que vimos os iraquianos. Um após o outro, eles começaram a aparecer.

O vento chicoteava o gramado, muito forte, nos impelindo para a frente quando nos dirigimos ao grupo. Esfreguei os braços e fiquei pulando no mesmo lugar. Um cara baixinho e atarracado, usando caneleiras sem meias e a mesma bermuda amarelo-berrante da última vez, gritou: "Olá! Vocês voltaram. É a gente que vocês querem. O melhor futebol da vida de vocês."

Com exceção de um marroquino, todos eram iraquianos. Como no outro dia, a maioria era curda e alguns eram sunitas.

Assim que o jogo começou, passei correndo pelo marroquino, que era igualzinho ao Pee-wee Herman. Ele exclamou: "*Madame!* Jogue devagar, por favor! Estou machucado."

Ryan o seguiu com a câmera. Ele colocou as mãos nos quadris e suspirou, falando perto do microfone: "Ela é boa... Não sou contra as mulheres. Gosto delas, adoro as mulheres, na verdade... Esse é o meu problema."

Descobrimos que os times estavam desequilibrados. "Vamos trocar!", gritou o homem de bermuda, chamando Luke para o lado dele, que era mais fraco. "Pagamos com petróleo iraquiano!"

Um cara careca de uns trinta anos, todo de branco, apareceu meia hora depois. "De onde vocês são?", perguntou.

Ciente de que meu país estava ocupando o dele, respondi: "Estados Unidos."

"Rá!", ele respondeu. "Fallujah contra Nova York!"

Depois do último gol, ficamos sentados embaixo de uma árvore, ainda aquecidos pelo jogo. Alguns dos homens trabalhavam na área de tecnologia da informação, outros em construção. Quando perguntei a um dos caras da construção como ele conseguia ter vontade de jogar futebol no fim de um longo dia de trabalho, ele deu de ombros e respondeu: "A minha felicidade é isto aqui."

Todos começaram a ir embora, o vento agora soprando gelado contra a nossa pele molhada. O marroquino exclamou: "Adeus, *Au revoir, Charra, Fiimaan illaah, Ma'a ssalama*!"

SAÍMOS PARA JANTAR com Ehman, o cara de Fallujah. Fomos a um restaurante iraquiano. Conversamos sobre o Iraque, os Estados Unidos e a Inglaterra, falando sobre os assuntos políticos não discutidos em campo. De nós quatro, eu era a que menos sabia. Invadimos o Iraque em busca de armas de destruição em massa, que não achamos. Os sunitas, os xiitas – sei que os dois grupos lutavam pelo controle do país, agora que havíamos derrubado Saddam. Mas isso era tudo que eu sabia, muito embora meu país estivesse ocupando o dele. Não sabia que, em Fallujah, sessenta escolas, 65 mesquitas e 36 mil dos 50 mil lares haviam sido destruídos durante a guerra. Ehman não falou muito sobre isso, apenas disse: "Estamos lutando para proteger a nossa terra." Mas depois li mais sobre o assunto, para não voltar ao campo e cumprimentar homens que fugiram de sua terra enquanto eu desconhecia o papel do meu próprio país no pesadelo por que passaram.

No sábado, nosso último dia em Londres, jogamos mais uma vez com Ehman. Alguns dos jogadores que não estavam na sexta não queriam jogar contra uma mulher. "É por causa da religião", explicou Ehman. Se eu me imaginava desafiando restrições opressivas de gênero, me sentia menos entusiasmada ao saber que era uma questão de desrespeito a crenças religiosas. Fiz um movimento afirmativo de cabeça e talvez até tenha dito "Sim, é claro"; fiquei só observando, ali do lado.

Mais para o fim do jogo, um homem de cabelos encaracolados vestiu uma calça jeans e botas de caubói vermelhas. Fiquei olhando para as botas. "Aah? Você gosta delas?", disse, girando o tornozelo enquanto colocava um cinto. E continuou: "Eu amo botas de caubói – tenho de sete cores diferentes. No meu país não há botas assim. Elas fazem eu me sentir uma pessoa diferente."

Fiquei ali, olhando para ele, pensando em todas as nuances de significado daquelas botas de caubói.

12. Jogo de dez minutos

1.

Sempre ficamos atentos aos gritos. Dos iraquianos em Londres aos senhores de idade no Brasil, os melhores jogos são marcados pela incapacidade de refrear as emoções. No geral, não são adolescentes gritando um na cara do outro; adolescentes acreditam que devem ficar na boa, fingindo para o mundo que há coisas mais importantes nas suas vidas. Mas, quando se está do outro lado da vida profissional, há certa complacência em relação ao seu comportamento. As partidas de noite, nos dias de semana, importam tanto quanto qualquer outra coisa na vida, ou até mais, e as pessoas param de se reprimir – então claro que berram até explodir se alguém disser que o gol não valeu, ou se alguém tentar roubar a bola nos dois últimos minutos do jogo.

Ouvimos esses gritos em todos os países, em húngaro, italiano, francês, português, alemão e espanhol, mas, quando estávamos numa quadra em Jerusalém e os gritos eram entre judeus e árabes, era uma tensão totalmente diferente.

Três grandes religiões têm raízes na Cidade Antiga de Jerusalém. Todos andam por ali como se pertencessem ao lugar. Enquanto passeávamos pelas ruas de paralelepípedos – vendo tapeçarias penduradas estufadas pela brisa, mulheres de burca, freiras usando enormes hábitos pretos, judeus hassídicos com chapéus de abas largas e cachos de cabelo compridos perto das orelhas –, tínhamos consciência da grandiosidade de sua história. A sensação era a de estar caminhando pelo lugar de onde o mundo inteiro saiu.

Na Cidade Antiga de Jerusalém, Israel, meninos jogando bola no Bairro Judeu... (Cortesia da autora)

Embora espaço e território sejam assuntos delicados em Jerusalém, cada bairro achou um jeito de ter sua quadra de futebol. No Bairro Cristão da cidade, meninos vestindo camisetas de time falsificadas, de Messi a Ruud van Nistelrooy, jogavam golzinho sobre as pedras claras. No Bairro Judeu, rapazes com quipá na parte de trás da cabeça jogavam num campo com vista para os túmulos do Monte das Oliveiras. No Bairro Muçulmano, jogadores ficavam num campo perto da muralha fortificada da Cidade Antiga. Mas só na sexta à noite achamos uma partida em que judeus e árabes jogavam juntos, embora os jogadores tenham logo se apressado a esclarecer: "Jogamos uns contra os outros, mas nunca uns com os outros."

Estávamos no Parque Gan Sacher, por volta de 10h da noite. Aqui, como nos nossos jogos em Malick, no Rio e em Paris, quem ganha continua em campo. E ganha quem fizer dois gols primeiro, ou quem estiver vencendo depois de dez minutos de jogo. É um jogo de alto nível: três dos jogadores apontaram para suas camisas, que tinham brasões de clubes, dizendo que jogavam na liga profissional israelense. A maioria dos jogadores era judia, muitos usavam quipás, camisas com colarinhos brancos e calças pretas. Também havia uma família de cerca de dez árabes. Ficavam contando piadas que ninguém mais entendia. Quando estava na quadra e fazia algum movimento, ou corria, ou tocava na bola, eles batiam palmas e assobiavam alto, gritando "Olé, olé, olé!".

Assim que o nosso time saiu de campo, Luke e eu ficamos sentados no centro da divisória, tendo só judeus do lado direito e do esquerdo só árabes.

"Vocês jogam muito aqui?", perguntei a um árabe barrigudo que falava um pouco de inglês.

"Estou aqui porque meu médico mandou", disse, dando tapas na barriga.

Recostados no muro de concreto, os árabes esperavam sua vez de jogar, mas tiveram que esperar pela vez seguinte ainda, pois outro jogo já tinha começado. Um cara com cabelo parecido com o do Michael Jackson tirou um cronômetro do bolso e ficou marcando o tempo. Ele exclamou algo e imagino que tenha dito que os dez minutos estavam quase chegando ao fim.

Assim que alguém fez um segundo gol e a partida terminou, os árabes entraram em campo. Mas um grupo de judeus também entrou, dizendo que estavam esperando. Ali, de pé, com os rostos muito próximos, os homens ficaram gritando uns com os outros até os árabes voltarem para o muro, tristes. Falaram para a câmera de Ferg:

"Diz pra ela que nós somos as pessoas mais maltratadas do mundo, não importa o lugar."

"Somos tratados feito merda... Só nos damos mal."

"Cuidado, pode ser que um deles entenda árabe."

"Aí talvez eles levem a gente com eles."

Um adolescente magrinho de óculos e quipá disse a Luke que era sempre tenso assim na quadra. Os acontecimentos do dia anterior deixaram tudo ainda mais tenso: na rua em que estávamos hospedados, um árabe pegou uma escavadeira de uma construção e virou diversos veículos, in-

... e no Bairro Muçulmano. (Cortesia de Ryan White)

clusive um ônibus. Um policial da fronteira israelense subiu no trator e o matou com um tiro. "No dia seguinte a um ataque terrorista, é muito difícil jogar com os árabes", disse o adolescente. Na noite anterior, a polícia precisara intervir.

Os árabes entraram na quadra na partida seguinte, mas perderam rápido, recomeçando seu ciclo de espera.

Mais para o fim da noite, Luke e eu estávamos num time com três caras judeus. Jogávamos contra os árabes.

Depois de dois minutos de jogo, Luke mandou a bola para dentro do gol e voltou andando para o centro do campo. Mas não havia rede, então nem sempre era fácil saber se tinha sido gol ou não. Meu amigo careca não acreditou que a bola tinha entrado. Os judeus acharam que entrou.

Embora tenha sido Luke a fazer o gol, embora ele estivesse no olho do furacão, gesticulando com o homem careca, essa briga não nos pertencia.

Talvez pertencesse se falássemos hebraico, mas não falamos, então ficamos ali, só olhando, meras testemunhas do conflito entre árabes e judeus.

Homens tomaram conta da quadra. Parecia uma rebelião: um mar de gente vindo da esquerda e da direita.

Alguns apontavam para dentro do gol, outros para fora. O menino magrinho de óculos gritou na cara do homem careca, que estava sendo segurado pelos amigos, que agarraram sua camisa. "Mas que porra é essa?", gritou um judeu, mas eu não saberia que ele era judeu se não tivesse me sussurrado: "Eu *não* sou árabe." Eu não tinha perguntado nada.

O barulho ficou absurdamente alto; eu nunca tinha ouvido tanta gente gritando ao mesmo tempo. Apinhados na pequena área, dedos em riste, rostos desfigurados pela raiva, a sensação era de que aquela briga estava acontecendo por causa de algo além do jogo, que os homens também gritavam por causa do ataque terrorista da véspera e da desconfiança eterna de amanhã.

Por outro lado, vimos essa briga de foi-gol-ou-não-foi pelo mundo inteiro. É sinal de que as pessoas estão envolvidas no jogo. Talvez eles sintam certo alívio em brigar por causa de futebol, em vez de brigar por conta da avassaladora história de crimes que os dois lados cometeram. No momento, o que os consumia era o desejo de saber se a bola tinha entrado ou não.

E então caiu a ficha de que estávamos gravando tudo. Dois grupos de homens vieram para cima de Rebekah. No resto do mundo, sempre recusamos exigências similares para ver o *replay* porque voltar o que gravamos antes de terminarmos a gravação nunca dá certo. Mas ninguém parecia ouvir Rebekah dizer não. As mãos já estavam na câmera, como se eles estivessem prestes a voltar eles mesmos. "Está bem", disse ela.

As cabeças se amontoaram perto da tela LCD até todos assistirem, mas depois o grupo se dispersou, ainda em desacordo: mesmo no filme não estava claro se fora gol ou não.

Já era meia-noite. Os homens estavam cabisbaixos, de ombros caídos. "Pênalti" – foi a palavra que consegui entender em meio àquele caos sonoro. Os dois lados fizeram um acordo. Um árabe alto foi até Luke e lhe entregou a bola.

Luke colocou a bola sobre o ponto pintado com tinta spray branca e andou para trás. O barulho sumiu. Ele olhou para o careca, começou a correr... e mandou a bola na trave, fazendo-a tremer.

Os árabes comemoraram. O homem com cabelo de Michael Jackson apontou para cima, para Alá.

Fora da quadra, Ryan e Ferg conversavam com os jogadores. Do lado árabe, um homem disse: "Não estamos aqui para criar confusão. Os problemas acontecem do lado de fora, não temos nada a ver com isso. Viemos para cá como jogadores, para jogar."

Do lado judeu, um homem falou: "Só tem uma quadra no centro da cidade. Os árabes são cidadãos como nós. Não podemos mandá-los embora. Pode parecer legal quando árabes jogam contra judeus e nada acontece, mas é tudo uma grande bobagem. As pessoas agem como se o futebol estivesse acima da política, acima de todas as tensões – tudo bogagem."

Do outro lado da quadra, Luke e eu ficamos encostados na balaustrada. Ele me cutucou e apontou com o queixo na direção de dois jovens perto de nós, um árabe e outro judeu. Eles mandavam a bola de um lado para o outro, contando quantas vezes conseguiam passar a bola sem deixar cair. Os judeus ficaram olhando, os árabes também, Luke e eu também. Talvez a troca entre os dois meninos não significasse nada, mas não acho que eu e Luke éramos os únicos na quadra esperando que ela representasse mais do que isso.

2.

Nenhum de nós queria ir para Israel sem antes ir à Palestina. Passamos pela fronteira num furgão branco, rumo a Ramallah, a cidade palestina mais próxima de Jerusalém. Fiquei esperando encontrar guardas fazendo a ronda e um posto de controle, mas esqueci que ninguém se importa com quem quer entrar na Palestina, e sim com quem quer sair. No sentido em que estávamos indo não há segurança, não há controle da fronteira, nada. De repente, estávamos na Cisjordânia.

A primeira vez em que ouvi falar na Palestina foi na sétima série, numa aula de geografia. Era a parte do mapa que todos cobiçavam. *A Cisjordânia.* O nome tinha um ar de realeza, como se fosse um pedaço de ilha onde há mansões. E então li um romance infantojuvenil que se passava na Faixa de Gaza, sobre a amizade proibida entre um menino árabe e uma menina israelense. No fim das contas, a Palestina era bem diferente do que eu imaginava. No livro, o país parecia pobre, arenoso, quente, e era assim que o imaginava, anos depois. Nas imagens esfumaçadas que via na TV, tudo tinha cor de areia.

Desembarcamos do furgão com outras pessoas: estávamos na praça central de Ramallah. Havia tanta coisa acontecendo que era difícil olhar para tudo. Carros e mais carros barulhentos circulavam na rotatória, e talvez esse tenha sido o primeiro movimento que percebi. Rotatórias me dão medo. Muito embora cada carro seja diferente, na minha mente é como se fosse o mesmo grupo de carros, girando e girando para sempre. No centro da rotatória, havia um cordão com bandeirolas coloridas e triangulares, do tipo que vemos nas corridas de carros, pendurado numa estrutura de ferro que parecia uma versão pobre da Torre Eiffel. Na base da estrutura, quatro estátuas de leão em tamanho real, dois sentados e calmos e dois de pé, com as bocas abertas, rugindo para os transeuntes.

Placas e anúncios de cores berrantes se destacavam contra os prédios brancos e cinzentos. Luke apontou para o nome "Stars & Bucks", com a fonte verde exatamente igual à de uma loja Starbucks. As fachadas das lojas se espremiam umas contra as outras, cada uma tão pequena que parecia estar diminuindo. Havia gente vendendo temperos, tecidos, *shawarma*, camisas masculinas e óculos de sol. (Vendedores de rua em todos os países vendem óculos de sol, muito embora os americanos sejam praticamente os únicos a usar.) A calçada estava cheia de gente. Um homem com um macacão vermelho, com as barras das calças enfiadas em botas brancas, carregava uma geringonça gigante acoplada às costas. Parecia um misto de narguilé, lâmpada do gênio e urna dourada gigante. Flores amarelas despontam na parte de cima. Trazia também, acoplada na base das costas, uma bandeja com uma pilha de tigelas grandes e uma torre de copinhos plásticos. Fiquei observando o homem até ver se minha teoria se confirmava: em menos de dez segundos, ele fez o malabarismo de girar a bandeja para a frente, apoiar-se num joelho, tirar das costas a geringonça dourada e colocar chá quente em um dos copinhos plásticos. A roupa, as flores, a máquina cheia de ornamentos – gosto de observar tradições que quase nunca têm a ver com turismo, já que, pelo jeito, éramos os únicos turistas ali naquela praça.

Mas Ramallah era mencionada no nosso guia da Lonely Planet sobre Israel. Eu tinha acabado de ler sobre as origens da cidade: os primeiros a chegar foram exilados cristãos, fugindo da perseguição religiosa. Fundaram seu lar nas ruínas de antigos castelos dos cruzados e trabalharam como agricultores e pastores. Era difícil imaginar essa cena rural ali, em meio àquela horda de gente. Em 1948, quando Israel se declarou um Estado e houve um êxodo em massa de 750 mil palestinos das cidades costeiras, Ramallah tornou-se a cidade fervilhante que é hoje em dia.

Muitas pessoas estavam de passagem, indo para outros lugares, mas muitas só ficavam por ali mesmo, observando a loucura. E foi com essas testemunhas de rua que achamos que precisávamos conversar. O problema era que não falamos árabe. Luke geralmente tem, na ponta da língua, uma frase sobre futebol, mas agora estava mudo. O alfabeto árabe é 100% indecifrável para nós, os termos com descrição fonética nas últimas páginas do nosso *Lonely Planet* não incluíam uma pesquisa sobre futebol e, por mais que Luke tenha baixado um *podcast* para aprender árabe, não conseguiu decorar expressão alguma.

Ele se inclinou para um grupo de homens, a mão no lado do rosto. Balbuciou "*hi*" às pressas (soou mais como "hhh", interrompendo a palavra no meio, com vergonha de usar a própria língua e não a língua deles). E aí bateu com a mão na bola e disse "*Football*".

Isso foi tudo o que Luke disse: *football*. E lá estávamos nós seguindo um homem de camisa e calça social pelas ruas. Contornamos o centro da cidade, entrando em ruazinhas estreitas que só não eram completamente silenciosas por causa do ruído das construções. Depois de abaixar para passar pela entrada de um prédio muito semelhante a todos os outros, nos vimos numa sala com uns dez adolescentes, reunidos ao redor de uma mesa de pingue-pongue.

"Olá!", disse uma garota, colocando a raquete sobre a mesa e vindo na nossa direção. "Quem são vocês? Eu sou Sireen", ela continuou, sem esperar pela nossa resposta, nos cumprimentando com um aperto de mão. Tinha grandes olhos castanhos, com cílios compridos. Usava um véu branco, uma camiseta de mangas compridas e jeans pretos, com um emblema de uma coroa dourada no bolso de trás. Quando disse meu nome, ela arqueou as costas e fez uma careta. "É muito difícil."

O homem que nos acompanhou ficou atrás de nós, mas não disse nada, talvez porque não tivesse explicação para o que exatamente estávamos fazendo ali. E essa adolescente, que falava em inglês com uma voz bonita e animada, parecia ser mais capaz de entender o nosso propósito ali do que ele.

Ela nos serviu refrigerante de laranja em cinco copinhos de papel e perguntou: "Por que vocês estão aqui?"

Como era estranho dizer que havíamos ido à Palestina para jogar futebol! De repente, não conseguia me lembrar se isso era mesmo verdade. Parecia indecente a ideia de ir a qualquer lugar do mundo em busca de futebol. "A gente gostaria de jogar futebol", respondi.

"Futebol?", ela exclamou. "Mas eu adoro futebol!"

"Ah, é?"

"Tenho um amor tão grande pelo futebol! Ah, vamos jogar." Ela bateu palmas e ficou de pé, dirigindo-se para os adolescentes ao redor num árabe bem rápido.

Ela saiu e os garotos foram atrás dela. Fui andando perto dela e de sua amiga, uma menina de camiseta de mangas curtas, sem véu.

"A sua amiga vai jogar também?", perguntei.

"Ela? Não. Sou a única menina que joga. Também sou a única menina que usa véu. Porque eu quero. Somos muito liberais na Palestina. Você pode fazer o que quiser." Ela deu um riso tímido e balançou a cabeça. "Não sei por que as outras meninas não jogam. Elas acham que é coisa de menino, sei lá. Mas, se eu fosse presidente, todas as meninas na Palestina jogariam futebol. É tão divertido."

Quando perguntei a ela como aprendeu a falar inglês tão bem, ela respondeu: "Ora, eu estudei, é claro."

Quatro meninos pegaram pedras grandes de um muro, empilhando-as para fazer os gols nas duas extremidades do estacionamento. Um caminhão delimitava uma das linhas laterais e a rua, a outra. O homem que conhecemos na praça também ia jogar, assim como um cara de uns vinte anos que imaginamos ser o responsável pelo centro comunitário (e que, percebi, usava óculos de sol, negando minha teoria). O restante eram crianças e adolescentes. O irmãozinho de Sireen, um menino de oito anos usando uma camiseta laranja com a palavra "*soccer*" [futebol], era o mais novo de todos.

O calor da tarde era do tipo que te tira toda a vontade de ficar correndo, mas ninguém dava o braço a torcer. Eram os sapatos sociais que impediam o nosso amigo da praça de jogar: ele apontou para os pés e balançou a cabeça, irritado com o fato de aquelas coisas pretas e brilhantes serem seus instrumentos para jogar futebol.

Sireen não ficava andando para lá e para cá feito uma menina que não conhece o jogo: tinha uma missão, e essa missão era entrar no jogo. Ela tomava a bola e ia em frente, com um forte instinto de drible. Quando me viu fazer minhas pedaladas, ela exclamou "oh!" e veio até mim, me segurando pelos pulsos: "Você precisa me ensinar!" Mostrei a ela uma vez e ela tentou fazer com o seu irmão, em frente ao caminhão. "Não acredito!", gritou, erguendo o braço e batendo com a palma da mão na minha.

Quando ela meteu a bola entre as duas pilhas de pedras, jogou os braços para cima. Veio até mim e colocou os braços sobre os meus ombros. "Eu gosto de vocês. Não quero que vocês vão embora", disse no meu ouvido. "Hoje à noite, vocês precisam ir lá para casa."

Sentados em dois sofás marrons perpendiculares, bebendo café com a mãe e os avós de Sireen, dissemos a eles que a filha deles joga futebol muito bem, colocando Sireen na embaraçosa posição de ter de traduzir o elogio. "Minha mãe diz que eu sou boa em tudo que tento fazer", disse Sireen, olhando para baixo. "Que eu sou forte e cheia de opinião. No mundo árabe, isso é surpreendente."

"A sua mãe já jogou futebol?", perguntou Luke.

A mãe de Sireen, aparentemente entendendo o sentido geral da pergunta, balançou a cabeça e o dedo com veemência.

"Você vai ter filhos logo?", Sireen me perguntou. "Ah, sim, acho que você quer ter logo, logo", continuou.

Eu ri e perguntei a ela o que queria ser quando crescesse. Ela não sabia, talvez trabalhar com computadores; talvez escrever poesia. Falamos sobre as diferenças entre nossas culturas, sobre vestimentas e expectativas. "Eu não gosto do que você está usando", ela disse, apontando para mim. Vesti, de propósito, uma calça jeans e a camiseta mais comportada que tinha, com mangas até o cotovelo e gola até o pescoço. Perguntei por que não. Ela deu de ombros, riu, falou que não sabia. Ferg contou à família que, em seguida, iríamos ao Egito. "Vocês vão me levar com vocês?", perguntou Sireen. "Eu quero ir. Um dia vou viajar o mundo inteiro igual a vocês. O Egito é muito quente. Minha mãe diz que você vai para lá branco e volta preto."

Ela soltou um suspiro profundo. "Talvez seja melhor vocês irem para o posto de controle da fronteira agora. É pior quando fica muito tarde. Mas não se preocupem. Os turistas não têm problema. Mas eu sei, eu sei, vocês não querem ir embora da minha linda Palestina."

Ela nos acompanhou pela rua principal para nos ajudar a achar um táxi que nos levasse até a fronteira. Já estava escuro. Ouvimos um estrondo numa caçamba à nossa direita. Ryan, Ferg, Luke e eu pulamos de susto. Um gato passou correndo. Sireen parou de andar. Ela virou e olhou para nós, erguendo as sobrancelhas, já rindo: "Vocês estão com medo de um gatinho?"

Ri com ela, mas depois fiquei em silêncio, porque, embora todos saibamos como a vida pode ser injusta, às vezes essa injustiça me pega de jeito. Como na vez em que ouvi um texano, num café em Mendoza, dizendo a uma mulher que tentava lhe vender um badulaque: "Eu NÃO entendo o que você está dizendo. Não, não, NÃO, não quero nada." Ou quando a mãe de Ronaldinha nos disse que queria que a filha viajasse e visse o mundo enquanto nós, naquele momento, estávamos fazendo exatamente isso. Ou quando Nenê falava sobre a diferença de oportunidades na vida dela e na minha. E agora, na Palestina, enquanto caminhávamos com uma menina de dezesseis anos cuja escala de medo era totalmente diferente da nossa.

Sireen deu a cada um de nós uma pulseirinha da amizade, prendendo-as nos nossos pulsos. "Agora vocês vão poder se lembrar de mim." Essa despedida foi ainda mais difícil que as outras.

No posto da fronteira, ficamos esperando numa fila dentro de uma espécie de jaula com barras prateadas, mais ou menos da largura de uma calha, com gente tensa atrás de nós e também à nossa frente. Ninguém conversava, se mexia ou sabia o que estava acontecendo.

Duas horas depois, a fila começou a andar. À meia-noite, as catracas prateadas, exatamente como as que existem nas entradas dos estádios, nos colocaram de volta em Jerusalém.

13. Última chamada

NOSSO VOO RUMO AO CAIRO saiu de Jerusalém às 7h45 da manhã. Ouvimos falar que os israelenses levam muito a sério a questão da segurança, então chegamos às 4h30, satisfeitos por chegar com mais de três horas de antecedência.

Funcionários das Forças de Defesa de Israel trabalhavam no aeroporto. Mulheres de vinte anos, enérgicas e bonitas, prestando o serviço militar obrigatório, nos faziam perguntas difíceis.

"São quantas pessoas no seu grupo?"

"Quatro."

"Algum casal?"

"Nós dois."

"Estão juntos há quantos anos?"

Luke disse "quatro" ao mesmo tempo em que eu disse "três". De repente, nos sentimos embaraçados, ficamos balbuciando, tentando esclarecer que, embora estivéssemos juntos há três anos, nós nos conhecíamos há quatro. A soldado nos encarou com uma expressão séria e colocou um adesivo com o número 2 na parte de trás dos nossos passaportes.

Ryan e Rebekah se saíram ainda pior. "Vocês não são um casal?" Não. "Mas eram antes?" Não. "Mas estão namorando?" Não. Aparentemente, é muito suspeito um homem e uma mulher viajarem juntos se não estiverem num relacionamento amoroso. O governo israelense não acredita em "somos só amigos". Os passaportes de Ryan e Rebekah receberam um adesivo com o número 5. Eles foram revistados durante meia hora, suas malas completamente desfeitas, e então percebemos que era bem melhor receber o número 2.

Quando tudo terminou, fomos até a área de segurança da bagagem de mão, acreditando que estávamos liberados. Luke e eu, sem pensar muito, nos dirigimos até uma das filas de checagem, deixando o suspeito casal número 5 "só amigos" à sua própria sorte.

Esperamos Ryan e Rebekah aparecerem. Depois de vinte minutos, esticamos os pescoços e vimos que agora suas bagagens de mão estavam sendo inspecionadas cuidadosamente. Luke e eu nos sentamos e ficamos olhando os jovens judeus de quipás, mochilas e malas de rodinhas passando. Depois de uns dez minutos, olhamos de novo e percebemos que Ryan e Rebekah haviam sumido. Um cara de mochila, usando uma camiseta com os dizeres MEAT IS ANIMAL MURDER... TASTY MURDER ["Comer carne é assassinato... um assassinato bem gostoso"] nos disse: "Mandaram os dois para o começo da inspeção." Que bom que tínhamos chegado com mais de três horas de antecedência.

A hora do embarque se aproximava cada vez mais, então nos dirigimos até nosso portão e dissemos à mulher na recepção que nossos amigos não haviam conseguido sair da inspeção.

"Não se preocupem, não decolaremos sem eles", disse ela.

A tela piscava a mensagem ÚLTIMA CHAMADA PARA EMBARQUE. Luke e eu ficamos nas pontas dos pés, ainda na esperança de ver Ryan e Ferg aparecerem correndo no corredor, com mochilas e malas chacoalhando. As moças conversavam em hebraico e eu aguardava pacientemente, até que a mulher que havia me prometido que tudo ficaria bem informou: "Certo, eu só queria fechar o voo antes de avisar vocês sobre o que aconteceu com os seus amigos. Uma das malas fez soar o alarme de segurança e precisou passar por uma investigação de 24 horas. Vocês vão ter de pegar um ônibus para o Cairo."

Do outro lado do aeroporto, Ryan e Rebekah haviam passado as últimas duas horas sendo questionados, o conteúdo de suas malas de mão despejado no chão da sala de investigações. Embora tivéssemos duas câmeras idênticas, só uma delas fez soar o alarme da máquina de raios X. "Talvez, se passasse de novo, não acionaria o alarme", informaram os policiais a Ryan e Ferg. "Mas agora precisamos investigar para ter certeza."

Como nossas malas já estavam no avião e, de acordo com a segurança, não poderiam ser retiradas de lá, Ryan e Ferg rabiscaram um bilhete para ser entregue a nós, dizendo que embarcássemos sem eles. Nunca recebemos esse bilhete. E aí os seguranças decidiram que sim, *dava* tempo de tirar nossas malas. "Vocês gostariam que seus amigos saíssem do voo também?", perguntou um funcionário da companhia aérea. Como nunca recebemos nenhum bilhete dizendo que poderíamos embarcar, não havia nenhuma necessidade de ninguém sair de avião algum.

Achamos inacreditável que não nos deixassem embarcar e mesmo assim não nos hospedassem num hotel, nem conseguissem outra companhia área e nem reembolsassem o valor das passagens. A máquina de raios X tinha resolvido chiar e agora precisávamos sair de Israel.

Ao examinar a rota do ônibus, descobrimos que não poderíamos passar pela fronteira, porque as rotas por terra exigem outro visto. Todos os voos da Royal Jordanian para os próximos três dias estavam lotados. Se não conseguíssemos convencer os policiais a não fazer uma investigação de 24 horas e a nos deixar embarcar no voo da noite, já era.

"Talvez se vocês fossem judeus, ou se o perfil de segurança de vocês fosse um pouco diferente, ou talvez se tivessem um número 2 em vez de um número 5, já teriam embarcado", disse Gabby, um funcionário da Royal Jordanian, para Ryan. "Acho horrível o que estão fazendo com vocês. Isso faz com que os turistas não queiram voltar ao nosso país."

Depois de umas cinco ou seis horas, alguém aparentemente resolveu decidir que Ryan e Rebekah não eram terroristas, afinal. Os seguranças concordaram em fazer uma investigação menor e envolveram às pressas a nossa câmera em filme plástico. "Devolveremos a câmera no portão de embarque."

Às 5h da tarde, estávamos sentados no portão de embarque. A tela novamente piscava com a mensagem ÚLTIMA CHAMADA PARA EMBARQUE. Ninguém apareceu para entregar a nossa câmera. Nossas malas agora estavam mesmo neste voo, então Luke e eu decidimos ir na frente e embarcamos.

"Certo, pessoal", anunciou o piloto. "Já estamos prontos para a decolagem, só estamos esperando dois passageiros que estão presos na segurança". Passaram-se mais dez minutos. Luke e eu ficamos olhando pela janela, torcendo para que eles aparecessem. Vimos um utilitário preto aparecer no canto e parar. Ryan e Ferg abriram rápido a porta dos passageiros e correram em direção ao avião.

"Gabby estava fazendo o possível para conseguir a nossa câmera, correndo para lá e para cá, o vento desarrumando os fios da sua careca", disse Ryan, deixando-se desabar no assento. "O nosso carro corria pelo aeroporto... Quase catamos um canteiro... Os pneus cantando. Parecia uma cena de *Coragem sob fogo*."

A comissária de bordo entregou a ele um suco de laranja gelado, deu-lhe um tapinha no ombro e disse: "Agora você pode relaxar."

No egito, as coisas foram mal. Mais uma vez, nos hospedamos na casa de um amigo de um amigo, mas dessa vez o amigo do amigo acabara de se divorciar e seu tempo estava totalmente voltado para esse novo caos em sua vida. Ele se desculpou e nos deixou, à meia-noite, perto de um apartamento vazio nos arredores do Cairo. Quando entramos, baratas voadoras davam voos rasantes pela sala. Sou do norte da Flórida, mato baratas sem pestanejar, mas, neste caso, não eram só uma ou duas baratas que resolveram sair das sombras. Era uma infestação. Em quantidade grande o suficiente para que não soubéssemos quantas havia. Elas apareciam do nada no nosso campo de visão. Andamos com as mãos abanando o rosto, fechamos as janelas e partimos para o ataque. Quinze minutos depois, percebemos que não dava para ficar com as janelas fechadas. Lá fora, a temperatura era de uns 38 graus. Não tínhamos ventiladores e nem ar-condicionado. Com as janelas fechadas, estávamos assando ali dentro.

Com as janelas abertas, os mosquitos atacaram em massa. Ficaram a noite inteira zunindo nos nossos ouvidos. Dormimos num colchão sem lençol, usando agasalhos de moletom quentes, apertando o capuz ao máximo ao redor do rosto, para que os mosquitos só tivessem os nossos olhos como refeição. Acordei molhada de suor, coçando as picadas que, de alguma maneira, conseguiram fazer no meu rosto, sacudindo uma barata da minha perna. Ouvi alguém vomitando no banheiro. Virei para a esquerda e percebi que Luke não estava mais do meu lado.

Coloquei a mão em suas costas enquanto ele vomitava no chuveiro. Quando ele se deixou cair no colchão, uma hora depois, entrei na cozinha e vi quatro tigelas – três cheias de repolho e uma vazia. "Algum bicho no repolho", ele disse.

Estávamos sem água, a privada não funcionava e o apartamento inteiro fedia a vômito. Por volta de meio-dia, saímos para o centro da cidade em busca de um banheiro. Chegamos numa época ruim do ano, quente demais para ser agradável, então éramos os únicos turistas. Vendedores apareceram em bando ao nosso redor, lutando um contra o outro, precisando do nosso dinheiro para ganhar a vida.

"Um banheiro, é isso que vocês estão procurando?", perguntou um homem de turbante branco. "Venham comigo."

Ele nos conduziu até um corredor silencioso, a algumas ruas dali. "Primeiro, deixem-me mostrar a minha loja de perfumes", disse.

Estávamos desesperados em busca de um banheiro. "É muita bondade e agradeço muito, mas estamos procurando um banheiro", eu disse. Falei de uma maneira artificial, talvez por estar imitando o inglês educado e formal do egípcio que nos conduziu pelas ruas.

"Ah, tudo bem", disse ele. "Vocês podem usar o meu, sem problema."

"Acho melhor a gente achar um banheiro público", disse Ryan.

"Por quê? Vocês vão precisar pagar. E podem usar o meu de graça, amigo."

Ryan, Luke e eu ficamos desconfiados, mas Ferg foi atrás dele. E, se ela ia usar o banheiro, nós também íamos.

"Estão se sentindo melhor, amigos?", ele indagou.

"Muito obrigada", respondemos.

"Agora, venham ver minha loja de perfumes. É muito bonita."

Luke ainda estava pálido feito a morte e percebi, de repente, que eu também não me sentia muito bem. Suada e com ânsia de vômito – meu estômago não aguentaria a ideia de entrar num ambiente cheio de fragrâncias florais.

Mas Ferg se sentiu mal com isso. O homem havia nos cedido seu banheiro. Ela entrou na loja. Relutantemente, fomos atrás.

Frascos de vidro bonitos enchiam as prateleiras nas paredes. "São óleos 100% naturais", disse. Tirou frascos das prateleiras e abriu as tampas com conta-gotas. "Sentem-se, sentem-se. Aceitam uma Coca-Cola?"

"Não, obrigada", eu disse.

"Minha senhora", começou ele, colocando a mão no peito. "Por favor. Assim vocês me fazem uma desfeita. Vocês são meus convidados na minha loja. Por favor, sentem-se."

Eu me afundei no sofá, a cabeça latejando. Ele esfregou os pulsos no pescoço de Luke, deu tapinhas de leve no rosto de Ryan. Passou gotas de perfume nas bochechas de Ferg. Eu me esquivei de suas mãos, mas, mesmo assim, senti o perfume do óleo no nariz e não estava nada bem, nem um pouco.

"E agora, quantos vocês vão levar?", ele perguntou.

Vi os ombros de Ferg murcharem enquanto ela olhava para a gente. "Quanto custa?"

"Quinze dólares americanos", ele disse. "Dois por 25."

"Vou levar um", ela disse.

"Leve três, quatro – leve como lembrança para os amigos e parentes."

"Vou levar só um."

Ele franziu a testa, pegou o cartão de crédito dela e cobrou 25 dólares.

"Eu só comprei um. Você disse que custava quinze dólares."

"Vou te dar um a mais."

"Mas eu disse que só queria um."

"Senhora, são óleos muito bonitos."

Só passaríamos três dias no Egito, seria como uma escala entre Israel e Quênia, mas, com a demora de dez horas no aeroporto, já tínhamos um dia a menos. A busca por um banheiro nos tomou a outra metade do dia. E, não sei como, conseguimos perder o nosso guia da Lonely Planet sobre a África. Por mais que eu não goste de pensar que dependemos de guias de viagem, na verdade dependemos. Não sabemos os nomes de nada. Não sabemos dizer "por favor" e nem "obrigado". Nem mesmo sabemos onde ficam as pirâmides. Mas o motorista entendeu "pirâmide" em inglês. E também "futebol".

A náusea, a chateação por causa da compra do perfume e o cansaço da noite maldormida – nada disso importava quando o carro parou perto de um jogo que tinha as pirâmides de Gizé como pano de fundo.

Enquanto jogávamos, nossos pés erguiam uma poeira densa. Nossas canelas estavam da cor de carvão. Nas cobranças de escanteio, quando ficávamos muito juntos na pequena área, a nuvem de poeira subia tanto que eu não conseguia enxergar nada. Os jogadores egípcios eram calados, concentrados, fazendo com que o bater dos pés na terra seja o ruído mais alto. Jogavam um tipo de futebol limpo, forte, técnico. À beira do campo, havia quinze garotos sentados numa balaustrada. Um homem trajando um manto verde-menta observava o jogo da linha de fundo. Ao lado dele, um menino soltava uma pipa. (Pipas voando estão na nossa lista de coisas que sempre encontramos pelo mundo afora, junto com cães vira-lata, Fanta e velhos jogando cartas.)

Uma partida, só isso, era só isso que íamos jogar no Egito. Mas as pirâmides estavam atrás de nós e o sol estava se pondo. Ouvimos o som de música *techno* saindo de uma tenda onde estava havendo uma festa, à esquerda do campo, a poeira subia ao redor e feixes de luzes brancas brilhavam atrás do gol – sentimos a sorte sorrindo para nós.

No táxi, a caminho do aeroporto do Cairo, Ferg vasculhou a bolsa da câmera e depois sua própria bolsa, cada vez mais agitada. "Não estou vendo as passagens", disse.

Fizemos uma pasta com todas elas – passagens do Egito para o Quênia, do Quênia para a África do Sul, da África do Sul para Gana – que deixávamos numa divisória dentro da bolsa grande da câmera. E a pasta não estava mais ali.

Não eram bilhetes eletrônicos. Eram de papel. Vasculhamos umas três vezes as mochilas, as bolsas das câmeras, os Ziplocs, as bolsas femininas. Olhamos nas laterais das portas do táxi, passamos as mãos no carpete do porta-malas quando chegamos ao aeroporto. Não queria que o táxi fosse embora, a sensação era de que a possibilidade de acharmos as passagens iria embora junto. Deixei-me cair sentada no meio-fio, sentindo o rosto pegando fogo.

Quantas vezes fiquei me apalpando para ver se minha identidade estava mesmo onde eu achava que estava, abri bolsos para ver se o cartão de embarque estava mesmo lá, fui para aeroportos com horas de antecedência só para garantir – sentindo o medo constante de que algo ruim fosse acontecer? Era como se eu soubesse, era como se todo o meu nervosismo de aeroporto fosse uma premonição desse momento no Cairo, em que encarei, ou tentei encarar, o fato de que nossas passagens de avião por todo o continente africano haviam desaparecido.

Agora, no aeroporto, Ryan, Luke e Rebekah estavam no balcão da companhia aérea. A atendente, que falava inglês, repetia a mesma coisa várias vezes: "Sinto muito. Dá para ver a reserva aqui no computador, mas, infelizmente, sem as passagens, vocês não podem embarcar." Luke começou a falar mais alto, repetindo "Mas você pode ver a nossa reserva! Você pode ver que a gente pagou pelas passagens!", e eu fiquei olhando para ele, segurando seu pulso, pensando *Ah, então é assim que ele fica quando finalmente perde toda aquela calma*. Perto dele, o rosto de Rebekah era impassível. Então, Ryan adiantou-se no balcão, passando o cartão de crédito para o homem à sua frente.

Entramos no avião rumo a Nairóbi. Ninguém falava nada. A quantidade de dinheiro que perdemos era bem maior do que qualquer um de nós era capaz de compreender.

Um dia depois, Ryan estava no escritório da Kenya Airways, onde uma mulher que mais tarde ele descreveu como "a moça mais legal do mundo" desprezou o regulamento, reemitiu nossas passagens e começou a burocracia que, por fim, resultou no reembolso das nossas passagens do Egito para o Quênia. Sorte. Alívio.

14. O campo do Austin

Eu estava no banco de trás de um táxi, com a bolsa da câmera e um travesseiro no colo, quando vi o meu primeiro *matatu*. Tratava-se de um micro-ônibus de cor fúcsia, com uma foto gigante da Mariah Carey acima das luzes traseiras. Lá dentro, batidas de música alta, e parecia que também havia algum tipo de luz estroboscópica. Um homem estava meio pendurado na porta; de tempos em tempos, ele pulava do veículo em movimento, esticando o braço para aqueles que tentavam embarcar, ajudando-os a entrar com segurança. Quando ele batia na lateral do ônibus, o veículo partia.

Nos sete dias seguintes, sob o céu cinzento e cheio de nuvens do inverno queniano, ficamos esperando em meio à névoa de poeira pelos *matatus*. A maioria deles tinha nome. Vimos Jay-Z, Beyoncé, Sir Alex, Messi e o favorito de Luke: WESYDE escrito em letras grandes na parte da frente e AM THE FATHER OF THIS GANGSTA SHIT em letras grandes na parte de trás.

Algumas das imagens pareciam uma colagem – fotos organizadas sem muito padrão na parte de trás. Vimos Jesus ao lado de 50 Cent. Wayne Rooney, a estrela do futebol britânico, estava em cima da bandeira dos Estados Unidos. O *matatu* onde se lia PIRATES OF THE CARIBBEAN tinha uma caveira com ossos, o símbolo dos piratas, presa na grade do radiador. Ficávamos apreciando os ônibus, maravilhados, até um de número 32 ou 41 aparecer, e aí corríamos para embarcar nele.

Assim que estávamos devidamente espremidos lá dentro, pagávamos os quinze xelins e ficávamos olhando pela janela, sentindo as tripas chacoalharem ao som de Kanye West. Estima-se que, em Nairóbi, haja dois milhões de habitantes nas favelas, sendo que mais ou menos 65% da população da cidade vive em 5% das terras. O ônibus nos deixava em Mathare Valley, a favela mais antiga da África.

Às 3H DA TARDE, chovia muito e estávamos acampados na casa de um só aposento de um cara chamado Bonfas. Ao contrário da maioria das pessoas da favela, ele tinha eletricidade e televisão. Estávamos deitados na cama dele, vendo *Terry*, um filme feito para TV sobre um cara que perdeu as pernas devido ao câncer mas que, mesmo assim, participou de uma corrida pelo país.

Quando George, Tito e Kepha apareceram pela porta de cortininha, sorriram e nos cumprimentaram com um aperto de mão tipicamente queniano. Era um aperto de mão multidirecional seguido de uma batidinha do punho fechado. As mulheres não faziam a parte da batidinha, mas eu não sabia disso; os quenianos apenas sorriram quando eu bati com meu punho contra o deles. Conhecemos esse grupo através de JB, o melhor amigo de Ryan, que passou um ano ali numa bolsa de fotografia da Fullbright. A foto do cartão que usamos na prisão – a mão de uma criança sobre uma bola de futebol bem gasta – é em Mathare.

George sacudiu seu gorro de tricô para tirar a água da chuva. "Você vai treinar com esse tempo?", perguntei.

"Uma coisa é estar lá fora e aí começa a chover", disse ele, deixando-se afundar no sofá. "Outra completamente diferente é quando você precisa sair na chuva."

Kepha, que estava deitado confortavelmente na cama, suas pernas compridas saindo para fora, ficou em pé e abriu a cortina molhada, vendo três crianças chutando uma laranja na lama. "Vamos, faz mil anos que não jogo", disse. Kepha era o melhor da favela e, em certa época, esperava ser o primeiro cara de Mathare a participar da seleção nacional. Agora, trabalhava no Hotel InterContinental e só voltava para casa à noite.

George suspirou e esfregou a cabeça, sorrindo sem vontade para o amigo. Bateu as mãos de leve contra as pernas. "Está bem."

Luke e eu seguimos George e Kepha até o campo, na chuva. O grande dia para o futebol de Mathare era o sábado; ainda era quinta, e estávamos indo para o treino do time local, onde George jogava. Kepha aparecia sempre que não estava trabalhando.

Ninguém dizia nada. Não nos conhecíamos muito bem. Eu queria pular essa parte, o silêncio embaraçoso. Talvez tenha herdado isso da minha mãe. Ela se expõe, preenche o silêncio com conversa fiada, dizendo coisas que nem mesmo tem vontade de dizer. Não é que o silêncio a incomode, e sim que ela teme que incomode os outros.

Então, assim que começamos a andar, lancei algumas perguntas para preencher o vazio, algo como "Nossa, como está chovendo hoje!". E continuei andando com o rosto afogueado, já arrependida de tentar preencher os vazios, prometendo a mim mesma que vou perder esse hábito. Mas acabou que dei sorte, porque Kepha entendeu algo completamente diferente.

"Que nada. George é que é a estrela, agora", disse.

Pensei na resposta e no que ele deve ter entendido. E perguntei: "Você sente falta de jogar?"

"Sim", ele respondeu quase antes de eu terminar de falar. Sorriu para mim, o mesmo sorriso sincero que dou quando as pessoas me perguntam a mesma coisa.

George estava olhando para Kepha. "O futebol está no nosso sangue", disse, inclinando a cabeça para o lado. "Não é fácil parar de jogar."

Passamos por casas feitas de placas corrugadas de metal. Havia lixo em todo lugar, parte dele amassado no chão, o restante em entulhos perto das casas. Uma menina usando um vestidinho bonito grande demais para ela, cheio de enfeites, antiquado e já desbotado, algo que parecia pertencer a um fantasma, pegou na minha mão e caminhou saltitando ao meu lado. Homens bêbados correram meio tortos em direção a mim e a Luke, nos chamando de *mzungus*, colocando o braço sobre nossos ombros. Estavam bêbados demais para que nos sentíssemos ameaçados. Cambaleavam de um lado para o outro. *"Chang'aa"*, disse George. "Deixa a pessoa sem cérebro." *Chang'aa* era o destilado ilegal que eles faziam na base do rio. Era a maior indústria da favela, mas a maior parte do dinheiro era usada para subornar a polícia.

Só havia uma ponte atravessando o rio. Ficava à direita, e o campo era para a esquerda, então George e Kepha nos levaram até a beira do rio e começaram a atravessar pulando as pedras. Elas não eram próximas umas das outras. George me ofereceu a mão. Fui pulando de uma pedrinha instável a outra. Não estava com medo da água, e sim do que havia na água: todos os resíduos da favela que iam parar no rio.

Assim que chegamos do outro lado, Luke fez a pergunta em que eu estava pensando: "Tem gente que cai na água?"

"Cai na água? A gente costumava nadar nesse rio."

Ficamos felizes por chegar ao campo, algo que tínhamos em comum. Os homens podiam tirar a roupa ali mesmo – ficavam de pernas nuas e cueca samba-canção –, mas, para mim, apontaram na direção de um barraco abandonado. Estava escuro lá dentro, e tentei imaginar qual era a melhor maneira de me trocar o mais rápido que desse, encostando o mínimo possível no que havia ao redor. Estava vestindo a roupa e pulando num pé só, tentando colocar o tênis no outro, quando caí de lado e minha mão aterrissou em algo mole. Levantei a mão até a altura dos olhos e vi que meus dedos estavam sujos do cocô de alguém.

Não queria sair do barraco e dizer a eles que a moça branca precisava lavar as mãos. Além disso, sabia que a única torneira da favela ficava a quinze minutos dali. Eu já tinha visto mulheres indo até lá, lavando suas roupas e bebês de pé na lama, enchendo jarros para levar para casa do outro lado do vale. Esfreguei os dedos no chão, respirei fundo e saí para o campo.

Eles o chamavam de Tapete Vermelho, o chão da cor de argila. "A superfície fica melhor quando chove. A chuva deixa o chão batido e sem poeira", disse George.

Caminhamos na direção do time, sentindo a argila seca sob os pés. Não sinto tanta falta dos treinos quanto dos jogos informais. Não consigo me deixar levar neles. É preciso obedecer às regras, aos cones, às restrições de toques na bola. Começamos com um túnel. Era uma coisa tão fácil –

passar a bola e correr até a outra linha – que era essa facilidade que podia te deixar irritado.

Eu queria que a bola ficasse rente ao chão, mas a argila fazia com que ela quicasse, e acabei dando alguns passes ruins, na altura do joelho, para o jogador do outro lado. Finalmente consegui pegar o ritmo, lembrando da sensação de satisfação de fazer algo que sabemos.

O técnico reuniu todos no centro do campo e deu as instruções, mas eu não tinha a menor ideia do que ele estava falando. O fato de o inglês ser a língua oficial não significava que fosse a língua que as pessoas de fato falavam. Achei que ele estava falando em suaíle, mas, mais tarde, descobri que a maioria das pessoas falava sheng, uma mistura de inglês, suaíle e das quarenta e tantas línguas tribais de Mathare.

O técnico jogou para mim um colete amarelo. Andei de costas até a minha área. Eu era ala, então minha tendência era ir para o lado. Eu sabia que o outro time ia atacar no gol grande, mas não conseguia descobrir onde meu time devia fazer gol. Havia cones na extremidade da área, e era bem provável que fosse ali, mas ninguém parecia estar tentando. "George", chamei, em voz baixa. "A gente faz gol entre os cones?"

Ele não me ouviu. Saí em disparada mesmo assim, correndo na direção do outro time e da bola. Eles driblavam e eu corria atrás. Nenhum jogador estava parado. Desde que nosso avião aterrissara, sob o céu ainda escuro do Quênia, havíamos visto gente correndo – suas silhuetas contra o horizonte, correndo para o trabalho ou para onde quer que tivessem de ir –, e essa mentalidade de percorrer distâncias também estava presente no futebol: eles corriam o tempo todo, e a sensação era de que conseguiriam manter esse ritmo para sempre.

Como em diversas partidas anteriores, esta terminou quando o sol se pôs. O técnico chamou todo mundo para uma reunião pós-treino, e eu fiquei ali, me sentindo desorientada, voltando ao passado, me lembrando das minhas reuniões depois dos treinos e dos jogos em Pensacola, em Durham, nos campos quentes de futebol no sul dos Estados Unidos. Dessa vez, acontecia em Nairóbi, e o técnico estava falando uma mistura de diversas línguas, mas a sensação era a mesma das anteriores – os gestos enfáticos com as mãos, o rosto sério, a sensação de estar se preparando para o que pode acontecer. No fim, ele lançou algumas frases em inglês – vão com tudo, o time de casa precisa ganhar: sempre a mesma coisa.

Começamos a voltar para casa debaixo de chuva forte. Eu tentava acompanhá-los e, ao mesmo tempo, não cair. Não havia luzes, era difícil enxergar, e os três caras iam à minha frente. Seguíamos a vala estreita do esgoto a céu aberto. Eu tentava andar perto, e não dentro, mas a vala estava transbordando por causa da chuva. Era uma corredeira negra de excremento e lama que descia pelo vale até o rio. A cada três passos eu escorregava, parecendo alguém que estava patinando no gelo pela primeira vez. Quando chegamos à parte mais profunda da favela, onde era impossível escolher onde pisar, Kepha diminuiu o passo e sorriu para mim. Eu agarrei o braço que ele estendeu e ele me colocou sobre a beirada, onde o lixo era mais compacto.

Percorremos aquele labirinto até sair no topo de Mathare, perto da estrada principal. George e Kepha esperaram com a gente até aparecer o nosso *matatu*. Mas, a essa hora da noite, e por causa da chuva, todos estavam cheios. Fizemos sinal para o ônibus 32 e o 41, mas nenhum deles parou. "Desculpem, vocês não precisam esperar com a gente", eu disse, quando o décimo quinto *matatu* passou voando.

"Não, a gente espera."

Os *matatus* desciam a estrada correndo, a luz dos faróis e um pouco da música passando por nós, e depois sumiam na escuridão.

"A gente vai jogar no Tapete Vermelho no sábado?", perguntei.

"Não, o torneio é no Campo do Austin."

"Quem é Austin?"

"É o cara que sempre está lá."

Um *matatu* de número 32 freou na lama e nós quatro começamos a correr na sua direção. Havia gente transbordando pela porta, mas George e Kepha nos ajudaram a subir. Vi uma pequena placa que dizia LOTAÇÃO MÁXIMA: 12 PESSOAS, mas as letras estavam apagadas, um lembrete esquecido de regras que ninguém esperava seguir. Estava com o rosto contra o peito de um homem, as costas contra a lateral de alumínio e era a primeira vez em que, de fato, entendi como as pessoas podem morrer pisoteadas. Mas havia ali também uma certa excitação, risadas escapando pelo corredor à medida que mais e mais pessoas embarcavam no ônibus. Ninguém ficava chateado quando parávamos; ninguém queria deixar uma mãe na chuva. Uma mulher ficou imprensada entre dois homens. Trocamos olhares e sorrisos. A música era alta e o homem que ajudava as pessoas a subir dançava de um lado para o outro, enquanto empurrava as pessoas para dentro do ônibus. Essa deve ter sido a melhor viagem de ônibus da minha vida.

Luke e eu desembarcamos numa área que esperávamos que fosse a certa. Não havia luzes nem placas. Tudo estava escuro. Descemos uma rua e depois outra, sem ideia de onde estávamos e nem do que faríamos se não achássemos o apartamento de Tito. Voltamos, tentamos outras ruas e ficamos muito surpresos quando o prédio apareceu na nossa frente.

Às 8h da manhã no sábado, avistamos Austin recostado no gol, com uns vinte meninos jogando descalços no chão de terra ao seu redor. Seus *dreads* longos e grossos estavam enfiados num gorro de tricô bege. Tinha um rosto bonito, com traços suaves, um ar pensativo. Usava calça de veludo cotelê marrom e um agasalho verde com zíper, fechado até o pescoço.

O torneio só começava dali a algumas horas. Fazia frio. Eu não sabia que fazia frio no Quênia. Fiquei ali tremendo, de camiseta, vendo Austin gentilmente pegar um menino pela gola. Eu me aproximei o suficiente para ouvir sua voz em tom baixo. Tito e George me disseram que Austin passava o dia inteiro no campo de futebol, mesmo sem ser pago para isso.

Austin deu um tapinha na parte de trás da cabeça de um menino, um gesto que me fez pensar no meu próprio técnico. No começo, numa partida informal, quando um dos pais pediu-lhe que treinasse um time de meninas de menos de dez anos de idade, ele se recusou. Mas então foi ver o primeiro treino, ficou grunhindo coisas como "O cara ali só faz besteira", pegou a bolsa com as bolas e treinou as meninas durante dez anos. Assim como Austin, meu técnico não ganhava dinheiro com futebol; cobrava só o suficiente para cobrir os gastos com transporte e hospedagem durante os torneios e, caso uma família não pudesse contribuir, não tinha problema. Seu emprego oficial mudou várias vezes naqueles anos – entregava pacotes, trabalhava como assistente de enfermagem, dirigia ônibus escolares. Treinávamos três dias por semana, e eu geralmente ligava para ele para treinarmos nos outros dois. Ele nunca dizia não. É difícil expressar o quanto ele mudou as nossas vidas.

E era ainda mais difícil compreender o alcance do impacto de Austin. Ele havia treinado todos os meninos da favela com menos de 25 anos. "Sabe, esses meninos não têm para onde ir", disse George. "Então eles aparecem para jogar. E ele fica ali, treinando todos."

Os meninos ficavam zanzando ao redor de Austin. O treino já havia acabado, mas eles não queriam ir embora. Ficavam mais dispersos, mas ninguém ia para casa. Alguns perceberam que os homens começavam a aparecer no campo. Foram até o saco de giz e enfiaram as mãos no pó.

Um rapaz de dezoito anos, chamado Henry, que seria o juiz do torneio, me entregou um rolo de barbante e apontou para o escanteio do campo.

Este local nem sempre fora um campo de futebol: primeiro, era um agrupamento de barracos de lata que foram incendiados numa disputa, e depois virou um aterro de lixo. Cacos de vidro, embalagens de chocolate e pedacinhos de sacos plásticos verdes despontavam da terra. "Por mais que a gente limpe, o lixo sempre sobe à superfície", explicou Henry, enquanto puxava o barbante.

E foi neste campo que a maioria dos quenianos tinha votado, há apenas seis meses, fazendo filas compridas no chão de terra, na eleição com o maior número de eleitores da história do país. "Três dias depois de a gente votar, eles iam anunciar os resultados", contou George. "Mas não anunciaram. E foi aí que tudo desmoronou." Quando anunciaram que o presidente Mwai Kibaki, um kikuyu, havia ganhado a eleição, apesar de a maioria do país acreditar que o sr. Odinga, um luo, tivesse recebido a maioria dos votos, começaram os tumultos em todo o país. Mathare, onde moravam dezenas de tribos diferentes há quarenta anos, foi a área mais atingida.

Eu estava agachada como se estivesse num jogo de beisebol, segurando o barbante e olhando para os bodes que mastigavam o resto do mato. Havia casas ladeando o campo – barracos feitos com chapas de metal corrugadas e enferrujadas, pedras grandes segurando as partes que faziam as vezes de tetos. As palavras SWEET BEEF BUTCHERY ("Açougue") estavam pintadas num barraco de lata atrás do gol; HOTEL NOW OPEN ("Hotel aberto") estava pintado no barraco ao lado. Atrás do outro gol, vi o muro de tijolos de um prédio de verdade, e nele havia um anúncio pintado: "Gordura vegetal, o coração de toda refeição."

Enquanto eu esticava o barbante, verificando se estava mesmo baixo, reto e bem alongado, os caras se revezavam, pegando punhados de giz. Uniam as mãos delicadamente, como se estivessem segurando filhotinhos de pássaros. Luke era mais lento que os outros e fazia uns sons engraçados, indicando que não sabia se estava fazendo direito, enquanto espalhava o pó de giz de um lado para o outro, um caminhozinho branco que os meninos que iam atrás dele tornavam mais espesso. As pernas e braços de Luke estavam cobertos por uma camada de pó de giz, deixando-o mais branco do que já é.

Ri para ele, já me sentindo animada para jogar.

Era um jogo "quem ganha fica" – todos apostavam vinte xelins e jogavam, e o ganhador levava para casa o dinheiro de quem perdia. Era o equivalente a apenas 35 centavos de dólar, mas esse esquema fazia com que eles jogassem por algo, em vez de jogar por nada. Muitos desses homens faziam *chang'aa e* ganhavam uns seis dólares por dia, e jogar ali significava que estavam desistindo de ganhar dinheiro naquele dia. Mas, caso ganhassem o torneio, acabava compensando.

LÁ PELAS 10H, homens começaram a aparecer em campo, dividindo-se em times. Ainda estava fresco, um clima em que você podia correr sem parar. Os jogadores agitavam e aqueciam as pernas enquanto contavam as moedas. Cada um dos times esticou uma folha de papel amassada nas costas de alguém e os jogadores se revezavam, escrevendo seus nomes. George, Tito, Bonfas e Luke jogaram juntos. Eu fiquei em outro time:

um adolescente mirrado cutucou meu ombro, me encarou sério e disse: "Você vem com a gente."

Nos agrupamos para falar da estratégia e meu time, muito jovem, falou em sheng. Um bateu palmas, dizendo o que imaginei ser *Vamos lá* ou *Joguem duro* ou *Deem tudo de si*. O mesmo rapaz que me cutucou no ombro enrolou as mangas de sua camisa verde e, às pressas, me disse, em inglês: "Você é a atacante. Vamos lá."

Havia muita gente vendo a partida. As pessoas procuravam trabalho de segunda a sexta, mas não nos sábados, então não havia motivo para não parar e assistir. O campo ficava na parte mais alta da favela, perto da estrada principal, então todas as pessoas que iam e vinham passavam por ali, às vezes pelo meio do campo, uma ou outra andando com ar de desafio e cabeça erguida bem no meio do jogo. As pessoas se reuniam nas laterais como se estivessem posando para uma foto, as crianças agachadas na frente, as mulheres no meio e os homens altos atrás. Olhando apenas para as roupas, você podia pensar que estava assistindo a um jogo numa cidadezinha americana vinte anos atrás: suéteres com flocos de neve, agasalhos da Gap e camisetas com os dizeres CK1 e HARRY'S PLACE. Havia crianças sentadas em telhados e nos ombros de adultos, tentando ver o jogo.

Quando o juiz apitou, parecia um terremoto: o estrondo de doze homens que se concentravam dentro de um retângulo, a nuvem de poeira e fumaça que se erguia até a cintura, as explosões das corridas.

Voltei para o centro do campo e matei uma bola no peito. Coloquei a bola no chão e lancei para o menino de quinze anos. Dei três passes de primeira em sequência, tocando a bola assim que ela chegava em mim. Queria driblar, mas, como no Brasil, sabia que era preciso esperar a hora certa para apostar numa finta.

Recebi a bola duas vezes seguidas na entrada da grande área, mas finalizei cedo demais. O primeiro chute foi um voleio desengonçado, o segundo passou longe. Mas a velocidade do jogo era tanta que sabia que tivera sorte só de mandar os chutes.

"Acho que você jogou bem", disse Luke, assim que o primeiro tempo de dez minutos terminou. Ele apertou meu ombro e foi para o centro do campo.

Achei um canto rente à lateral e fiquei observando os homens se reunindo, com os braços ao redor dos ombros. George me disse que eles nunca perdiam, e imaginei que fosse por isso que estavam tão sérios. Tinham muito o que defender. Haviam crescido ali, unidos, criando laços de amizade, e agora estavam em fases diversas no futebol, com a possibilidade de sair da favela. Eram os caras que todos admiravam e eles sabiam disso.

Tito apareceu para jogar com roupas normais – suéter laranja com gola em V, camisa social com colarinho branco, jeans escuros e um chapéu de feltro, e trocou de roupa logo antes de o jogo começar. Agora usava chuteira e uma camisa verde brilhante, com o colarinho levantado. Ele conversava atentamente com os outros – o rosto sério, os gestos enfáticos. Observei o grupo: todos sabiam, só de olhar, quem era de qual tribo, mas eu não conseguia discernir.

Tito deu o primeiro chute. Fiquei mais perto de Ryan, que estava agachado por cima da câmera. Era um tipo de filmagem diferente, distinto dos jogos que vemos na TV: não era preciso enquadrar o campo inteiro, nem se preocupar com o fato de estar perdendo parte da ação. Era possível deixar a câmera se demorar num rosto um bom tempo depois de a bola sumir, pegar alguém no meio de uma jogada, sem ideia de que alguém o observava. Olhei para o campo, tentando imaginar que momentos mais íntimos Ryan tiraria desse jogo. Luke parecia mais nervoso do que em outros jogos. Ele tocou a bola de bico, mandando-a por cima do zagueiro, e a torcida reagiu de acordo, mas aí ele escorregou no chão de terra, caiu e o outro time marcou no contra-ataque.

Depois disso, eu me esqueci do jogo. Continuei assistindo, mas havia tanta coisa acontecendo nas laterais do campo: bodes dando cabeçadas uns nos outros, mulheres lavando e esfregando roupas, três meninos exatamente da mesma altura com os braços nos ombros uns dos outros, como se fossem se proteger para o resto da vida. E me esqueci do futebol. Prestei atenção em determinados momentos – vi o outro time fazer gol, ouvi Tito gritar "Vocês apostaram vinte xelins, protejam o gol!".

Quando tudo terminou, o placar era 3 × 0, e Tito, George, Bonfas e Luke foram sentar à beira do campo, seus rostos impassíveis. Sentei perto de Luke e disse "Nunca vi você jogar tão mal", pensando que não estava dizendo nada diferente de falar a alguém que tirou uma foto ruim, insinuando que, na vida real, a pessoa joga bem.

Mas ele parecia magoado. "Não joguei mal", disse, me encarando. Ele virou para um lado e para o outro, como se não soubesse para onde ir, e então disse: "Chega, vou embora." E desapareceu em meio ao mar de gente.

Sentada ali, com os braços ao redor dos joelhos, me senti mal. Em primeiro lugar, por magoá-lo, e, depois, por sequer saber se o que eu dizia era verdade. A única coisa que o vira fazer foi cair, o que é fácil de acontecer no chão de terra.

Corri até ele e o puxei pelo ombro. "Desculpe", disse, e ele me encarou, aceitando o pedido de desculpas, mas ainda pensando que eu havia achado que ele jogara mal.

Havia outra menina em campo. Vinique, irmã de Henry, tinha maçãs do rosto salientes, pele bonita e um aplique enorme no cabelo. Observei-a junto à torcida, a facilidade com que se mesclava ao grupo. Um colega de time sussurrou em seu ouvido. Ela estava com as mãos nos bolsos de seu casaco Nike, balançando-se sobre os calcanhares, rindo. George havia me dito que Austin fora seu técnico, que ela tinha jogado pelo time da escola, que já viajara para a Suécia, que era a estrela da favela.

Quando o time dela entrou em campo, o jogo era desorganizado demais para alguém conseguir dar muitos toques na bola, mas mesmo assim dava para ver que Vinique impressionava. Talvez jogar com homens tenha despertado nela esse talento. Se falta tamanho e velocidade, você dá tudo de si.

Ela estava jogando contra um dos times de Austin, um grupo de adolescentes mais velhos. Na maior parte do tempo, Austin ficava à beira do campo, dando dicas, mas, quando estavam vencendo por dois gols, ele pegou um colete e rumou para o campo. As crianças que assistiam gritavam e apontavam, animadas com a possibilidade de criticar o homem que sempre as criticava. Ele tinha um jeito de andar lento, gracioso. Quando mandou uma bola por cima do muro da GORDURA VEGETAL, todos riram.

Mas ele acertou uma bola alta na trave, deu alguns passes, jogou bem o suficiente para nos dar uma ideia de como era seu futebol antes de parar de jogar e se tornar a pessoa que fazia jogadores.

O adolescente mirrado puxou a manga da minha camiseta, dizendo que meu time estava prestes a jogar. Nós nos reunimos. Eles disseram algumas frases em inglês, o suficiente para eu entender que íamos jogar contra um time melhor que o nosso. Colocamos todo mundo na defesa. O menino me disse: "Você é a única atacante."

Eu não havia percebido como tivera sorte no primeiro jogo até jogar o segundo. Parecia mais um pingue-pongue de elite do que futebol, com jogadas altas de um lado para o outro. A bola nunca ficava parada no chão. Driblar era impossível, passar a bola era inimaginável. Tudo era na base do reflexo, correr até a bola, que quicava e seguia na direção oposta à que eu imaginava. Os quenianos conseguiam prever melhor. "A gente já conhece o terreno, as ondulações, como a bola bate na inclinação", explicou Henry. "Os pontos em que a argila está solta e onde o chão é firme." A estratégia era simplesmente conseguir fazer o que fosse possível e mandar a bola para o campo oposto. Os goleiros sabiam que era mais eficaz chutar a bola para o outro lado, mas a última linha de defesa mandava a bola de volta com uma cabeçada e, enquanto isso, o resto de nós ficava indo de um lado para o outro no meio do campo. Era o jogo de alto nível mais feio que eu já jogara. Todos eram bons: eu já tinha visto o jeito de George e Kepha com a bola; jogavam de um modo harmonioso, fluido. Mas o terreno mudava o jogo.

Toda vez que eu cortava, meu pé escorregava na poeira. Nunca chegava antes dos outros na bola. Eu interpretava errado a direção dos chutes iniciais e a maneira como a bola quicava. Quando tudo terminou, fiquei encostada em um barraco. Pensei no que o menino de quinze anos tinha me dito antes de o primeiro tempo começar: "Você é a única atacante." Parecia uma ideia romântica, como alguém solitário no meio da floresta, ou num romance. Mas eu não era uma atacante solitária. Talvez antes fosse: no meu primeiro ano do colegial, fiz 66 gols numa única temporada. Não via ou ouvia ninguém – isso é ser uma atacante solitária.

Perdi esse dom por completo, mas ainda conseguia reconhecer essa qualidade no rosto das outras pessoas – a capacidade de deixar que a própria raiva molde um jeito gracioso de jogar. À beira do campo, dava para ver isso no rosto de James, o irmão mais velho de Henry e Vinique, um dos caras com quem fiquei fazendo embaixadinhas enquanto esperávamos o jogo começar. Seu corpo era puro músculo, seus *dreads* curtos balançavam para cima e para baixo quando ele se movimentava. Eu sabia que ele produzia a bebida ilegal: passava o dia inteiro perto do rio. George e Tito me contaram sobre ele, enquanto tomávamos latas de cerveja Tusker. Era estranho saber detalhes sobre sua vida sem nunca ter conversado com ele; só havíamos trocado sorrisos enquanto mandávamos a bola um para o outro.

Fiquei observando-o, o modo como se movimentava pelo campo, seus toques na bola – um controle como se ele estivesse prestes a explodir. Fez gols, gols feios, a bola batendo num montinho artilheiro e ricocheteando para longe do goleiro. Empurrava as pessoas como se fosse algo normal, sem pedir desculpas. Suas caneleiras estavam baixas demais nas pernas. E me parecia estranho que as usasse, pois um chute na canela não parecia ser capaz de machucá-lo. Partiu silenciosamente para o ataque, perseguindo a bola. George nos disse: "Esses caras se importam muito com seus vinte xelins." Mas, enquanto via James jogar, parecia que, para ele, o jogo tinha a ver com algo mais que dinheiro.

A melhor parte dessa viagem pelo mundo era ser testemunha das motivações das pessoas. Ouvíamos algumas, em explicações tímidas depois do jogo, mas outras podíamos simplesmente ver na cara das pessoas, grandiosas demais, íntimas demais para serem descritas com palavras.

Quando James fez gol, os meninos dispararam para dentro do campo, onde talvez tivessem continuado se Austin não tivesse dado um passo em silêncio em sua direção, fazendo-os voltar correndo para fora.

Três dos cinco times levariam para casa saquinhos de sanduíche cheios de moedas. Meu time estava fora. Ainda estávamos jogando, sendo que o destino dos outros times dependia de perdermos feio.

O maior jogo de todos, aquele que determinaria quem ficaria em primeiro, segundo e terceiro lugares, foi entre os que produzem bebida e os jogadores-modelo. Durante o dia inteiro, a formação da torcida flutuou, com gente entrando e saindo, mas agora as laterais estavam cheias de gente, todos parados.

Enquanto via o jogo desses doze homens, senti como se estivesse vendo uma partida das antigas, em que homens defendem a própria honra, os produtores de bebida jogando para mostrar que eram mais do que contrabandistas e os jogadores-modelo jogando para mostrar que ainda sabiam o que era futebol, ainda conheciam o campo e a vida dura na favela. Foi um jogo de muitos gols e era difícil saber quem estava vencendo. Os meninos aparentemente estavam divididos, já que invadiam o campo e torciam independentemente de quem fizesse gol.

Jogo de sábado no Campo do Austin, em Mathare Valley, no Quênia, a favela mais antiga da África. (Cortesia de Ryan White)

Quando o juiz apitou e o jogo terminou, os fabricantes de bebida e os jogadores-modelo estavam empatados, colocando os fabricantes de bebida à frente de Tito, George, Bonfas e Luke na colocação final.

Kepha, usando seu uniforme do InterContinental, apareceu bem quando estava terminando, segurando as roupas de jogar. Reparou que eu estava olhando para ele. "Ah, tudo bem", disse, sorrindo, colocando as mãos nos bolsos.

O juiz passou os xelins para os capitães dos times, e tudo aconteceu tão rápido que não conseguimos pegar na filmagem. O time de Austin ficou em primeiro lugar; os fabricantes de bebida ficaram em segundo; Tito e George, em terceiro. Parecia um anticlímax, depois dos urros da torcida e das celebrações dos gols, ver um homem indo embora segurando um saquinho plástico cheio de moedas entre os dedos.

No dia seguinte, na chuva, encontramos James na parte baixa do rio. Os tonéis de bebida ilegal estavam inclinados sobre as chamas do fogo. De vez em quando, ele liberava a pressão nos tonéis, fazendo com que fagulhas da fermentação explodissem para cima, deixando um cheiro forte de *chang'aa* e esgoto no ar. As margens estavam cheias de homens fabricando bebida, suando com o calor do fogo. James e dois outros fabricantes que jogavam com ele nos reconheceram do jogo de sábado e vieram nos cumprimentar com um aperto de mão.

O trabalho de James era carregar água, enchendo baldes na torneira que ficava na parte alta da favela e levando-os num carrinho pelas ruazinhas estreitas e cheias de lixo até a beira do rio. Bonfas, que fora com a gente, traduziu o que James disse: "Não fazemos essa bebida porque queremos. A maioria das pessoas bebe para relaxar um pouco. É o único jeito. Num dia como este, vocês estão vendo o que eu faço... É o que faço todos os dias para que, de noite, a minha mulher e o meu filho tenham o que comer. Não ganhamos quase nada. Acordo às 4h da manhã e trabalho o dia inteiro. Lá pelas 5h da tarde estou muito cansado e é difícil jogar futebol, mas eu preciso jogar. Simplesmente preciso."

Ferg atravessando o rio em Mathare Valley, com um barril de *chang'aa* fumegando ao fundo. (Cortesia de Luke Boughen)

"Algumas pessoas nos veem empurrando os carrinhos com água e não sabem que nós jogamos. Quando estamos aqui no rio, todo mundo acha que você é só mais um bêbado. Mas, quando vamos para o campo, elas dizem 'Ah, aquela pessoa sabe jogar'."

A maioria dos fabricantes de bebida observava enquanto James falava. Um deles virou para mim e disse, com a fala meio pastosa: "Você deu um show jogando futebol." Não era verdade, eu não havia feito quase nada, mas agradeci e o cumprimentei com um aperto de mão. Ele ficou olhando por cima do ombro de Ryan enquanto ele filmava, depois virou para mim e disse: "Posso filmar você, fazer umas perguntas?"

Assim que terminamos a conversa com James, o cara virou a câmera para mim. Não tinha ideia do que ele ia dizer.

Ele perguntou: "O que você acha que a gente deve fazer? Como podemos deixar esse lugar melhor? Não temos água, não temos esgoto e nem eletricidade. Tem muita bebida, muita droga. Queremos mudar as coisas. O que devemos fazer?"

Ele segurou o chapéu junto ao peito enquanto fazia essas perguntas, ansioso pela resposta. Estava com a testa franzida, sério, como se de fato achasse que eu sabia as respostas. E eu não sabia.

Eu disse que talvez as pessoas pudessem ver a história deles no nosso filme. Talvez alguém fizesse alguma coisa. Mas nós não fizemos nada para mudar o mundo deles. Fomos até lá e depois fomos embora.

James usava chuteiras falsificadas da Adidas, com os lados rasgados, a lama entrando por entre seus dedos nus, os solados agarrando o lodo enquanto ele desaparecia por entre o labirinto de vielas. Às vezes, para fazer o carrinho passar pelos buracos, ele dava uma corrida, e ouvíamos o barulho do carrinho descendo pela rua.

Quando fomos atrás de Vinique, nós a encontramos fazendo tranças no salão de beleza de sua irmã, um diminuto barraco de tijolos. Ela nos levou até um grande espaço ao ar livre, onde havia dezenas de crianças espalhadas pelo mato alto.

As crianças viram as câmeras e se aglomeraram ao nosso redor, observando. A princípio, Vinique tentou afastá-las, mas depois desistiu, e então começou a falar:

"Comecei a jogar por causa dos meus irmãos e irmãs. No começo, eu era muito tímida e não queria jogar bola. Todo mundo sabia jogar, mas eu não, e tinha muito medo de tentar. Mas eles me encorajaram e agora somos a família que joga futebol.

"Tenho quatro irmãs. Depois das eleições, ficamos num acampamento provisório do lado de fora da delegacia durante três semanas. O kikuyu ganhou a eleição e as pessoas não gostaram. Os nossos vizinhos apareceram na nossa casa e nos disseram que éramos traidores. Eles sabiam que havia muitas meninas na nossa casa, então viriam nos pegar. Portanto, precisávamos pegar nossas coisas e ir embora antes de eles aparecerem.

"Mas agora tudo está bem e a gente joga futebol sem problema. Eu jogo na defesa. Como zagueira, o meu trabalho é tirar a bola. Adoro tirar a bola. Às vezes, depois, os homens vêm até mim quando estou trabalhando ou andando na rua e dizem: 'Eu vi você! Você é aquela moça que joga futebol!

Deixa eu te cumprimentar.' Eles querem me pagar um refrigerante porque eu sei jogar futebol. Fico constrangida.

"Onde eu moro têm meninas pequenas e às vezes elas vão até o campo e dizem: 'Ei, eu queria ser igual a você! Quero jogar igual a você!'"

Fechamos a filmagem com ela se apresentando, pedimos a ela que dissesse seu nome, de onde era e o que quisesse sobre futebol. Ela sorriu e disse: "Meu nome é Vinique, sou de Mathare Valley e jogo futebol no Campo do Austin."

Encontramos Austin agachado ao lado de seu campo de futebol. Estava treinando uma equipe de meninas de quatorze anos. Algumas estavam de chuteiras, outras usavam uma chuteira só, outras estavam descalças. Duas tinham o mesmo gorro de tricô bege que Austin.

Ele as dividiu em times, ficou olhando alguns minutos e depois veio para perto de nós.

Era difícil achar um lugar silencioso na favela: havia gente e barulho por todo lugar. Subimos no telhado de uma casa do outro lado do campo, onde só se ouvia o burburinho suave lá embaixo. Enquanto Ryan e Rebekah aprontavam a câmera, Austin, Luke e eu ficamos na beirada, olhando para baixo, para as meninas treinando.

"Quem é a melhor?", perguntei.

"Aquela ali", disse Austin, apontando para uma menina que corria pelo meio de campo. Ela driblou, passando por duas jogadoras, deu um passe enfiado e dominou a área como alguém que só encontra sua paz no campo. Pôs a mão no gorro de tricô.

Austin sentou na mureta. Com a voz baixa, descreveu Mathare – a falta de energia elétrica e de água, o lixo, o esgoto, os viciados, os bêbados. "É um lugar em que, se não tomar cuidado, você pode acabar morrendo. As pessoas vêm para cá quando não têm mais para onde ir. Eu perdi tudo – os meus pais, a minha família. Comecei a trabalhar como técnico. No começo, as pessoas não sabiam o que eu estava fazendo. Algumas me perguntam: 'Você ganha dinheiro?' E quando digo que não, não ganho, elas dizem: 'Aaaaah, mas então por que você trabalha tanto assim?' Eu digo que é pelas crianças. Eu preciso dar duro por elas. E sempre fico no meu campo. Aos sábados, temos os torneios. Quando tem uma partida de futebol, as pessoas aparecem para ver. E elas dizem: 'Ah, eles jogam igual aos caras que jogam na TV.'"

Quando sua voz foi diminuindo, fizemos perguntas básicas, coisas que já sabíamos, mas que precisávamos que fossem ditas, de modo a montar o quebra-cabeça no fim.

"Qual é o nome do campo?"

"Campo do Austin."

"E quem é Austin?"

Ele riu, embaraçado: "Sou eu."

Na segunda, saímos atrás de animais no Parque Nacional de Nairóbi, o único parque nacional num perímetro urbano no mundo. Era possível ver a silhueta das girafas contra os arranha-céus.

Ruben, o taxista que nos pegou no aeroporto, passou pelo apartamento de Tito e entramos no carro. Pegamos George no açougue perto da casa dele. Embora tivesse se mudado para longe de Mathare há pouco tempo, ele não estava tentando abandonar o lugar: estudava desenvolvimento social e passava grande parte da semana nas favelas, buscando ajudar as crianças a dar a mesma energia a Mathare que ele deu. "As pessoas acham que Mathare é só gente bêbada e viciada", disse George, enquanto aguardávamos no trânsito do centro de Nairóbi. "Mas nem todo mundo é assim."

Assim como Ryan, Ferg, Luke e eu, George nunca havia visto animais selvagens soltos. Quando paramos no parque, havia um grupo de pessoas em Land Rovers, usando roupas cáqui de safári, acompanhadas de guias turísticos. Acenamos para elas do nosso furgão. Compramos ingressos e um mapa e eles nos mandaram seguir em frente, chacoalhando pelas estradas de terra, rumo aos leões.

Era surreal estar num momento numa favela, tentando não sentir o cheiro do esgoto, e, no momento seguinte, dirigindo num bolsão de espaço aberto bem no meio de Nairóbi. Ninguém nos explicou as regras, não

Luke e George com as girafas no Parque Nacional de Nairóbi, Quênia. (Cortesia da autora)

havia nenhuma placa instruindo a não tocar nos animais, então, quando vimos as girafas, George e Luke saíram para a grama alta para vê-las de perto. (Mais tarde, quando estávamos saindo do parque, finalmente vimos uma placa: PERMANEÇAM DENTRO DO VEÍCULO DURANTE TODO O PERCURSO.)

Depois de uma fileira de árvores, uma placa que parecia saída da Estrada de Tijolos Amarelos dizia: CANTO DOS LEÕES. Não avistamos leões, mas havia um babuíno sentado numa grade, com o parque se estendendo atrás dele. Tinha um ar nobre, sobrenatural. Havia algo silencioso e impressionante em sua postura, como se soubesse as respostas a todas as perguntas.

Saímos do carro para observá-lo, deixando as portas escancaradas. Luke tirou uma foto e o babuíno continuou imóvel, seus olhos não registraram a nossa presença... até que ele se moveu, e o fez de maneira tão sutil que ninguém percebeu que estava mesmo se movendo. De repente, ele se jogou para a frente com os braços fortes e Luke pensou, *Vai ser uma foto maravilhosa – ele está entrando cada vez mais no enquadramento*, sem perceber que isso significava que ele estava se aproximando cada vez mais. E aí o babuíno começou a correr, pulando, bem rápido, e Ruben, George, Luke, Ryan, Ferg e eu gritamos e saímos correndo, meio rindo, meio com medo.

Com um salto, ele subiu no teto do carro. Quando George correu na sua direção e bateu uma das portas, tentando tirá-lo de lá, o babuíno ficou de pé nas patas traseiras e soltou um urro, como se estivesse nos informando que era capaz de arrancar nossos olhos, de nos esmagar com um golpe de seu braço forte.

Estávamos todos espalhados, observando-o de longe. Ele se pendurou na porta e entrou no carro. Achou a minha bolsa no banco de trás e mexeu nela como se tivesse mexido em bolsas a vida inteira. (Parecia tão humano que Ruben ficou com medo de ele sair dirigindo o carro. Esse táxi era o ganha-pão de Ruben; o pai dele vendera a loja para comprá-lo.) O babuíno furtou um *muffin*, saiu do carro, tirou a embalagem de plástico, enfiou o nosso único lanche na boca, voltou para o carro para uma última busca e saiu de lá com uma casca de banana. Comeu um pedaço da casca de cada vez. E aí se foi, andando lentamente rumo à vastidão do parque. Nós o vimos desaparecer e, então, entramos no carro, dirigindo para o meio da nuvem de poeira.

15. A sombra e o estádio

A Cidade do Cabo, na África do Sul, é bonita, mas perturbadora. Embora estivéssemos hospedados num apartamento no centro, que parece o centro de qualquer outra cidade fantástica, só que melhor, já que de lá podíamos ver montanhas e o oceano, também passamos de carro pelas *townships*, a palavra com que os sul-africanos se referem aos guetos, parecidos com Mathare, extremamente pobres. E, pelo que pudemos perceber, os habitantes das *townships* eram todos negros, enquanto nas ruas bonitas por onde andamos só havia brancos.

Estávamos ali porque esse país ia sediar a primeira Copa do Mundo do continente africano. Havia todo um drama quanto a isso. Os jornais britânicos publicavam artigos dizendo que o país não conseguiria se preparar para o evento. Os estádios estavam pela metade e havia boatos de que a Fifa estivesse procurando uma segunda opção.

De um mirante privilegiado no morro Signal Hill, estávamos sobre as nuvens que se dispersavam gradualmente, revelando a praia, o mar verde e o começo do Estádio da Cidade do Cabo. Descemos até o local das obras, com Ryan e Ferg hipnotizados pelo balé das garças.

No nosso planejamento, escrevemos no bloquinho de anotações: "Jogar com os caras que estão construindo os estádios?" Era a nossa esperança. Parecia algo infalível – certamente havia centenas de trabalhadores e, sem dúvida, alguns deles deviam jogar futebol –, mas fui invadida por aquela conhecida crise de autoconfiança quando de fato chegamos lá. Jogar futebol com os pedreiros que trabalhavam nos estádios? Parecia perfeito demais para ser verdade.

Homens de macacões amarelos espalhavam-se pelo gramado em frente ao estádio, com os capacetes sobre o rosto e as mãos sobre o peito – hora da soneca. Os que dormiam de barriga para baixo revelavam números nas costas: o número 10, como numa camisa de jogador de futebol, sob os escritos TEAM GREEN POINT.

Um homem deitado de lado comendo uma maçã nos observava enquanto nos esquivávamos dos braços e pernas esticados. "Oi", eu disse. "Vocês estão construindo esse estádio?" E respirei fundo, impressionada com a minha capacidade de fazer perguntas idiotas. Mas segui em frente. "Você joga futebol?"

"Não", ele respondeu, sorrindo. "Eu durmo."

"Conhece alguém que jogue?"

"Claro."

"Onde?"

Ele apontou para o estádio, o que me deixou confusa. Talvez ele não tivesse entendido. Não estava procurando pelo estádio. Estava procurando pelos jogos que aconteciam fora dele. "O que eu quis dizer é: alguns dos caras que trabalham aqui jogam?"

Ele sorriu novamente para mim, como se estivesse tentando ser paciente. Apontou mais uma vez para o estádio. "Siga para a esquerda."

Descemos por uma estradinha de terra, ouvindo o barulho alto – buzinas, escavações, o rugido dos motores. Não vimos muita coisa perto do estádio, só uma colina gramada. Mas os homens iam até lá andando, então resolvemos ir também.

Chegamos ao topo da colina e olhamos para baixo. Lá embaixo, homens de capacete de segurança, macacões de construção e botas pesadas jogavam altinha. Quando um deles deu uma cabeçada na bola, o capacete fazendo *tiim!*, Luke soltou um riso meio atropelado: "Que. Coisa. Linda."

CAPACETES AMARELOS dispostos a uns sessenta centímetros um do outro formavam os gols. A maioria dos jogadores trabalhava com metalurgia. Um dos homens, Babs, era engenheiro, o único engenheiro negro e o único engenheiro que jogava futebol no horário de almoço. "Eu prometi ao pessoal da gerência que isso não vai afetar a produção", disse Babs. "A gente almoça na hora do lanche, e aí a gente pode jogar na hora do almoço. É a única hora que eu tenho para jogar. Jogamos porque adoramos futebol."

Alguns dos homens eram bons – suas botas pesadas não os deixavam mais lentos; outros não. Um homem barrigudo desabotoou os suspensórios e gritou algo em xhosa, uma das línguas nativas da África do Sul. Imaginei que fosse algo como "Lá vou eu". Parecia que esse homem de barriga e bochechas redondas não costumava jogar mas, por algum motivo, decidira jogar naquele dia. Ele chutou a bola para a frente, correu, tropeçou e caiu. Ficou lá deitado na grama, de barriga para baixo. Deu um sorriso enorme. Em seu sorriso dava para ver embaraço, timidez, surpresa, felicidade. E o sorriso não sumiu quando ele ficou de pé com dificuldade, não sumiu quando ele saiu correndo pelo campo, não sumiu durante todo o tempo em que ele jogou.

O estádio construído pela metade avultava atrás de nós. Estávamos literalmente jogando à sua sombra. Com esse enorme palco de espetáculos nos observando, era como se estivéssemos brincando de faz de conta. Imitávamos a grandeza do futebol, com movimentos excêntricos e exagerados. Quando alguém fazia gol, os homens se jogavam uns em cima dos outros.

Depois de vinte minutos, tocou o alarme da hora do almoço e o jogo terminou.

"Para onde você está indo com essa habilidade toda?", Babs me perguntou depois que saímos de campo.

Ri e cruzei uma perna por cima da outra, minha pose de flamingo, que sempre faço quando me sinto tímida, encabulada.

"É sério. Para onde você está indo com essa habilidade toda?"

Passei as unhas pelo cabelo, pensando no teste para a liga profissional pela primeira vez desde que chegamos à África. "E você? Eu vi as suas firulas lá no jogo. Já quis jogar profissionalmente?", perguntei.

Ele fez um gesto com a mão. "Não, pelo menos não desde que eu era criança. Eu sabia que queria ser engenheiro." Ele sorriu, chegou perto de mim e acrescentou: "Mas quando a bola vem para mim, eu tento ver se posso aproveitar algum passe."

Eu ri e perguntei: "Então, como é a sensação de construir um estádio?"

"Geralmente, eu construo shopping centers ou prédios de apartamentos, então construir o lar do futebol, a minha paixão, me deixa muito animado."

Ele já devia ter ouvido os boatos sobre as coisas não ficarem prontas a tempo na África do Sul, então perguntei: "O que você acha das pessoas que dizem que a África do Sul não estará preparada?"

Ele deu de ombros. "É preciso estar na África para dizer isso. Os caras que dizem isso só viram a África pela televisão. Mas nós, que estamos aqui dando duro, sabemos que vamos estar prontos."

Nós nos cumprimentamos com um aperto de mão e nos desejamos sorte. Fui até Ryan e Ferg, que estavam entrevistando um dos trabalhadores. "Se eu não posso jogar na seleção nacional, posso pelo menos dizer para o meu filho: 'O seu pai construiu esse estádio.' Estou fazendo algo pelo meu país. Às vezes, fico no meio do campo, olho para as arquibancadas e penso: *Nossa, em 2010 vai ter gente sentada aqui.*"

Os homens ao nosso redor abotoaram os suspensórios dos macacões, colocaram os capacetes e voltaram andando para o estádio que abrigará o maior evento esportivo do mundo.

16. Campeonato de vila

Fiquei atrás de uns quinze adolescentes do sexo masculino, na beirada de uma escola abandonada em Mafi Sasekpe, uma vila rural de casas com teto de palha na região de Volta, em Gana, assistindo a um jogo que acontecia no campinho meio gramado e meio de terra. À minha frente, três moças adolescentes equilibravam isopores na cabeça, vendendo *donuts*, chocolates e refrigerantes para a torcida. Crianças andavam para lá e para cá, esperando para buscar alguma bola perdida. Na linha de fundo, perto do gol, mulheres de meia-idade batiam tambores e dançavam – balançavam os quadris, os braços e maracas. Os velhos do vilarejo estavam sentados sob um carvalho gigante, distante demais do jogo para que pudessem vê-lo, mas perto o suficiente para que pudessem enxergar o espetáculo ao redor.

Era um campeonato de vila, as quatro vilas locais se reunindo para jogar futebol. Não sei com que frequência esses campeonatos ocorrem, mas a partida naquele campo tinha a intensidade dos jogos que só acontecem uma vez. Cheguei mais perto da lateral, tentando achar um espacinho para poder ver o jogo. Os jogadores eram derrubados o tempo todo. Tanto que comecei a pensar em algum termo mais específico: *de fato*, parecia o impacto de um veículo contra outro num acidente. Vinte minutos depois, quando substituí um ala, essa era a sensação. Pude ouvir os jogadores vindo para cima de mim, mas não os vi – só senti a sua força sobre mim. O ar sumiu dos meus pulmões, a bola também sumiu, e me levantei sem ter ideia de como ia me equiparar a eles.

Dez minutos mais tarde, minha camisa, grande demais para mim, inflou feito uma vela quando corri. (Fiquei o tempo todo surpresa com minha ousadia, pensando: *O quê, você acha que consegue correr mais do que eles?*) Era como se todos os outros estivessem congelados e me fossem dados mais três segundos de lambuja para correr sozinha. Pedi a bola e lá estava ela, quicando pelo gramado irregular na minha direção. E era aí que eu devia chutar. Em vez disso, fingi chutar e fiz uma finta. (Não consegui conter minha imensa vontade de driblar.) Enquanto o cara da defesa que estava na minha frente partiu para tentar bloquear meu chute em falso, dois outros me fecharam por trás. Rapidamente perdi a bola e fui dispensada da jogada.

Luke se deu melhor do que eu. Com a intuição tinindo, ele adotou o estilo de jogada que a partida exigia. Com isso, não quero dizer que ele adotou as acrobacias físicas dos ganenses, e sim que se voltou para o seu dom, para a calma: ele sabe como ficar tranquilo em meio à confusão. Quanto mais rápido ficava o jogo, mais ele se mantinha no controle, recebendo as mesmas bolas quicando, que eu achara tão difíceis, dando passes certeiros para seus companheiros de equipe.

Ele jogava tão bem que convenceu os ganenses de que tinha capacidade de realmente ver o jogo... e, portanto, era o homem ideal para ser o juiz da final. Deram a ele um apito, um cartão amarelo, um cartão vermelho e o mandaram para o centro do campo.

Campo de batalha, zona de guerra, arena de gladiadores, carnificina, derramamento de sangue – todo o vocabulário de guerra tomado emprestado pelos locutores, escritores, espectadores e jogadores para descrever um jogo de futebol surgiu na minha cabeça enquanto eu assistia ao jogo. Braços e pernas esticados no chão, uma testa chocando-se contra a outra, gente planando, roubadas de bola com chuteiras no ar, corpos voando para todo lado. O tempo todo homens contundidos eram levados para fora de campo. Luke corria para lá e para cá, levantando um cartão amarelo após o outro – nove, no total. Dizer que ele havia perdido o controle do jogo seria dizer que, em algum momento, estava no controle – o que nunca aconteceu. Não sei se algum juiz conseguiria estar. As pessoas na torcida urravam. Como estávamos hospedados em Mafi Sasekpe e tínhamos amigos no time, o pessoal das outras vilas achava que Luke não estava sendo justo. Nossos amigos de Mafi Sasekpe também não estavam satisfeitos. Já que cada tentativa de roubar a bola era violenta e

A decisão por pênaltis apitada por Luke em Gana. (Cortesia da autora)

confusa, Luke não parecia saber quais devia deixar passar e quais devia interromper. Eu me sentia como imagino que as mães dos goleiros se sentem: não conseguia nem olhar.

Quando Luke apitou para indicar o final, o jogo estava empatado, o que significava que Luke ia ter de apitar a decisão por pênaltis. Pessoas de todas as vilas se aproximaram do gol. Os jogadores expulsaram os galos que andavam pelo campo. Crianças sentaram perto dos jogadores que iam bater os pênaltis. As mulheres dançavam e balançavam os sarongues estampados com batique sobre as cabeças, como se fossem cordas de enlaçar animais. O jogo terminou com a mesma confusão e explosão de todas as decisões por pênalti, e lá estava Luke, no meio das pessoas enlouquecidas, com o apito ainda nos lábios.

Toda a barulheira do jogo contrastava vivamente com o silêncio que encontramos depois – dois meninos fazendo uma bola.

Passo 1. Ande quase dois quilômetros até a loja e compre um pacote de cem "borrachas", os saquinhos elásticos usados para colocar açúcar.

Passo 2. Encha um dos sacos de água. Depois sopre até ele crescer feito um balão.

Passo 3. Amarre a boca do saco e vire a borda do avesso, cobrindo a bola.

Passo 4. Coloque mais sacos sobre a bola, esticando bem o plástico. Faça quantas camadas puder, esticando o plástico até ficar bem firme.

Passo 5. Pegue uma meia e cubra o plástico. Use um facão para cortar a ponta.

Passo 6. Com agulha e linha, feche a meia.

17. Abafando em Los Angeles

Num dia você está no Togo – não havíamos atravessado completamente a fronteira quando avistamos nosso primeiro jogo, numa praia uns cem metros à nossa direita, de frente para o mar revolto, quinze contra quinze, metade dos jogadores no Togo e a outra metade provavelmente ainda em Gana – e no dia seguinte você está no avião, saindo da África. Você está na África e, de repente, não está mais. Como sempre, fico chocada com o quanto o presente se transforma no passado.

Apoiei a cabeça na janela do avião, observei a comissária de bordo falando sobre os cintos de segurança e as saídas de emergência e pensei no Togo. Guarda-sóis enormes e barraquinhas de praia ladeando as ruas cheias de areia. Mulheres levando cargas pesadas na cabeça, uma bandana enrolada amortecendo o peso de um isopor, uma trouxa de roupas ou uma máquina de costura. Homens de camiseta regata sentados em cadeiras de plástico, exclamando coisas em francês, querendo vender *donuts* ou levar as pessoas de carro para onde quisessem ir. No táxi, jogos de futebol passavam rápido pelas janelas, mais jogos por rua do que em qualquer outro país que tivéssemos visitado até então. Esticávamos o pescoço para ver mais de cada ruazinha empoeirada. Em frente a uma parede caiada, com a marca meio apagada da Coca-Cola, que parecia pertencer a um cenário de filme da década de 1940, jogamos com meninos adolescentes com melissas nos pés e uma adolescente trajando uma camisa de Drogba. Um homem passou com sua moto pelo meio do jogo. "*Bon soir*", exclamou, erguendo os dedos das mãos ainda no guidão, uma nuvem de poeira subindo atrás dele. Sem querer que o tempo acabasse, jogamos até o sol se pôr, sentindo o cheiro do mar salgado, a bola sibilando sobre a areia.

Quando aterrissamos em Durham, Carolina do Norte, nos despedimos dos professores e amigos que nos hospedaram e colocamos as malas nos carros rumo a Los Angeles, onde nossos produtores e nosso futuro nos esperavam.

Ryan cortou pelo centro do país e levou uma multa por excesso de velocidade no Arizona; Ferg pegou a rota sul e estourou um pneu saindo de um acampamento no Novo México; e Luke e eu resolvemos desviar até Montana e atingimos o cervo.

Depois de dez minutos sob a luz do poste, olhando feito bobos para o carro amassado, voltamos para a rodovia e andamos devagar, a cinquenta quilômetros por hora. Duas horas depois, chegamos à saída que tínhamos que pegar. Dirigindo por uma estrada de terra, a apenas uns 25 quilômetros da cabana do amigo de Luke, avistamos uma sirene pelo retrovisor. Tenho medo de todos os policiais, sempre certa de que estou prestes a ser presa fazendo algo ilegal e indefinido. Luke parou no acostamento enquanto eu olhava para o velocímetro e confirmava o que já sabia: era impossível que estivéssemos acima do limite de velocidade.

Como a nossa janela não descia, Luke abriu a porta do carro quando o policial se aproximou. "Fique no carro!", ele gritou, o corpo inteiro tenso, a mão na pistola.

"Janela quebrada", Luke explicou para o homem, que estava totalmente alerta, desconfiado daquele carro esquisito, com só um farol ligado, dirigindo cinquenta quilômetros abaixo da velocidade permitida às 3h da manhã.

"O que está havendo?", perguntou o policial, colocando a luz da lanterna bem nos olhos de Luke.

"Atingimos um cervo."

Ele assentiu, a expressão no rosto mais relaxada. "Isso acontece por aqui", disse. "Minha mulher atropelou três no mês passado." Ele nos aconselhou a levar o carro à oficina Crash & Repair na manhã seguinte, eram especialistas em colisão com cervos. Bateu na lateral do carro, disse para tomarmos cuidado, e continuamos nosso penoso percurso até a cabana.

Três dias, seiscentos dólares e um para-brisa novo depois, estávamos novamente na estrada, dirigindo pelo deserto. Atravessando o país, não sabíamos que a economia estava começando a afundar. E também não sabíamos que o nosso patrocinador estava passando por um divórcio complicado.

Quando chegamos, Les nos levou para almoçar num restaurante mexicano chique em Pasadena. A caminho de lá, passeamos a pé pelas ruas bonitas e vimos mulheres com roupas caras. Tentei não sentir medo do brilho e do glamour de Los Angeles. Na verdade, nasci aqui, em West Covina, o que, até então, era só um fato trivial a meu respeito, que eu usava para parecer mais sofisticada quando era menor – sou uma menina da Califórnia –, muito embora minha família tivesse se mudado antes mesmo de eu ter idade para me lembrar direito das coisas. Agora, me apegava a este fato, como se isso significasse que pertencia mesmo ao lugar, que ele não me parecia tão estranho assim. Mas eu me sentia menos em casa ali do que em qualquer outra parte do mundo.

No terraço, sentamos a uma mesa de distância da mesa onde Steve-O, do programa *Jackass*, estava comemorando seu aniversário. Eu nunca tinha ouvido falar de Steve-O e nem do programa, mas Luke, Ryan e Ferg tinham, e estavam se esforçando para fingir que não era nada demais o fato de ele estar sentado ali. Conversamos em voz baixa sobre ele, comemos batatas fritas e, até nossa comida chegar, falamos sobre amenidades com Les, contando da nossa viagem de carro e do protetor de lábios californiano.

Eu tinha dado a terceira mordida no meu *burrito* quando Les deu a notícia: "Pessoal, sinto muito, mas não tenho como financiar o resto do filme de vocês."

Ryan, Ferg, Luke e eu saímos do almoço juntos. Na minha cabeça, tudo aconteceu em câmera lenta, como vemos nos filmes, quatro personagens de óculos escuros, andando a passos largos rumo a algum lugar. Só que, na verdade, estávamos nos afastando de uma coisa. Ouvi a voz do cara no fim de *Uma linda mulher*: "Bem-vindos a Hollywood! Qual é o seu sonho? Todos vêm para cá; aqui é Hollywood, a terra dos sonhos. Alguns sonhos se realizam, outros, não; mas continue sonhando..."

Estranhamente, me senti aliviada. Ter um investidor – isso sempre me pareceu sorte demais.

Processamos juntos essa nova realidade, nos revezando para abordar todos os detalhes: estávamos em Los Angeles; não tínhamos como pagar o aluguel; não tínhamos equipamento de edição. Pegaríamos os carros e atravessaríamos o país de volta? Será que nossos carros conseguiam? Como conseguiríamos ir à Ásia? Ao Oriente Médio? Como terminaríamos o filme?

Francis, o produtor que Les havia contratado para saber se seu dinheiro estava sendo mesmo bem empregado, ficou conosco apesar de Les não poder financiar o resto do filme. Ele deu telefonemas, pedindo favores na cidade, e nos deixou entrar em estúdios depois do horário comercial. Uma amiga dele nos emprestou um computador que não ia usar durante um mês. Editamos e editamos e tentamos descobrir o que faríamos a seguir.

Talvez não pudéssemos mais ir para lugar algum. Tínhamos conseguido ir ao Egito e à Palestina – isso podia contar como Oriente Médio. Será que daria para deixar a Ásia de fora? Era o que as pessoas sugeriam – esqueçam essa parte. Franklin Foer, autor de *Como o futebol explica o mundo*, o livro de futebol mais famoso do século, não conseguiu ir para lá. A China, o país mais populoso do mundo, raramente se classifica para a Copa do Mundo; em 2002, quando eles conseguiram, não marcaram um único gol. Quando pesquisei na internet como era o futebol informal na Ásia, só aparecia um artigo da revista Time: "Woes in Asia". Um trecho: "No Japão, dizem que nos concentramos demais no ensino", diz Yahiro Kazama, um dos poucos japoneses que jogaram profissionalmente na Europa. As crianças japonesas, assim como outras no leste asiático, participam de práticas organizadas de futebol depois da escola, mas tendem a abandonar o esporte quando não estão jogando oficialmente. "Eles são bons para aprender", diz o comentarista de futebol japonês Michel Miyazawa. "Mas se eu peço ao meu filho para jogar bola, ele fica surpreso e diz: 'Sério? Aqui? Agora?'"

Mais para o fim, o artigo dizia: "Se você procurar pela Ásia, não vai ver muitos campos com gols." Era desanimador.

Já tínhamos filmagem em excesso. Era impossível ir a vinte e tantos países e sair com menos material – tudo fantástico! – do que você poderia usar em toda a sua vida. Fiquei olhando para a tela do computador, para os momentos que eu amava e que sabia que teríamos de cortar. A expressão de William Faulkner sobre a necessidade de "matar as coisas queridas" estava escrita num Post-it no canto da mesa. Ir até a Ásia só pioraria as coisas.

Mas nosso plano era fazer um filme sobre o futebol informal ao redor do mundo – o mundo inteiro. Luke via trechos da Liga Júnior toda semana e jurava que os japoneses eram os torcedores mais animados que já havia visto. Eu também já tinha visto a enorme quantidade de torcedores asiáticos na Copa do Mundo de 2006. Não acreditávamos que eles não gostassem de futebol.

Los Angeles – terra de gente famosa. Vi três celebridades no meu primeiro mês. Primeiro, o cara do *Jackass* no restaurante. Depois, quando estava num café em Wilshire Boulevard, tentando escrever uma nova carta para pedir financiamento, Jason Alexander, o George de *Seinfeld*, entrou. A barista gritou: "Nada de café para você!", imitando o nazista da sopa da série, e George sorriu, simpático, dizendo: "Aí você me pegou..." E, enquanto eu e Luke estávamos comendo um doce na Diddy Riese, um Mini Cooper estacionou perto da calçada e dele saiu Britney Spears. Fomos atropelados pelos *paparazzi* com suas lentes teleobjetivas, tentando chegar mais perto dela. A amiga dela gritou para eles: "Cuidado com esse pessoal aí!" E ela estava falando de nós. *Nossa, meio que fui protegida pela Britney Spears*, pensei com meus botões enquanto lambia o sorvete.

Enquanto olhava para ela (e a massa de homens enlouquecidos que a perseguia com câmeras), pensei nas pessoas famosas que têm alguma ligação com o futebol. Drew Carey é dono de um time da Major League; Jon Stewart jogou futebol no William & Mary; Tina Fey quer que todas as suas filhas pratiquem o esporte; Kobe Bryant diz que é o maior fã da Marta; Steve Nash afirma ser o melhor jogador de futebol da NBA. Talvez um deles fosse a resposta que procurávamos.

Depois de editar um esboço do que já tínhamos até o momento, Luke e eu fomos de carro até um treino do Los Angeles Galaxy, com a intenção de entregar a versão do filme a Munoz, um cara que cresceu jogando com Luke e, agora, estava no time de desenvolvimento do Galaxy. Nossa esperança era que ele passasse o filme para Beckham. Quando paramos o carro na entrada dos fundos do estádio, vimos um Bentley sair. Luke e eu olhamos um para o outro: por que não entregar o filme diretamente nas mãos de Beckham?

Luke deu meia-volta e saímos em disparada atrás dele. Revirei o porta-luvas em busca de uma caneta e anotei meu telefone na capa do DVD.

Quando paramos no sinal vermelho, lutei para sair do carro. Como a maçaneta ainda estava quebrada, precisei me enfiar no banco de trás, que, no momento, estava ocupado pela nossa enorme caixa térmica. Eu me espremi no pequeno vão entre a caixa e o assento e consegui sair do carro. Passei pela Escalade preta à nossa frente, pensando rápido: *Será que é o guarda-costas do Beckham? Será que ele vai me impedir?* Corri até o Bentley, rezando para que o sinal não abrisse antes de eu chegar lá.

Quando cheguei à sua janela, que estava com o vidro abaixado, ele estava virado para trás, esticando o braço para o banco traseiro para ajustar o cinto de segurança dos filhos. Esperei até que ele se virasse e o vi de perfil, olhando para a frente. Ele olhou de soslaio para a esquerda, me viu e seu corpo inteiro pulou de susto.

Meti a mão com o DVD da versão incompleta do documentário pela janela. "Será que você poderia ver isto aqui?", perguntei, ofegante da corrida.

Nunca babei por celebridades bonitas antes, mas ali, a poucos centímetros do rosto de Beckham, fiquei alarmada, distraída, *é por isso que as pessoas ficam loucas*. Estava olhando sem parar para aqueles olhos famosos, quando percebi que eles estavam olhando para baixo, para o meu peito.

Percebi que, sem querer, tinha colocado meus seios bem na cara de David Beckham. Estava usando uma regata decotada, debruçada na janela dele, e meus seios estavam bem na sua linha de visão. Ele não tinha mais para onde olhar.

Eu me afastei e balbuciei rapidamente: "Meu namorado e eu estamos fazendo um filme sobre o futebol informal pelo mundo."

Ele sorriu, fez um movimento afirmativo com a cabeça e disse "Ok", e "Ok", e talvez tenha dito "Legal".

O sinal ficou verde. Voltei correndo para o Camry, empurrei a caixa térmica e me joguei no banco de trás.

No caminho de volta para o apartamento do primo de Luke, fiquei me torturando, repassando mentalmente o que havia acontecido. Pensei em todas as coisas que deveria ter dito. Eu poderia ter mencionado os presidiários na Bolívia, os caras que fabricam bebida ilegal no Quênia, os rappers de dezoito anos na França. Um filme sobre eu e meu namorado – era assim que eu tinha descrito a coisa? E, numa onda de calor, percebi que falara de futebol informal usando a palavra "*pickup*" – embora os ingleses usem "*kick about*". Talvez Beckham não tenha entendido o que eu quis dizer. E também tinha o título provisório que escrevi na capa do DVD: *Footplay*, um nome que eu adorava e que insistia para que usássemos. Eu achava divertido, inteligente, diferente. Mas, quando estávamos pedindo para as pessoas votarem no título, alguém escreveu: "Já jogaram '*footplay*' no Google? Só aparece coisa de fetiche sexual..." Fiquei ali, no banco de trás, ainda pensando nessas coisas. *Footplay*, *pickup* e o meu telefone: é bem provável que, aos olhos dele, eu seja só mais uma fã enlouquecida que passou para ele um DVD com sabe-se lá o quê.

Beckham não telefonou. E eu lhe dou razão. Também não conseguimos falar com mais nenhuma celebridade. Pelo jeito, era difícil entrar em contato com elas; nenhum dos nossos planos brilhantes para entrar de penetra funcionou. Assim, acabamos abusando da hospitalidade dos nossos amigos, hospedados em seus apartamentos, comendo sanduíches de manteiga de amendoim, filmando casamentos e respondendo a anúncios que diziam coisas como "Ganhe US$ 100 para beber" – o tempo todo tentando imaginar como conseguiríamos terminar o filme.

Foi Ferg quem descobriu a nossa chance de despontar para a fama (é assim que as pessoas falam em Los Angeles – "despontar para a fama", "apostar tudo", "tirar a sorte grande"). Ela estava na loja MelroseMac de

Hollywood quando viu um anúncio: "Envie um trailer para concorrer a $10.000 em produtos Apple." Ela levou o folheto para casa e ficamos sentados na mesa da cozinha, olhando para ele, sentindo primeiro uma grande esperança e depois uma grande dúvida: quais eram as chances de, de fato, ganharmos uma promoção?

Fizemos o trailer. Enquanto editávamos, Luke e Ferg cantavam a música do filme *Team America*: "Vamos precisar de montagem.../ Mostrar várias coisas acontecendo ao mesmo tempo.../ Montagem."

Os lugares, as pessoas e os jogos se juntaram – a Torre Eiffel, as pirâmides, os peões na construção do estádio para a Copa do Mundo, os deuses de sunga no banco de areia, os *gauchos*, o dançarino que usava diamantes em Marselha, Sireen segurando seu *hijab* no estacionamento, James em frente à beira do rio cheio de lixo, dizendo "Aqui, todo mundo acha que você é só mais um bêbado. Mas quando a gente entra em campo, elas dizem, '*Ah, aquela pessoa sabe jogar*'." Nós quatro sentamos na cama e ficamos vendo o trailer sem parar, convencidos de que, mesmo que não ganhássemos a promoção, precisávamos achar um jeito de terminar o filme.

Voltamos a pedir dinheiro. Nenhum de nós tinha coragem para falar novamente com as pessoas com quem já tínhamos falado, que eram basicamente todas as pessoas que conhecíamos. Ferg comprou um livro sobre como conseguir financiamento e bolamos estratégias: fizemos uma campanha no Facebook, colocamos um pedido no nosso website e estabelecemos um sistema de títulos para os doadores – quem doar vinte dólares é fã; cinquenta dólares, jogador; cem dólares, companheiro de equipe; quinhentos dólares, capitão. Recebemos doações de desconhecidos da comunidade do futebol que diziam coisas como "Mostrem ao mundo que os Estados Unidos falam a mesma língua!". Em março, já tínhamos 11 mil dólares de doações, e um amigo nos emprestou mais dez. Sentimo-nos imensamente gratos.

Em março, ficamos sabendo que estávamos entre os dez finalistas para ganhar a promoção da MelroseMac. O finalista com mais votos ganharia. Convenci meu antigo técnico a me dar a senha e os dados para acessar um servidor que enviava e-mails para os técnicos de todas as faculdades do país; Luke e eu enviamos tantos e-mails que as nossas contas do Yahoo ficaram suspensas durante dois dias. Em pouco tempo, o trailer chegou aos blogueiros. Quando o Soccer By Ives, o blog de futebol mais famoso do país, falou de nós em seu site, a nossa visitação subiu de trinta e tantos para seiscentos e tantos em dois dias. Até o encerramento da votação, nós quatro enviamos e-mails para todas as pessoas conhecidas ou de que já tínhamos ouvido falar, pedindo que mandassem e-mails para todas as pessoas que conheciam ou de quem só tinham ouvido falar. E aí esperamos.

Reservamos o restante das passagens, muito embora fosse uma atitude tola. Se não ganhássemos, teríamos de gastar o dinheiro que arrecadamos só com equipamento de edição. Mas os nossos instintos diziam *Não parem para pensar: ajam.*

18. No topo

Vimos uma foto de uma quadra de futebol no terraço de um prédio em Tóquio, a silhueta dos edifícios brilhando ao fundo, e então fomos ao Japão para procurá-la. Tínhamos uma semana.

Havia música por toda parte, quer você estivesse saindo do metrô, atravessando a rua ou andando por uma loja de departamentos. Música suave, música *trance*. Atravessamos o cruzamento em frente à estação Shibuya, notas de teclado se mesclando aos nossos pensamentos enquanto milhares de pessoas – mulheres com cortes de cabelo modernos, luvas sem dedos e botas de salto alto; garotos com jeans colado e camisetas fluorescentes; executivos carregando maletas – passavam por nós, e nossa busca pelas quadras de futebol começou.

Talvez o autor do artigo "Woes in Asia" – o cara que não conseguiu achar nenhum gol – só não tivesse procurado com muito cuidado. Ficamos nas esquinas, esticando o pescoço e olhando para o céu, como se pudéssemos ver o topo dos arranha-céus. Os japoneses não colocam placas em todas as ruas e não tínhamos nenhum endereço por onde começar. Frequentemente nos sentíamos como se estivéssemos participando de uma enorme e às vezes embaraçosa gincana, cutucando as pessoas e murmurando frases incompletas: "Quê?", diziam elas, franzindo a testa, inclinando a cabeça para mais perto para que os americanos tentassem novamente.

Em Tóquio, Luke repetia a frase que havia montado depois de ler livros e ouvir *podcasts* para aprender japonês: "Você conhece alguma quadra de futebol em cima de um prédio?" Tentava diferentes inflexões até finalmente ver o rosto da pessoa se iluminar, o que geralmente era seguido de um veemente gesto negativo com a cabeça: não, não, não sabiam nada sobre quadras de *sakka*.

Luke conversou com meninas de uniformes escolares, que davam risadinhas quando ele falava. Em frente a uns restaurantes, ele tentou abordar dois homens-sanduíche que anunciavam os pratos do dia. Luke pronunciou as sílabas corretamente, mas eles apenas o fitaram, franzindo a testa. "Biergarten?", perguntaram, como se, na experiência deles, fosse o local que os turistas mais buscavam.

E aí Luke tentou um cara de moicano e jaqueta de couro que vendia bijuterias douradas que brilhavam sob as luzes piscantes de Tóquio. O homem tirou um bloquinho do bolso de trás da calça jeans e começou a fazer um mapa para nós. Passou as informações bem lentamente, usando as mãos para reforçar os termos de direção em japonês, que Luke havia memorizado. Seguimos as indicações e fomos virando as ruas até onde dava e aí perguntamos novamente: "Você conhece alguma quadra de futebol em cima de um prédio?"

Um executivo de terno e gravata sorriu para nós e disse "Aaah". Apontou a maleta para o alto. "Campo."

Na rua, fomos costurando pela multidão até a porta giratória de uma loja de departamentos. Passamos por bolsas Prada, balcões da Chanel e senhoras experimentando perfume e então entramos num elevador cheio de pessoas cansadas fazendo compras, que foram saindo do elevador toda vez que ele parava, até chegarmos ao topo.

As portas se abriram e revelaram executivos trajando ternos bem cortados e cachecóis azuis escuros, recostados nos bancos de um jardim. Estavam fumando, desenrolando as meias esportivas e tirando os sapatos sociais. Trocando de roupa ao ar livre, tiravam as calças e desabotoavam as camisas, vestindo camisas com mangas compridas que eram réplicas de times, calças de moletom e luvas. Ficavam pulando no mesmo lugar, aquecendo-se no frio.

Atrás deles, duas quadras de *sakka* cobertas com rede para impedir que a bola saísse voando do prédio. O homem atrás do balcão nos explicou: em

Tóquio, porque o espaço é muito caro, as quadras ficam escondidas em cima dos prédios. Homens jogavam futebol no topo da cidade. Cercado pelos arranha-céus, o lugar era uma redoma de silêncio, já que os cruzamentos lotados e as propagandas eletrônicas eram apenas um burburinho distante lá embaixo.

Não era barato alugar uma quadra nos ares de Tóquio e não era algo que os homens com quem jogamos fizessem todos os dias. A sensação era de que se tratava de uma ocasião especial, como alugar uma pista de boliche ou um rinque de patinação para uma festa de aniversário. Vi um cara meio calvo bater palmas com as mãos enluvadas e dar um largo sorriso. Pensei no que um técnico me disse certa vez: "Você precisa sorrir mais enquanto joga." Ele estava certo – eu raramente sorria. Quando o meu time no colegial colocou "Girls just want to have fun" para tocar durante o nosso aquecimento, eu não conseguia acreditar. Eu não queria só me divertir.

Na quadra de grama sintética, meus colegas de time jogavam a cabeça para trás e riam dos erros cometidos. Riam quando faziam gol; riam quando outra pessoa fazia gol. Ninguém xingava, ninguém sentia raiva ou frustração. Tentei imitá-los. Soprei uma baforada de ar quente nos meus dedos gelados e sorri. E pensei: *Estou em Tóquio, jogando com executivos japoneses, no topo de um arranha-céu.*

Mas também pensei no teste para a liga. Sem ponderar muito, havia preenchido o formulário de inscrição dos jogadores para a reformada liga profissional dos Estados Unidos e apertei o botão de "enviar" antes que pudesse mudar de ideia.

Fazer o teste me parecia meio absurdo, uma volta ao passado, algo embaraçoso: passei os últimos dois anos conhecendo gente que só jogava por jogar, gente que não precisava estar numa liga de futebol... e agora ia fazer o teste para entrar em uma? Parecia pouco digno; como se já fosse hora de abandonar a festa. Mas, se não tentasse, poderia me arrepender e achar que fui covarde. Não queria desistir sem sequer ter tentado.

Eu havia recebido o convite por e-mail: "Parabéns por ter sido selecionada para participar dos Testes para a Liga Profissional de Futebol Feminino no U.S. Olympic Training Center. O evento dará oportunidade a gerentes, técnicos e olheiros para avaliar o seu talento antes do recrutamento para a Liga Profissional de Futebol Feminino." Mais uma chance de jogar com o coração na boca.

O RISO NAS QUADRAS de Tóquio não significava que o jogo não tinha importância. "Trabalho o dia inteiro, das 7h da manhã até as 9h da noite. Às vezes, durmo no escritório", disse Kenji para a nossa câmera, quando o jogo terminou. "Então, o tempo que passo aqui é tudo o que tenho."

Enquanto os homens tomavam banho no vestiário, fiquei sentada num banco entre as quadras. Podia ouvir o som distante de uma voz automática: "Obrigado por visitar a Loja de Departamentos Mitsukoshi." O cheiro de carne que vinha da praça de alimentação subia até mim. Dois bancos adiante, um homem usava um casaco pesado de lã por cima do terno, fumava um charuto, a sua maleta no colo enquanto ele observava as quadras. Era um pouco mais velho do que os caras com quem estávamos jogando, talvez tivesse uns cinquenta anos. Tinha uma expressão séria no rosto. Nossos olhares se cruzaram quando ele deixou a fumaça sair de sua boca. Havia algo de misterioso nele.

Quando perguntei se podíamos conversar sobre o que o futebol significava para ele, ele concordou, o rosto ainda sério.

"Para jogar em Tóquio, é preciso pagar por quadras assim. É caro", disse, lentamente. Colocou as mãos nos bolsos do casaco e olhou para baixo, então ergueu o rosto, sorrindo. "Eu trabalho. Para ganhar dinheiro. Só para depois chutar a bola. O futebol é crucial na minha vida."

DEPOIS QUE SAÍMOS da quadra, bebemos saquê quente e comemos arroz com Kenji e Hiroki, que ficavam olhando para as minhas mãos desastradas enquanto eu lutava com os palitinhos. Aparentemente, era muito engraçado. Hiroki tentou arrumar os meus dedos. O meu bolinho de arroz caiu no molho de soja. "Mas é fácil, tão fácil!", ele disse, sem fôlego.

Mais tarde, naquela mesma noite, Luke e eu ficamos passeando sozinhos, de braços dados, olhando as luzes de neon. Na estação do metrô, segui atrás dele, passando pela catraca, e aguardei na plataforma até que ele me informasse para onde devíamos ir. "Por que *você* não tenta descobrir dessa vez?", ele perguntou. Diminuí o passo, sorri, tentei fazer uma carinha adorável.

"Vai", encorajou ele.

Olhei para a placa e fiquei mexendo nas minhas luvas. Não tinha a menor ideia de onde estávamos hospedados.

"Ah, vai, me diz", desisti.

"Não", disse Luke. "Você consegue." Ele achava que eu mesma sabotava meu conhecimento. Talvez fosse verdade. Mas eu teria dificuldade com o mapa do metrô em Nova York, que dirá com o mapa com nomes que pareciam feitos de linhas contorcidas e casinhas. Não conseguiria "descobrir" nada.

Os trens se aproximavam, um após o outro, e nós só ficamos ali de pé, observando-os partir.

"Você tem 50% de chance de acertar", disse Luke. "Qual é o nosso lado da plataforma?"

Finalmente, apontei para um dos lados.

"Não", disse ele, me levando para o outro.

Não consigo aprender línguas, entender quando nos passam informações ou usar palitinhos para comer... mas sou excelente com uma bola aos meus pés.

19. O futuro

AK É UM CHINÊS de 28 anos, que desistiu de um cargo bem pago e muito respeitado num banco para ter mais tempo para treinar suas firulas futebolísticas. Eu gostaria de dizer que, enquanto o observava fazendo embaixadinhas com as canelas, era difícil imaginá-lo usando um terno, sentado numa mesa. Mas não, isso não é verdade – consigo imaginar a cena facilmente. Talvez ele também conseguisse: assim como nós, ele estava naquela idade em que é preciso escolher caminhos que você não tem certeza se quer trilhar. Talvez, em parte, isso o tenha levado a contar ao seu pai, que não conseguia acreditar no que ouvia, que queria jogar futebol na rua.

Vários anos antes, AK viu um vídeo no YouTube de vários jogadores na rua. Gostou tanto do que viu que começou a tentar fazer os passes sozinho. Todos os dias, passava horas aperfeiçoando os passes que via na tela do computador e inventando os seus próprios. Supostamente, tornou-se o melhor jogador de futebol de rua da China. Eu me deparei com seu vídeo caseiro quando joguei no Google *"Asia + street soccer"*. Enviei um e-mail para o endereço da sua conta do YouTube e, uma hora depois, recebi a resposta: "Venham! Vou mostrar a vocês o futebol de rua!"

Aterrissamos em Xangai no meio de uma temporada de chuvas que bateu recorde. Homens usavam vassouras para tirar o excesso de água das calçadas. Era o ápice do inverno, mas não nos preparamos e nem fizemos as malas muito diferentemente do que faríamos se fosse verão. Em Tóquio, éramos os americanos maltrapilhos – usando uma camiseta por cima da outra, vestindo diversas vezes o único agasalho de moletom que havíamos levado. Em Xangai nos ensopamos, as camadas de roupa encharcadas.

Jogar na chuva morna do verão era diferente de jogar na chuva quando fazia dois graus. Ferg e eu compramos meia-calça, Luke e Ryan usavam calça jeans por baixo do moletom. Nós quatro ficamos encolhidos embaixo do guarda-chuva que pegamos emprestado no hotel. (Ryan acredita que os guarda-chuvas trazem à tona o pior das pessoas: dá para ver claramente o egoísmo quando te enfiam um guarda-chuva no olho, espirram água em você, empurram você para fora da calçada. Como Ryan é alto, é especialmente suscetível ao perigo representado pelos guarda-chuvas que circulam por aí.)

AK – que tinha 1,73 metro de altura, era parrudo e estava usando um agasalho com capuz preto cheio de manchinhas em cor neon – nos levou até seus locais favoritos para jogar na cidade. Ele driblou no centro da Praça do Povo; em frente à estátua de Mao na Universidade Normal da China Oriental; nas escadas em forma de pirâmide do prédio de psicologia; dentro do pagode de um tradicional jardim chinês enquanto um velho pescava com uma vara de bambu no laguinho com lírios ali perto. Algumas pessoas paravam para olhar, e outras o evitavam como se fosse a velha maluca da praça.

O caleidoscópio de paisagens e movimento, o suor em seu rosto, sua respiração quente condensando no ar frio – tudo isso me fazia lembrar uma sequência do filme *Rocky*. Só que AK não estava treinando para nada: não precisava ganhar uma luta ou um jogo. Ele se dedicava apenas em nome de sua arte. "É divertido melhorar", disse, finalmente algo que eu era capaz de compreender.

AK TINHA UM PEQUENO SÉQUITO que o encontrava em locais públicos – em qualquer lugar onde houvesse gente assistindo – para exibir dribles. No sábado, nós os achamos num pequeno anfiteatro perto da estação de metrô do centro da cidade. (Eles conheciam todos os locais da cidade onde podiam jogar sem serem incomodados pela polícia.)

Todo jogador *freestyler* tem seu próprio estilo: a especialidade de um era uma dança tipo *kung fu* com a bola; outro era mestre naquela embaixadinha em que você passa o pé por cima da bola enquanto ela ainda está no ar, que em inglês chamamos de "volta ao mundo". Ele usou essa firula para impressionar sua atual esposa; ela disse que se casaria com ele se ele conseguisse fazer dez em sequência. Um adolescente mirrado de dezesseis anos, com uma camiseta preta que dizia I ♥ SHANGHAI e calça jeans larga, havia começado a treinar recentemente e ainda não sabia fazer muitos truques, mas suas "voltas ao mundo" eram bem-feitas, precisas. Ele e um amigo estavam com fones de ouvido e volta e meia faziam passos de dança. Para melhorar o ritmo das partidas de rua, começaram a fazer o "crip walk". Assim como os brasileiros incorporaram o movimento dos quadris do samba ao seu futebol, eles também esperavam que o crip walk fizesse diferença em suas fintas. Era engraçado estar ali, no meio de Xangai, vendo um menino de dezesseis anos tentar reproduzir o passo de dança inventado por uma gangue de Los Angeles na década de 1970.

Claro que eu não consegui fazer o que eles faziam. Não consegui nem fazer meia firula. Mesmo Luke tinha dificuldades, e ele pelo menos sabe como fazer coisas como a volta ao mundo, muito embora não dê esse nome, porque não acredita em dar nomes às fintas. Quando falo coisas como "pedalada" ele faz careta. Ele não gosta da ideia de aprender um conjunto predeterminado de movimentos. Acredita que cada um deles deve ser único e imprevisível, não algo definido por uma palavra. Luke tem uma abordagem semelhante em relação ao ato de dirigir: ele sabe aonde precisa ir e, para chegar lá, pega um caminho diferente a cada vez, seguindo seus instintos. Só confio nos meus instintos se já foram afiados pela experiência.

Eu estava atrás de AK enquanto ele fazia seu movimento novamente, em câmera lenta. "Tenta. Você consegue", disse.

A última vez em que eu tinha resolvido aprender uma finta tinha uns dez anos. Tenho uma vaga lembrança de um treino de domingo à tarde, de um círculo, do medo de algo que eu não sabia fazer, mas mesmo assim fui driblando até o meio. Talvez à medida que vamos envelhecendo e excluindo as coisas em que não somos bons, acabamos tendo menos encontros cara a cara com a sensação de parecer idiota.

Dentro do anfiteatro em Xangai, movimentando minhas pernas em padrões estranhos, poucos familiares – e inevitavelmente fazendo tudo errado –, era difícil evitar parecer idiota. Resolvi esperar até a hora de ir ao parque ali do lado para jogar de verdade... e ver se aqueles movimentos ágeis estariam presentes no jogo, no tipo de futebol que eu sei jogar.

ANDAMOS EM GRUPO até uma quadra de cimento em frente a uma estátua. AK perguntou a um homem que lia jornal no banco se ele não podia ler em outro banco, já que gostaríamos de usar aquele como gol. AK tirou algumas garrafas de suco de dentro de uma lata de lixo e as colocou no chão a certa distância uma da outra. "Agora vamos jogar dois contra dois."

Sou boa nos jogos de dois contra dois. Sou ardilosa com a bola no chão tanto quanto eles com a bola no ar. Tenho vinte anos de prática, vinte anos de ritual. Tudo sai naturalmente, sem fazer força.

Eu acreditava que os jogadores que gostam de fazer fintas e dribles bonitos não eram competitivos. Estava determinada a roubar a bola, a concluir as jogadas com sangue-frio, a executar sem misericórdia. Ver vídeos no YouTube não é a receita do sucesso.

Luke também jogava em nome de seu orgulho ferido. Durante alguns instantes, nos sentimos como fraudes, pessoas que passaram a vida inteira falando sobre a dedicação ao futebol e, mesmo assim, não tinham nada a oferecer.

Quando nosso jogo começou a esquentar, um cara com uma das pernas do moletom dobrada até a coxa veio para cima de mim. Tirei a bola dele, dei um drible de craque no colega dele e passei a bola para Luke, que mandou para o gol. Despachamos o primeiro par de jogadores em quinze segundos. Quando a dupla seguinte entrou, Luke fingiu que ia mandar a bola no meio das garrafas de suco, fazendo o rapaz escorregar no cimento, esticando-se para cobrir o gol, só que Luke não chutou – a bola ainda estava em seus pés. Ele deu um toquinho e marcou.

Ouvimos a risada novamente – gargalhadas altas. Todos os jogadores estavam sentados nos degraus da arquibancada. Tinham dito que gostavam tanto de dar caneta quanto de fazer gol, então Luke passou a bola por baixo das pernas de um jogador após o outro. Estava inventando jogadas.

Ficou com um pé em cima da bola e, quando o adversário veio roubá-la, ele rolou a bola por entre as pernas do cara. Era bem incrível.

Luke e eu dominamos a quadra, derrotando dupla após dupla até chegar a vez de AK e do driblador que havia conquistado a esposa com passes. Eu devia ter me dado conta de que um cara que mata aula e passa oito horas jogando na chuva não seria ruim com a bola. Seus pés eram mais rápidos que os dos brasileiros, talvez até mais rápidos que os do rapaz em Marselha. Ainda assim, era basicamente performático: ele puxava a bola para cá e para lá, para trás e para a frente, sem chegar a lugar algum. (Como passei anos driblando sem ir a lugar algum, não posso criticá-lo.) Passou a bola por debaixo das minhas pernas duas vezes. "*Yes!*", gritou, descaradamente satisfeito. Ele gargalhou, e cada risada era visível no ar frio. Ele ria tanto que eu também ri.

Famílias nos observavam, não com a expressão passiva que vimos na maior parte dos lugares – gente que passou a vida inteira assistindo àquele esporte –, e sim com surpresa, deleite: o que era aquilo? O que estava acontecendo? Um grupo de velhos, talvez jogadores de cartas que tivessem acabado de terminar um jogo nas mesas do outro lado do parque, fumava e observava com as mãos às costas, boquiabertos sempre que viam uma finta. Havia uma mulher de cabelos grisalhos e blusa de gola rolê que olhava ora para o jogo, ora para os torcedores rindo: ela não conseguia parar de sorrir, não conseguia parar de olhar, embora desse para perceber que só estava de passagem, que estava a caminho de algum lugar. Um pai segurava a mão de seu filho, tão pequeno que não conseguia ficar muito bem em pé. O menino estava usando um boné vermelho do Manchester United e o pai parecia encantado, chocado por se deparar, bem ali naquele parque, com um jogo de futebol, e tentava mostrar ao filho.

NAQUELA NOITE, AK nos levou a um escuro salão de sinuca perto de sua casa para comemorar o aniversário de Luke, que completava 27 anos. Jogamos sinuca, bebemos saquê e ficamos filosofando. Comparando a política dos Estados Unidos e da China, AK disse: "Não é tão diferente assim. Não gostamos do nosso governo. Vocês não gostam do outro partido. Todo mundo põe a culpa nos outros." Sobre a diferença entre o jogo de rua e um jogo formal: "Por que diabos eu ia querer ficar correndo pelo campo todo se posso só ficar fazendo as minhas firulas? E ser feliz." Sobre envelhecer: "Para falar a verdade, já estou com 28 anos. Talvez seja hora de arranjar um emprego e começar uma família."

Luke e AK estavam apoiados nos banquinhos, segurando os tacos no chão à sua frente, os dois com expressão pensativa, olhando para o nada. "Vocês dois vão se casar?", perguntou AK.

"Não", disse Luke, sorrindo para mim.

Eu bati nele. AK riu.

"E você, AK? Vai casar com sua namorada?", perguntei.

Ele franziu a testa. "Estamos brigados. Ela está com raiva de mim. Ela não gosta que eu fique jogando futebol na rua. Ela me pediu para escolher. Você tem muita sorte, Luke, muita sorte por ter uma namorada que goste de futebol."

Às vezes, nos esquecemos da sorte que é ambos gostarmos de futebol, por mais incrível que pareça. Muito embora tenhamos nos conhecido em campo, o futebol, de alguma maneira, parece algo totalmente periférico.

"Talvez eu vá para o Canadá, para melhorar o meu inglês. Talvez eu faça contabilidade", disse AK, passando giz na ponta do taco.

Luke deu um golinho no saquê e balançou a cabeça afirmativamente, demonstrando seu apoio. Depois, disparou várias perguntas: por que Canadá? Como você vai para lá? Vai continuar a jogar na rua? Luke não disse nada sobre seus próprios planos para o futuro.

Eu sabia que ele estava pensando na faculdade de Direito. Tinha comprado um livro chamado *LSAT Logic Games Bible* (A Bíblia dos Jogos de Lógica dos LSAT, o teste de admissão para as faculdades de Direito). Antes de partirmos para a Ásia, ele colocava o despertador para as 6h da manhã e ficava sentado na mesa da cozinha da casa do seu primo durante três horas, todos os dias, estudando com a disciplina de um atleta. Eu ficava bebendo minha enorme caneca de café, olhando para ele, sentada na poltrona do outro lado da sala, resistindo ao impulso de fazer gracinhas, de ridicularizar aquela enorme bíblia sobre Direito, sua respiração pesada, o modo como sua testa inteira franzia enquanto rabiscava respostas nas margens.

Eu jamais gostaria de ser advogada, nunca mesmo. Então era difícil para mim acreditar que ele realmente queria isso. Eu o questionei repetidas vezes, rolei na cama até perto dele e perguntei "Você tem *certeza*?". Não queria que ele perdesse seu encanto. Mas ficava preocupada, pensando que uma mesa cheia de casos nos quais ele não acredita pudesse matar essa coisa intangível que tanto amo nele.

Ele não planejava praticar um Direito no qual não acreditasse. Ele sabe que é idealista e não fala sobre suas intenções. E Luke ainda tem a parábola dos dois filhos marcada dentro dele: se ficar falando sobre tudo que deseja fazer, pode ser que acabe não fazendo.

À meia-noite, brindamos com nossas taças de saquê e cantamos parabéns para Luke, dizendo: "Ao seu futuro..."

20. Bem-vindos ao Irã*

UMA SEMANA DEPOIS, estávamos de volta à Califórnia, sentados numa lanchonete, comendo hambúrgueres e tomando refrigerante em copos decorados com palmeiras. Ali (seu nome é pronunciado como o do boxeador) tinha enviado mensagens pelo Facebook para Luke várias semanas antes. "Ouvi falar que vocês vão jogar no Irã! Nós, iranianos, amamos futebol! Posso dizer tudo o que você precisa procurar!" E agora ele estava à nossa frente, usando um colar de dentes de tubarão, passando as mãos pelo cabelo comprido e ondulado.

Ele só estava há um ano nos Estados Unidos, mas falava inglês perfeitamente. "Pela TV a cabo – *Friends*, Chandler, Mônica –, é assim que a gente aprende inglês", explicou Ali, sem rodeios. "E agora vamos falar de futebol!" Ele escreveu no meu caderno termos de futebol em pársi e como pronunciá-los. "Vocês precisam ir atrás de uma '*douleiar*'. É uma bola de futebol típica do Irã. As crianças compram bolinhas de borracha de 25 centavos em lojas e as rasgam ao meio, aí colocam uma dentro da outra, para a borracha ficar mais espessa e a bola ficar mais pesada." Ele desenhou a bola perto da palavra. E escreveu uma lista de frases fonéticas para que pudéssemos usar depois: "Sabe onde encontro futebol?" "Posso jogar com vocês?" "Tudo bem se ela jogar também?"

Quando eu contei à minha mãe que íamos para o Irã, ela retrucou: "Não, você não vai." A avó de Luke disse: "A Turquia é um país lindo – por que não vão para lá?" E a tia de Luke me falou, durante um jantar: "Sabe, lá eles apedrejam as mulheres adúlteras. Se você tentar jogar bola, o que acha que vão fazer com você?"

* Alguns nomes neste capítulo são fictícios.

Na verdade, não esperávamos realmente conseguir ir para lá. Demos alguns telefonemas só para arriscar, só para descartar a hipótese, para que, assim, a gente não ficasse o resto da vida se perguntando se não teríamos conseguido ir ao Irã. As duas primeiras empresas turísticas com que entramos em contato, depois de procurar no Google por agências de viagem no Irã, nos disseram "não" logo de cara. Elas poderiam nos levar aos museus, às Torres do Silêncio e ao Templo de Zoroastro, mas não poderiam nos deixar ficar zanzando pelas ruas, filmando partidas de futebol. Para fazer isso, precisaríamos de um visto de imprensa. Rick Steves – celebridade da TV e autor de livros de viagem – mal conseguiu ter seu visto aprovado. De modo algum o governo iraniano daria visto para quatro jovens que só tinham feito documentários de faculdade sobre clubes de criadores de furões e times universitários esportivos.

A última empresa com que entramos em contato não era, de fato, uma empresa. Era só um cara, um professor de antropologia em São Francisco, que ajudava as pessoas a irem ao Irã, porque queria que elas conhecessem o país como ele conhecia. "Perdão, Gwendolyn", disse ele, pronunciando meu nome de primeira, como se me conhecesse a vida toda. Ele espirrou do outro lado do telefone. "Estou com um resfriado horrível, mas me fala: o que posso fazer por você?"

Jerry dizia "Claro, claro" e "Sem dúvida" enquanto eu explicava nosso filme e o que queríamos fazer. "Bom, você sabe, os iranianos adoram futebol", disse, fungando. E sim, precisaríamos ter um guia turístico, e sim, precisaríamos ter um itinerário aprovado pelo governo… mas nem sempre era preciso seguir o itinerário. "Vou ligar para Ahmadreza – ele é o chefe de uma empresa de turismo do Irã. Veremos…"

Um mês depois, aterrissamos no Aeroporto Internacional Imam Khomeini, em Teerã. Ahmadreza, como viemos a descobrir, tinha um filho que se considerava o fã nº 1 do Manchester United. Uma série de e-mails com o assunto "Entusiastas do Esporte" acabou fazendo com que nosso visto fosse aprovado, com o entendimento implícito de que esses quatro americanos estavam vindo em busca de futebol. Seria como uma turnê e teríamos um guia conosco. "Tudo depende de quem vocês conseguirem para ser o guia", disse Jerry. "Não apenas vocês precisam confiar nele, como ele precisa confiar em vocês."

Como todas as outras mulheres no avião, eu havia enrolado meus cabelos num *hijab* quinze minutos antes de aterrissarmos. (Rebekah e eu tínhamos visto vídeos no YouTube que ensinavam como usar um *hijab*.) Na verdade, o meu era uma *pashmina*, geralmente usada por cima dos ombros, mas, se enrolada na cabeça, parecia uma echarpe qualquer. Por cima do jeans, coloquei um vestido largo de mangas compridas que comprei na Target. Ferg usava um casaco comprido azul-escuro. Estávamos bastante impressionadas por termos conseguido ficar parecidas com as outras pessoas. De alguma forma, isso é importante para nós – sempre queríamos ter a sensação de que pertencíamos ao lugar.

Na fila da alfândega, eu estava nervosa. Quando chegou a minha vez em frente ao vidro para falar com o policial, sorri para ele, embora isso fosse exatamente o que eu tinha dito a mim mesma que não devia fazer: o livro que eu lera sobre os costumes iranianos, *Persian Odyssey*, dizia que as mulheres não devem fazer contato visual com estranhos. Rapidamente, olhei para baixo... até que ele começou a falar, e me esqueci novamente da regra e voltei a encará-lo. Vi que ele, surpreendentemente, estava com uma expressão contrita no rosto. "Eu sinto muito, mas preciso tirar as suas digitais", disse. "É idiota, eu sei, mas o seu país faz isso com a gente, então precisamos fazer com vocês."

Ele nos conduziu (Ferg, Ryan, Luke e eu) até uma área de espera, e aguardamos com os outros americanos até o momento de tirarem nossas digitais. Nos Estados Unidos, todos nos trataram como se estivéssemos indo para o lugar mais remoto e obscuro do mundo, então nos sentimos meio melodramáticos enquanto esperávamos no chão do aeroporto, junto com turistas cinquentões que estavam ali para excursões de esportes radicais. Um homem parrudo com um tique no rosto e antebraços peludos me disse: "Ouvi falar que caminhar pelas montanhas aqui é uma coisa do outro mundo." Ele começou a falar a língua dos mochileiros, algo sobre trilhas e corredeiras em rios. Fiquei imaginando por que motivo ele estava ali: sem dúvida não precisaria ir até o Irã para caminhadas. Será que era um viciado em adrenalina em busca de um novo barato, talvez alguém com o desejo autêntico de se achar no mundo? Talvez eu devesse fazer essa pergunta a mim mesma.

Então fui chamada para um escritório onde uma mulher usando *chador* – a veste negra e comprida que cobre o corpo inteiro, da cabeça aos pés – pegou a minha mão e afastou os meus dedos, colocando cada um deles firmemente contra uma placa semelhante a vidro. Meus dedos suados não conseguiam ser lidos pelo *scanner*, então ela repetiu o processo em cada mão, diversas vezes. Fui a última do grupo a ser liberada. Quando saí, os outros três levantaram rápido do chão. Juntos, descemos a escada rolante até o térreo, onde as nossas malas e o nosso guia nos esperavam.

Antes de irmos para lá, tinha imaginado o nosso guia – o homem que nos ajudaria a contornar a lei iraniana – como alguém que desrespeitava as leis, sem escrúpulos, sorrindo de jeito provocador e com postura idem. Ele pegaria nossas malas na esteira de bagagem com um gesto casual e ar autoritário. Teria cabelos cortados bem rente, usaria uma camiseta velha e desbotada e daria para ver imediatamente que jogava futebol, que era bom em campo.

Mas o homem à nossa frente, com quatro rosas e uma prancheta, era magro e de aparência meio frágil. Seus ombros eram estreitos. Usava uma camisa polo da Tommy Hilfiger e jeans de marca e, para falar a verdade, parecia alguém que se assustava fácil. Tinha cabelos castanhos ondulados, grandes olhos verdes, nariz grande e usava óculos caros. Sorri para ele, culpada por me sentir decepcionada. Ele veio na nossa direção, levemente curvado para a frente, de braços cruzados, os dedos agarrando os braços. Seu queixo se movimentava de um lado para o outro enquanto ele falava, um "não" involuntário: "Bem-vindos ao Irã. Meu nome é Atef."

Atef nos levou até um homem na calçada. "Este vai ser o nosso motorista, Saeed." Ryan e Luke o cumprimentaram com um aperto de mão, Ferg e eu acenamos. Saeed tinha um rosto que inspirava confiança – sobrancelhas e bigode grisalhos, olhos castanhos, sorriso tímido. Ele saiu às pressas para buscar o carro e nós acenamos para os americanos em busca de esportes radicais. Então, Atef perguntou: "O que vocês gostariam de fazer aqui?"

Observei o rosto dele, sedenta por futebol, por algum sinal de que ele soubesse que esse era o motivo de estarmos ali. Estava pensando no professor de São Francisco, que nos disse diversas vezes que devíamos seguir o modo velado de fazer as coisas no Irã. Talvez Atef quisesse um acordo verbal sobre um itinerário que nenhum de nós desejava seguir.

"Futebol", eu disse em tom casual, rapidamente, jogando a palavra.

"Futebol?", ele repetiu meio rindo, uma espécie de blefe cortês – sem saber, aparentemente, se a americana estava fazendo uma piada difícil de entender.

Atef não sabia nada sobre futebol.

Ryan, Ferg e Luke viraram e olharam para mim. Eu tinha produzido aquilo: seria a culpada por tudo caso acabássemos passando uma semana tendo de visitar museus.

"Ahmadreza, Ahmadreza. O chefe da empresa de turismo. Ele sabe sobre o futebol", eu disse.

"Ahmadreza? Não conheço nenhum Ahmadreza."

Peguei a lista de telefones que tínhamos preparado e apontei para o nome, na esperança de que eu estivesse massacrando tanto a pronúncia que ele não conseguisse entender. Ele fez que não com a cabeça e olhou para mim. "Acho que essa pessoa não existe."

O NOSSO CARRO era uma Kombi verde-musgo com grandes janelas retangulares. Havia uma luz linda que entrava por todos os lados, refletindo nos assentos de vinil branco. Nos últimos três anos, nós quatro tínhamos dado marcha a ré em rodovias importantes em Trinidad e Tobago e no Peru, batido num táxi na China e derrapado durante uma violenta tempestade numa estrada de terra no meio da Amazônia, mas nunca tínhamos visto nada parecido com a cena das ruas de Teerã. Era um tipo de dança coletiva: uma velha foi até o meio da rua e ergueu a mão com a autoridade de um guarda de trânsito, os carros cantaram pneu quando pararam à sua frente;

motocicletas se inclinavam feito barcos a vela sob o vento forte quando passavam zunindo por entre os táxis; bulevares largos se mesclavam uns com os outros, com Peugeots velhos tomando diferentes direções. Teerã tinha 14 milhões de habitantes e a sensação era de que todos eles estavam nas ruas.

Os motoristas se moviam na mesma velocidade dos pedestres e todos conversavam entre si, gritando por cima do barulho das obras. Havia prédios altos da mesma cor da pesada névoa que ocultava a cordilheira Alborz. Deixei a janela abaixada, querendo ouvir tudo, mas a famosa poluição de Teerã era bem real. Senti os olhos ardendo enquanto observava as mulheres que passavam, algumas totalmente cobertas pelo *chador*, outras usando véus curtos e de cores vivas que pareciam meio provocativos, acessórios para seus rostos muito pintados, com *blush* nas bochechas e lábios vermelhos bem delineados. Encontrei algumas das sobrancelhas mais finas e depiladas que já havia visto na vida. Ainda mais incrível era a quantidade de narizes com esparadrapo que passavam por mim. Luke, colecionador de uma grande variedade de fatos aleatórios, dissera que o Irã era a capital da cirurgia plástica de nariz do mundo, mas eu não tinha acreditado. No entanto, aqueles narizes com esparadrapo, os quais, de acordo com Luke, eram um símbolo de status para os ricos, era tão frequente quanto a presença da polícia. Vi uma policial usando vestes compridas, colocando uma mulher de salto alto na parte de trás de um furgão verde e branco. "Essa é a 'polícia da moralidade'", Atef nos informou. A polícia da moralidade era o braço da Guarda Revolucionária Islâmica, que patrulhava as ruas, fiscalizando o cumprimento do código de comportamento islâmico, punindo quem usava roupas ou cortes de cabelo em estilo ocidental. Mas os jovens de Teerã, como os de toda parte, acabavam se arriscando e tentando burlar a lei o máximo que conseguiam.

Apoiei meus joelhos no assento da frente. O guia da Lonely Planet sobre o Irã já havia avisado que sinais visíveis da febre dos iranianos pelo futebol eram quase inexistentes – porque o governo cercava os campos com muros. Então, toda vez que passávamos por um muro, eu me esticava, tentando enxergar, irritada com o fato de talvez estarmos passando por alguma partida com gente que nunca conheceríamos jogando atrás de muros que não podíamos transpor.

Os iranianos têm a reputação de serem o povo mais cortês do mundo, já que jamais querem decepcionar os visitantes, jamais querem dizer não; talvez tenha sido por isso que Atef decidiu que nos deixaria procurar por jogos de futebol. O fato de Saeed ter sido jogador ajudava. Enquanto dirigia, ele falava rápido e animado em pársi, e Atef traduzia: "Saeed cresceu jogando na rua. Ele adora futebol."

Saeed nos informou que, atualmente, os jogos de rua estavam morrendo, já que o trânsito e as obras eliminavam os lugares pequenos e seguros onde era possível jogar. Em quase todos os países que visitamos ouvimos isso – as pessoas franzindo a testa, a voz com um ar pesado de nostalgia, falando de antigamente, dos jogos que desapareceram. Mas ainda havia campos de futebol e, como há vinte anos dirigia pela cidade, Saeed sabia onde encontrá-los.

No primeiro campo de futebol que ele nos mostrou, havia alguns meninos treinando. Não era o tipo de futebol que estávamos buscando, mas saímos do carro e ficamos olhando mesmo assim. Os shorts dos meninos eram bem altos na cintura, com a camisa para dentro, e, por algum motivo, isso lhes dava um ar inocente, como se fossem bebês enfaixados. Saeed franziu o cenho, já que sabia que não era isso que buscávamos. Ele cutucou o ombro de Luke e apontou para um ginásio do outro lado do campo. Nós o seguimos e entramos num grande prédio de tijolos.

Homens, provavelmente os pais, estavam de pé na entrada, observando os meninos driblarem cones. O teto alto ecoava o som dos pés no assoalho de madeira. Um dos espectadores – que parecia Jack Arnold, o pai de Kevin na série *Anos incríveis* – ficou nos observando, interessado, e depois falou com Atef, que não traduziu a conversa.

O sr. Arnold chegou mais perto de mim. "O meu inglês não é bom", disse, tímido, fazendo gestos com as mãos. "Mas é uma honra ter vocês no nosso ginásio."

"Obrigada", eu disse, pensando nas portas que aquele diálogo poderia abrir. Com grande dificuldade, lembrei da palavra em pársi que Ali havia nos ensinado para pelada. Fazendo uma careta, já sabendo que pronunciaria tudo errado, perguntei: "Sabe onde a gente pode achar '*golcutchik*'?"

Ele jogou a cabeça para trás, surpreso. "Não, ninguém joga mais na rua; tiramos os meninos das ruas e ensinamos a jogar aqui." Ele disse isso franzindo a testa, como se estivesse um pouco embaraçado, embora nunca tivesse sentido vergonha disso antes. Ele não gostava de não poder nos ajudar. E ficava ali, de cenho franzido, tentando lembrar se havia esquecido mais alguma coisa. "Tem um jogo... na parte sul de Teerã, por volta de meia-noite. É uma coisa incrível, com fintas que você nunca viu em lugar algum."

"O horário é muito tarde", disse a voz de Atef, atrás de mim. "Como seu anfitrião, não posso permitir que vocês vão até lá."

Assim que Atef foi embora, o homem coçou atrás da orelha e ficou do nosso lado, em silêncio. Então, disse: "De todos os ginásios do mundo, acho incrível que vocês tenham entrado logo no nosso." Parecia uma frase saída de *Casablanca*, com aquela atmosfera de bar e destino. Recostei a cabeça na parede de tijolos do ginásio e pensei no que ele dissera. Talvez eu jamais o visse novamente e talvez esse encontro não mudasse nada. Mas não gosto quando acabo de conhecer uma pessoa e só dá para falar com ela durante dez minutos.

Assim que saímos do ginásio, peguei o fim da conversa entre Ryan, Ferg e um dos pais. "Venham para a minha casa – darei a vocês uma bebida especial", disse. Ele olhou de soslaio ao redor e sussurrou: "O Irã é a maior prisão do planeta... Por favor, digam isso ao mundo."

A NOSSA PRÓXIMA PARADA foi um campo com gramado artificial de náilon e pedrinhas de borracha sintética, no centro de Teerã. Fiquei decepcionada ao ver o gramado, tão perfeito e retinho. Ao vir para o Irã, imaginei um campo de terra batida, no deserto, o vento soprando a areia, as traves do gol erguendo-se da poeira, solitárias no horizonte. Em vez disso, era a mesma porcaria artificial que estava substituindo os campos de verdade em todos os lugares. Eu poderia estar em Plano, no Texas, ou em Orange County, na Califórnia. Era como os livros, que estavam virando *e-books*: não há motivo para resistir à mudança, exceto o fato de eu sentir falta do cheiro e da sensação de segurar um livro de verdade.

Luke não queria que eu jogasse. Estávamos tendo essa briga há umas duas semanas, e ele continuava a brigar agora. "Eles já decidiram sobre isso", disse. "Você vai tentar mudar a política nacional esta semana?"

"Mas eles não chegaram a uma decisão – é contra a lei as mulheres usarem esmalte nas unhas, mas as mulheres usam mesmo assim."

"É contra a lei você jogar – é ilegal."

Ele tinha razão: era contra a lei. Mas havia uma grande distância entre as leis do governo e as crenças e atos do povo, e nem todas as leis eram seguidas.

Um policial andava atrás de nós, então não forcei a situação, e Luke era o único que tentava jogar.

Era um jogo de adolescentes, exatamente como qualquer outro grupo de adolescentes – um pouco arrogantes, um pouco entusiasmados com a repentina independência. Na camiseta de um deles, havia uma estrela de Davi bordada ao lado de uma suástica. Parte de mim ficou impressionada. Mas a outra parte pensou que ele era só um menino de quatorze anos tentando mostrar o quanto era descolado e rebelde, não muito diferente de um adolescente americano que usa o símbolo da anarquia bordado na mochila.

Participar de um jogo tem a ver com escolher o momento certo. Ninguém quer abordar os jogadores quando estão bem no meio da ação. O correto é esperar a oportunidade exata – quando os times estão trocando de jogadores, ou fazendo uma pausa, ou quando alguém isola a bola e sai correndo atrás dela. Quando Luke viu dois meninos sentarem, sacudindo as pernas e bebendo água, correu até lá, entrando pelo buraco da rede que cercava o campo. Ele havia aprendido a dizer "Posso jogar?" em quinze línguas, mas os meninos sabiam o que ele queria antes mesmo de perguntar. Agarraram-no pelo ombro, se apresentaram e o colocaram num time, tudo sem Luke dizer uma palavra.

Ryan filmou o jogo enquanto Ferg me filmava observando a partida de fora. Eles só ficavam brincando – não eram grandes jogadores, só jogadores felizes. Vi que não se prendiam demais às regras; achei que não se importariam se eu jogasse.

Luke deu um chute com força e o goleiro rebateu a bola bem nos pés de outro cara, que completou mandando a bola para o fundo da rede. O cara correu até Luke, pulou em suas costas e comemorou loucamente, com as pernas ao redor da cintura de Luke, agitando os braços no ar.

Quando voltamos para a Kombi, Luke sentou perto de mim, totalmente relaxado, enquanto o ar poluído de Teerã entrava pelas janelas. O Irã, para Luke, era um lugar mudado. Quando você joga, acaba conhecendo pessoas de um jeito que não é possível quando só fica assistindo. Seus cabelos loiros, molhados do exercício, estavam arrepiados, o rosto vermelho e suado: ele estava feliz. E, neste estado de felicidade, eu sabia que ele estava menos certo de que o mundo acabaria se eu tentasse jogar.

Quando chegamos num campo do lado leste de Teerã, perto do bairro onde Saeed cresceu, fiquei perto de Luke e disse: "Talvez eu possa tentar jogar."

Ele não se esquivou. "A gente pode perguntar", cedeu.

Começamos a caminhar para o portão, mas hesitei no último instante e voltei o mais rápido possível para Atef, que não havia saído da Kombi: "Você acha que eu poderia jogar?"

"Por que está perguntando para *mim*?", ele perguntou, sorrindo.

Eu ri meio sem graça e balbuciei: "Será que vou ofendê-los se pedir para jogar?"

"Claro que você pode perguntar, mas não sei o que vão dizer. Talvez digam sim, talvez digam não", ele disse, dando de ombros, ainda sem descer da Kombi, como se ficar lá dentro fosse o seu escudo contra as complicações.

Segurando o meu *hijab*, corri para alcançar Luke, que estava do lado de fora da cerca. Ele parecia nervoso. Não era fácil abordar desconhecidos em uma língua estrangeira.

Quando a bola saiu de campo, ele pronunciou a frase que aprendera: "Posso jogar?"

Os jogadores – um grupo misto de homens mais velhos e mais novos – deram as boas-vindas, fazendo um gesto com as mãos para que ele entrasse. Ele foi até a metade do caminho e disse, confuso, em inglês, como se tivesse esquecido que eles falavam pársi: "Ela também pode jogar?"

A pergunta foi engolida pela agitação geral. Os homens dos dois times se penduraram no braço de Luke, e meninos que estavam assistindo ao jogo gritaram o que depois viemos a descobrir que era "homem do cabelo dourado".

Ele tentou mais uma vez, agora apontando para mim: "Ela também pode jogar?" Eu me aproximei de leve.

"Sim, sim", disseram, mas eu me demorei ali, esperando para saber se, de fato, haviam entendido.

Um velho que usava um conjunto de náilon correu até mim e me deu um colete verde. (É engraçado como, no mundo inteiro, em cada país que visitamos, os times são divididos com esses mesmos coletes bobos que parecem camisas de jogador de basquete encolhidas.) Estava nervosa enquanto me vestia. Puxei o colete pela cabeça, e me imaginei acidentalmente puxando o *hijab* e meu cabelo ficando solto. Estava tão preocupada com a gola do colete que acabei esquecendo os buracos dos braços. Um homem se aproximou de mim e levantou o colete para que eu pudesse colocar o braço esquerdo no buraco certo. *Um iraniano acabou de me ajudar a me vestir*, pensei quando o jogo começou.

Ryan estava no centro do campo, agachado perto da câmera. Em Trinidad e Tobago, ele ficava rente à lateral, sem querer atrapalhar, mas, durante o mês que passamos no Brasil, em algum momento, ele acabou se aventurando no campo, gemendo um pouquinho, mas segurando firme a câmera toda vez que os jogadores e a bola vinham direto para cima dele e da lente, permitindo ao espectador ter uma visão do jogo do lado de dentro. Agora, ele veio na minha direção com a intenção de que eu dissesse algo para a câmera, que fizesse alguma observação interessante. Eu não tinha a menor ideia do que dizer. "É tão difícil manter esse lenço parado na cabeça", falei, constrangida por essa ser a única coisa em que consegui pensar. "E é impossível ver dos lados – não tenho nenhuma visão periférica." Ele abaixou a câmera e olhou para mim como se pensasse: *Você está jogando no Irã e isso é tudo o que você consegue dizer?*

Sob vários aspectos, esse jogo se parecia com qualquer outro – era familiar, fácil. Os jogadores cresceram nas ruas dali e jogavam juntos há 25 anos. Em todos os lugares que visitamos, o campo de futebol parecia ser o lugar onde as pessoas eram mais sinceras, e aqui, na parte leste de Teerã, isso parecia particularmente verdadeiro. Quando um homem no meu time fez um gol de peixinho, deu uma volta correndo pelo campo, imitando o jeito de comemorar dos jogadores profissionais, fingindo que ia tirar a camicsa. Mas claro que não tirou. Ele se jogou nos braços de um companheiro de equipe, que caiu no chão. Eu não esperava essas comemorações mais físicas; não sei por quê.

Tomei cuidado para não tocar em ninguém. Geralmente, quando parto para cima da bola, sou bem física: minha mão fica nas costas e meu corpo se alinha para que eu possa reagir rápido em qualquer direção. Mas, ali, tentava evitar tocar os outros. Tentei pescar a bola, esticando a perna como alguém que quer tirar um objeto de um rio enquanto mantém um dos pés na margem. Mas, indo contra Luke, não tomei cuidado. Quando a bola veio na nossa direção, nós dois corremos: ele virou para a esquerda e eu, para a direita, e meu corpo se chocou contra o dele com força. É um contato que eu jamais notaria, mas parecia algo elétrico.

Os iranianos passaram a bola para mim mais do que as outras pessoas, em todos os outros países. Mesmo quando eu não fazia nenhuma tentativa de me colocar numa posição mais vantajosa, eles ainda passavam para mim. Se se sentiram escandalizados com a minha presença, tomaram bastante cuidado para não demonstrar. O velho de agasalho de náilon, que me ajudou a colocar o colete, parecia encantado por mim, como se eu fosse a colega de equipe mais interessante que ele teve desde a revolução, como se esse jogo e a minha presença o lembrassem do passado – talvez um passado mais livre. Eu o imaginei no parque, jogando com suas filhas. Se ele morasse nos Estados Unidos, seria o tipo de pai que não perde um jogo. Ficaria nas arquibancadas, batendo palmas até as mãos doerem, saindo do estádio com a mão no ombro da filha. Ele aplaudia toda vez que eu fazia algo bom, ou mesmo quando tentava e não conseguia passar a bola para ele. Parecia querer isso para mim, feliz com a oportunidade de ver alguém exercer uma liberdade que fora eliminada de sua vida.

Quando o jogo terminou, os jogadores tiraram uma foto. Não me perguntaram se eu queria fazer parte. Fiquei olhando a poucos metros de distância enquanto os iranianos abraçavam Luke pelo pescoço, brincando com ele, sorrindo para a câmera. Depois de um tempo, eles sorriram, fizeram um cumprimento de cabeça na minha direção e disseram algo, mas Atef não traduziu. Ele estava totalmente imóvel ao lado do campo, de braços cruzados. Chovia, e ele estava com frio, molhado, visivelmente desconfortável com a ideia de estarmos filmando e com a nossa presença ali.

Mais tarde, à noite, deitada na cama do hotel, tentando dormir, pensei na mulher de *chador* que passara pelo campo no fim do jogo. O que será que ela pensou ao me ver? Ela, sem dúvida, estava olhando; acho que a vi sorrir. Mas talvez não. Talvez ela estivesse pensando: *Quem essa americana pensa que é, aparecendo no meu país e tendo a ousadia de participar de um jogo, quebrando as leis que me impedem de jogar?* O fosso entre essas duas realidades me deixou chateada. Senti que era errado jogar com os homens, já que isso não era permitido às mulheres iranianas; parecia um privilégio injusto. Não queria jogar só porque os iranianos não querem dizer "não".

NA MANHÃ SEGUINTE, visitamos o bazar principal, no centro de Teerã. Sob um teto abobadado de pedra, vendedores empurravam carrinhos com tapetes feitos à mão, jeans de marca, temperos exóticos, artigos eletrônicos e narguilés de cobre. Fomos atrás de Atef. Havia algumas vantagens em se ter um guia: ele podia nos dizer que a placa eletrônica em pársi estava anunciando vestidos de noiva em promoção, e esse era o tipo de detalhe que perderíamos se estivéssemos passeando pelo país sozinhos. No entanto, não gosto de ser conduzida. Talvez eu tenha puxado isso do meu pai, que desaparecia quando íamos ao supermercado, passeando sozinho pelos corredores. Quando eu era criança, isso era enervante – eu ficava com a minha mãe no caixa e não tínhamos a menor ideia de onde estava o meu pai –, mas adotei a mesma abordagem, afastando-me o máximo possível do nosso guia, ficando sozinha.

Na ala dos tapetes, os vendedores tentavam me fazer entrar em suas lojas. Sem querer dar a entender que estava interessada, saí dali e me debrucei no parapeito de uma sacada, olhando para baixo, para a multidão de gente saindo pelo corredor.

Um homem bonito, de cabelos ondulados, olhos castanhos e barba por fazer veio até mim. E disse, em inglês: "Futebol – é futebol o que você quer, certo?"

Respondi que sim, meus dedos tamborilando contra a bola que eu segurava, preocupada, achando que ia acabar numa loja de tapetes.

Ele se debruçou no parapeito e apontou. "Ali – ali tem um corpo de bombeiros", disse, baforando a fumaça do cigarro. "À tarde, eles ficam jogando até aparecer um incêndio." Ele sorriu para mim e continuou: "Vem comigo." E aí Atef apareceu, correndo, em pânico.

"Você... Eu sempre me perco de você!"

De pé na entrada do quartel, novamente fiz o papel de espectadora e fiquei olhando os bombeiros conversarem com Luke. A mesma coisa tinha acontecido na Itália, mas, enquanto os italianos me trataram como alguém que estava invadindo o espaço dos homens, os iranianos só pareciam tímidos, respeitosos. Eu não era mulher ou irmã deles, então eles não tinham direito de conversar comigo. Olhavam rápido para mim e logo desviavam o olhar. Luke e os bombeiros estavam falando sobre a Liga dos Campeões, sobre gols de mão e os gols do século, agindo como se estivessem num jogo de mímicas, animados, quando Atef, que estava falando ao celular num canto, veio caminhando na nossa direção. Dava para ver no rosto dele que alguma coisa naquele telefonema havia mudado tudo.

Antes da ligação, eu até diria que ele estava animado; aquela mistura de indiferença e ansiedade que o assolava desde que havíamos chegado e perguntado sobre futebol tinha momentaneamente desaparecido. Atef não gostava de futebol; havia dito isso no primeiro dia, cruzando as pernas feito um acadêmico, empurrando os óculos no nariz, fazendo cara feia para o esporte. E eu havia pensado com meus botões: *Que ótimo. Conseguimos pegar como guia o único homem de 26 anos do país que não gosta de futebol.*

Mas o quartel dos bombeiros era diferente para ele. No Irã, explicara Atef, é uma honra ser bombeiro. Quase todos são ex-atletas profissionais que, depois de certa idade, recebem o cargo como uma premiação do governo. E lá estava Atef, enturmando-se com os deuses de seu país. Homens enormes, dignos de fábulas. E dava para ver que ele achava aquilo muito legal.

Mas agora Atef vinha na nossa direção, absurdamente lento, como se estivesse tomando decisões importantes naquele percurso de vinte e poucos passos, tentando descobrir como ia nos dizer e o quanto ia revelar. Um ar sombrio tomou conta de seu rosto.

"Vocês foram delatados para o governo", disse.

Atef, Saeed e eu estávamos sentados num banco. Atef suava frio, desolado. Ele não sabia o que fazer, não queria estragar nada para a gente. Então, só ficou ali sentado, de pernas cruzadas, roendo as unhas, enquanto Luke e os bombeiros começavam a jogar.

Bombeiros eram funcionários do governo, então não havia a menor chance de eu jogar com eles, mas, sentada ali, num banco do lado de fora do quartel, sequer senti vontade de tentar. Atef não sabia ao certo o que havia acontecido, nem por que estávamos em apuros. Talvez fosse por causa das nossas câmeras; talvez por eu ter jogado. Eu me senti ingênua, como se tivesse arruinado a viagem de todo mundo. Tínhamos gastado 10 mil dólares, uma quantia que não tínhamos, para conseguir chegar até ali, e a expressão no rosto de Atef dizia que não poderíamos levar o material que tínhamos filmado conosco. Talvez ele só estivesse nos deixando filmar porque sabia que não conseguiríamos ficar com as fitas. Todo mundo tinha nos dito para não ir ao Irã e nós não prestamos atenção. Não acreditamos neles. Mas eu nunca tinha entendido que havia a possibilidade de ficarmos sem nada.

Fiquei sentada à beira da quadra, tomando chá, vendo a luz cair pela ruazinha estreita, refletindo numa mesquita dourada. Havia três caminhões de bombeiro Mercedes-Benz estacionados, no estilo dos anos 40, um ao lado do outro. Na parede, uma fileira de armários; nos ganchos, capacetes vermelhos e jaquetas pretas com tarjas fosforescentes nas mangas; no

No quartel dos bombeiros, perto do mercado de Teerã, Irã. (Cortesia da autora)

chão, botas espalhadas. Do outro lado do campo, homens com jaquetas de couro antiquadas apoiavam-se em motocicletas inclinadas, fumando, os olhos seguindo a bola.

Eles jogavam com a "*douleíar*", a bola que Ali mencionara bem no começo, quando o Irã ainda era uma ideia distante. Era roxa, pequena e leve, e só percebi como era difícil controlá-la quando ela estava na frente de Luke. Embora seu toque tivesse a perfeição de sempre, ele tinha dificuldade com aquela bola pequena.

Quando os chutes iam alto, paravam em cima dos caminhões. Os homens se erguiam nas escadas dos veículos com a velocidade e intimidade de qualquer outro bombeiro, jogando a bola de volta para o jogo.

Uma hora em que Luke estava com a bola, um cara pediu um passe: "George Bush! George Bush!" Luke, alarmado, mandou a bola para ele, um cara sorridente, grande e corpulento, cheio de músculos e piadinhas.

Na vez seguinte em que o grandalhão estava com a bola, Luke, com o mesmo ar casual com que fez um passe enfiado, exclamou: "Ahmadinejad, Ahmadinejad!"

As gargalhadas em alto e bom som tomaram conta da quadra. O grandalhão deu um tapa na coxa e um enorme sorriso, e apontou para Luke como se pensasse, *Touché, touché.*

O chefe do quartel observava a ação da porta do seu escritório. Ele tinha o rosto e a serenidade de Mikhail Baryshnikov. (Minha mente vive fazendo isso, dando a cada rosto um equivalente para que haja uma sensação mais familiar, como se eu estivesse encontrando pela primeira vez pessoas que conheci a vida inteira.) O chefe colocou o polegar embaixo do queixo, o dedo indicador contra os lábios, o outro braço dobrado sobre o peito. Embora tivesse permitido que eles jogassem, dava para ver que não era um homem que deixava os detalhes escaparem.

Luke encheu o pé, a bola bateu na perna de um zagueiro e voou na direção da janela do quartel, que se quebrou com um estrondo. Tínhamos conseguido passar por 23 países sem quebrar nada, e lamentei isso acontecer pela primeira vez numa propriedade do governo iraniano. Olhei direto para o chefe, para ver sua reação. Não sei o que esperava, talvez um franzir da testa, uma demonstração de arrependimento por ter nos deixado jogar. Não esperava que ele estivesse olhando direto para mim, com a expressão de alguém que se divertia ao observar minha preocupação. Quando nossos olhares se cruzaram, ele desviou o seu e voltou para o escritório com as mãos nos bolsos, e era visível que não estava nem um pouco preocupado com a janela.

Várias jogadas mais tarde, a bola saiu da quadra e era eu que estava mais perto dela. Animada, corri atrás dela, segurando meu *hijab.* Tirei a bola da sarjeta e dei um voleio, animada por pelo menos mostrar a eles que sei chutar. Mandei direto para um arbusto.

O dia começou a escurecer e eu sabia que tínhamos pouco tempo. Nossas câmeras não filmavam muito bem no escuro e Atef não gostava da ideia de ficarmos na rua à noite. Estava sentada no banco, me coçando para fazer entrevistas, mas com medo de que Atef achasse que isso era demais.

"Atef", disse, com a voz dócil. "Você acha que podemos fazer umas entrevistas? Só perguntas sobre futebol?"

Enquanto Ferg filmava o jogo e Luke jogava, Ryan e eu levamos um dos caras do banco para um canto mais tranquilo atrás dos caminhões. Não fizemos nenhuma pergunta sobre o Irã ou os Estados Unidos, só sobre o que o futebol significava para ele. Era um cara animado, sincero, nostálgico; cresceu jogando bola com os irmãos e queria jogar para o resto da vida. Enquanto ele falava, Atef virou-se para mim e disse: "Olha, eu preciso dizer a eles que o governo vai examinar as fitas de vocês."

Assenti, sabendo que era o fim de tudo.

Atef foi até o escritório. Vi o chefe ficar de pé e fazer um gesto com as mãos – o sinal internacional para parar. O jogo terminou. O chefe assobiou, chamando o homem com quem estávamos conversando. Vimos sua silhueta contra a luz que saía do escritório, agitando os braços. Ele pôs a mão na testa e discutiu desesperado com Atef. Chamaram Ryan no escritório; fui atrás. "O homem quer que você apague a fita da entrevista", explicou Atef. "Ele está com medo de perder o emprego. Os bombeiros são funcionários do governo, vocês sabem. E vocês são americanos. Não é nada bom." Apagamos as fitas, e Ryan fez isso o mais rápido possível, com mãos atrapalhadas.

Na quadra, Luke estava no escuro com os outros bombeiros, rindo, batendo nos braços uns dos outros. Fiquei de lado, olhando para eles, a cabeça encostada contra a parede da janela quebrada. Nenhum dos iranianos falava inglês e Luke não falava pársi, mas seria impossível saber isso só de olhar para eles. É isso que o futebol faz; era por isso que estávamos fazendo o nosso filme.

Já estava escuro e o desespero de Atef atingiu seu ponto máximo. Na Kombi, ele recebeu telefonema atrás de telefonema, e nós ficamos recostados nos assentos, ouvindo. Estávamos tão acostumados a ouvir línguas que não compreendíamos que acabamos desenvolvendo o costume de adivinhar, quase acreditando que dava para saber o que estava sendo dito só pela velocidade das palavras e as caretas.

"O que está havendo?", perguntei.

Ele olhou rápido para mim e soltou uma gargalhada descrente. E permaneceu sentado, em silêncio, como se eu não tivesse perguntado nada.

Finalmente, disse: "Precisaremos ir até o governo. Eles querem ver as fitas de vocês. Acho que vão confiscá-las."

Durante o restante do percurso, ele ficou olhando pela janela. Eu me sentia péssima por termos colocado Atef nessa situação. Em determinado momento, ele sorriu. "Eu não queria ser guia turístico para sempre. Está tudo bem."

De volta ao hotel, planejávamos encontrar Bahram, amigo de Ali, o nosso amigo da Califórnia. Embora isso estivesse fora do itinerário padrão de uma excursão turística, era tão mais simples que nossas partidas de futebol ilícitas que Atef pareceu não ligar muito, abatido demais para protestar. Ficou observando Bahram como se estivesse tentando avaliar se era uma pessoa que poderia ajudá-lo a nos manter na linha. Recostado no balcão da recepção, aparentava alívio por estarmos nas mãos de outra pessoa.

Bahram parecia um cientista maluco, um jovem Einstein iraniano – cabelos negros em tufos tipo algodão, mãos que gesticulavam enérgica e animadamente, óculos redondos. Dava para perceber por que Ali e Bahram eram amigos. Ambos tinham essa mistura estranha de inteligência de cientista e um ar de surfista descolado. Ambos exalavam um nítido ar de felicidade: sempre dispostos a ver, ouvir, provar, viver.

Num inglês tão perfeito quanto o de Ali, Bahram nos informou: "Atef me disse para não contar, mas vocês não vão mais poder filmar. E ele me falou para não deixar vocês saírem do hotel." Bahram fez um gesto despreocupado com as mãos. Depois, fiquei sabendo que Bahram amava Teerã, essa cidade que mais parecia um quebra-cabeça gigantesco; e que esses empecilhos nada mais eram do que pequenos obstáculos, coisinhas chatas que ele conseguia contornar, quase se deleitando com o labirinto que enfrentaria enquanto navegava pelas entradas, saídas, atalhos e curvas.

Ele sentou no sofá. "Vou fazer uma '*douleiar*' para vocês", disse. "Faz muito tempo que não faço. Para falar a verdade, era Ali que sempre fazia a bola."

Dez minutos depois, Bahram, Ryan e eu andávamos pelas ruas de Teerã. Ryan e Bahram entraram numa farmácia em busca das bolinhas de 25 centavos e depois rumaram para a casa de Bahram, para fazer a bola. Na esquina do cruzamento principal, Bahram me deu instruções sobre como chegar até um café com acesso à internet, onde poderia comprar um cartão telefônico e tentar ligar para Jerry, o professor de São Francisco.

Acho que nunca me senti tão radiante, andando sozinha pelas ruas de Teerã, algo que, como americana, não tinha permissão de fazer. Havia carros por toda parte, uma massa vibrante e apressada de veículos, e não era nada fácil se aventurar num cruzamento. Grudei em duas mulheres ousadas que saíram para o meio da rua, como se não houvesse nenhum carro indo na direção delas, sem fazer sinal de que iam parar. Enquanto andava, repetia mentalmente *direita, esquerda, esquerda*, diversas vezes, com medo de esquecer. Sempre esqueço. Sabia que não podia deixar isso acontecer, não podia confundir os amplos bulevares. Sentia o coração batendo forte. Antes de ele e Bahram irem embora, Ryan havia dito: "Você consegue, não é? Não vai se perder, vai?" Ele disse isso no último segundo, meio que brincando, e eu ri, como se fosse uma piada, mas não era, já que nove entre dez vezes eu me perco.

Achei o café sem grandes dificuldades e comprei um cartão, enquanto diversas pessoas sentadas diante dos computadores me observavam, curiosas. Mostrei as minhas notas de dinheiro e o cara pegou o que supus ser a quantia correta. Fiz um gesto de cabeça, disse "*Merci*" e voltei para o hotel.

Não virei na rua errada, mas ela me pareceu tão estranha que era como se estivesse errado. Fiquei olhando as fachadas das lojas, tentando, sem sucesso, reconhecer os toldos, os remédios, os temperos, os aparelhos de cozinha nas vitrines, as letrinhas inclinadas em pársi. Continuei andando, ciente da minha tendência de desistir cedo demais. Estava absorta demais no meu diálogo interior – *Esta é a rua errada; não, não é a rua errada* – para perceber que havia passado o hotel, até que vi a ótica que vendia óculos escuros sofisticados, a qual havia observado nos últimos dois dias, fascinada com os pôsteres de homens bronzeados com cabelos ao vento, parecendo mais californianos do que iranianos.

Dei meia-volta e entrei pelas portas de vidro do hotel, dando um rápido sorriso para o homem da recepção, mas sem olhá-lo diretamente nos olhos, com medo de ele saber que eu não devia sair dali. Subi as escadas correndo e me deixei cair na cama ao lado de Luke, sentindo inveja ao imaginar Ryan na casa de Bahram, tomando chá com sua mãe, enquanto nós ficávamos naqueles quartos sem graça. Luke assistia a um jogo de futebol iraniano na televisão, absorto e impressionado, mas a minha cabeça continuava na rua. Levantei da cama e fui para o quarto de Ryan e Ferg, onde ela estav a organizando fitas enquanto ouvia o noticiário. Trouxemos o dobro de fitas do que achávamos necessário. Durante o resto da viagem, Ferg ficou acordada até tarde, fazendo cópias para o caso de o governo nos tomar as originais.

Deitei na cama e fiquei vendo os letreiros do noticiário na parte inferior da tela. Metade das notícias era sobre os Estados Unidos. Fiquei fascinada com a apresentação, o contraste com as histórias que a mídia americana apresentava aos americanos. Na Kombi, enquanto passávamos por muros com frases como MORTE AOS EUA, conversávamos com Atef sobre as tensões entre os Estados Unidos e o Irã, sobre todos os elementos do conflito – o petróleo, a Embaixada Americana, a energia nuclear, Israel. Ele falou sobre um caso de 1988, quando um míssil americano derrubou um avião com 290 civis iranianos. Tínhamos ouvido falar disso por alto, mas entendemos que havia sido um acidente terrível. Atef virou para a gente, dentro da Kombi, e disse: "*Não* foi acidente."

Quando passamos por um mural com a bandeira dos Estados Unidos, com as cinquenta estrelas substituídas por cinquenta caveiras, quisemos voltar e ver de novo para poder filmar esse símbolo da tensão entre os dois países. Mas Saeed não queria voltar. Ele falou, emotivo e rápido, em pársi, e Atef traduziu: "Aquele mural não é como nós sentimos. Se vocês filmarem aquilo, as pessoas vão achar que a gente não gosta dos Estados Unidos. O governo é que pinta aquilo, não nós. E os homens que vocês veem cantar 'Morte aos Estados Unidos' são tirados dos vilarejos mais pobres e são pagos para cantar – não é real. Não é assim que *a gente* se sente. Por favor, eu imploro, não filmem aquilo." Não filmamos.

Por volta de 8h da noite, Bahram e Ryan voltaram para o hotel. Ansiosos para ver algo além do nosso itinerário aprovado pelo governo, perguntamos a ele onde poderíamos comer. Era arriscado sair, passar pelo homem sentado na recepção e, em retrospecto, penso que fora meio impetuoso e arrogante da nossa parte desobedecer às instruções de Atef. Acabamos saindo, e Bahram nos deixou em seu restaurante favorito, e depois foi correndo para suas aulas de química. "Vocês vão gostar daqui", disse, despedindo-se e desaparecendo na noite.

O restaurante era uma sala pequena, iluminada com velas. O cardápio italiano estava escrito num quadro-negro e os pratos de lasanha e as tigelas de minestrone passavam por uma escada, levados por uma mulher de avental florido. Havia umas quatro ou cinco mesas, ocupadas por grupos de amigos, homens com cabelos de galã latino e mulheres de batom vermelho, cujos véus caíam cada vez mais à medida que a noite avançava. Nas duas semanas antes de irmos embora, lemos *Persépolis*, *Lipstick Jihad* e *Reading Lolita in Tehran*, livros sobre a vida dos iranianos longe das ruas, na privacidade de seus lares. Ver aqueles cabelos enquanto as mulheres se inclinavam para a frente nas mesas era como ter vislumbres de um mundo que eu sabia que não veria.

Quando voltamos para o quarto do hotel, liguei para Jerry, o professor, pela terceira noite seguida. Ele não atendeu. Desliguei o telefone, frustrada, mas não surpresa. O tempo todo ele nos havia avisado: assim que chegarem ao Irã, é com vocês.

Na manhã seguinte, partimos para Yazd, dois dias antes do programado. Atef estava ansioso para nos tirar de Teerã. Saeed nos deixou no aeroporto local, onde pegamos um voo curto até aquela que, provavelmente, é a segunda cidade mais antiga do mundo. Atef, Luke e Ryan foram para a revista masculina, enquanto eu e Rebekah fomos para a das mulheres. Colocamos nossas bolsas com as câmeras e a bola de futebol na esteira automática, sentindo aquele nervosismo conhecido das revistas de aeroporto: será que vão abrir as nossas bolsas com as câmeras? Será que vão ver nossas fitas e, se virem, será que vão ficar chateados? Tínhamos várias fitas enfiadas nos bolsos quando passamos pelo leitor de raios X e esperamos que elas não o fizessem apitar. Uma mulher usando *chador* fez um gesto indicando que devíamos passar e não ouvi nenhum alarme, só o da minha imaginação. A esteira automática cuspiu nossas bolsas e a bola. Peguei nosso equipamento. Estava começando a sentir o alívio de, mais uma vez, ter conseguido passar pela segurança quando a guarda veio até mim e esticou a mão para a bola.

Girou a bola nas mãos e fiquei esperando para descobrir o que tínhamos feito de errado. Ela andou rápido até o outro lado da máquina de raios X e, então, passou a bola para a outra guarda, que tentou pegá-la com a coxa envolta pelo *chador*. Estávamos no aeroporto de Teerã e duas mulheres de cinquenta anos de idade, funcionárias do governo, faziam embaixadinhas com a bola, rindo. Senti como se estivesse numa versão surreal daquele comercial da Nike em que a seleção brasileira faz fintas pelo terminal de um aeroporto. Em todo o mundo, dos guetos da Argentina à fronteira do Togo, a bola tem esse efeito. O mesmo efeito magnético de um cachorrinho fofo: as pessoas param para tocar nela, brincar com ela, e sorriem para você, como se você fosse uma pessoa de muita sorte.

Enquanto aguardávamos perto do portão de embarque, uma mulher muito velha veio na nossa direção. Encurvada, movendo um pé de cada vez, ela caminhou direto para mim e parou a poucos centímetros. Com a respiração pesada, perguntou: "De onde você é?"

"Estados Unidos", respondi, com um sorriso incerto.

"Ah!", exclamou ela, sorrindo. Agarrando minhas mãos entre as dela, disse: "Bem-vinda ao nosso país."

Bem-vindos ao nosso país. As pessoas ficavam dizendo isso para a gente e não era um cumprimento bobo, só para ser educado. Elas, de fato, nos desejavam isso.

Yazd ficava no meio do nada. O deserto se estendia por todos os lados. Com exceção do assobio baixo emitido pelas torres de vento – chamadas de *badgirs*, que parecem torres de sino, mas sem sino; sua função é captar o vento para refrescar os prédios –, Yazd era absurdamente silenciosa.

Meninos jogando na Cidade Velha de Yazd, Irã. (Cortesia da autora)

A Cidade Velha era de uma cor só, um castelo de areia que tomou vida, prédios feitos de tijolos de argila desbotados pelo sol. As construções tinham portas de madeira grossas com duas velhas aldrabas de ferro, uma para as mulheres e a outra para os homens, cujos formatos emitiam sons levemente diferentes, para que os que estão dentro saibam o sexo da pessoa que bate à porta. Havia ruazinhas estreitas, arcos e bicicletas velhas apoiadas contra as paredes de argila. Entramos em mesquitas frescas feito cavernas. Pagamos dois dólares para entrar num casarão histórico que estava sendo restaurado, só para ver como um castelo de areia é por dentro. Havia escadas estreitas e sinuosas, às vezes não levando a lugar algum, às vezes levando a aposentos que pareciam verdadeiras surpresas. Todos os aposentos estavam vazios – nada de camas, cômodas, armários ou roupas. Havia espelhos antigos embutidos nas paredes de argila, emoldurados por um mosaico de pedras azul-turquesa. Alguns dos espelhos haviam caído e os cacos continuavam no chão, refletindo a luz que fazia os arcos das entradas brilharem. "Adoro isso aqui", repetia para Luke. Luke e eu nunca damos as mãos e raramente fazemos demonstrações públicas de afeto, só somos melosos quando estamos sozinhos. Mas ali, onde eu sabia que não podia fazer isso, queria tocar nele. Cheguei por trás dele e falei perto de sua nuca: "Este lugar é o meu favorito."

Naquela noite, dormimos num palácio – tetos abobadados, vitrais nas janelas, pedras de cantaria trabalhadas. Era bem diferente dos lugares onde geralmente dormíamos, acampados no chão. Fingindo cansaço (e alimentando a vontade de sair depois, mas sozinhos), pedimos a Atef para nos deixar mais cedo. Dentro do pátio do hotel, atravessamos os arcos de mosaicos, passamos pelos jardins exuberantes sobre os quais eu já havia lido – o verde que os iranianos e americanos agora tanto almejam. Fileiras de bancos forrados com tapetes persas ladeavam as calçadas de pedra; sentados de pernas cruzadas sobre os bancos, habitantes locais e europeus tomavam chá, enquanto as nuvens que anunciavam uma tempestade se aproximavam.

A tempestade foi violenta e curta. Depois, as nuvens continuavam lá, mas só de leve, como resquícios de fogos de artifício. Talvez tivéssemos ainda uma hora antes de o dia começar a escurecer. Estávamos muito nervosos, sentindo culpa demais para levar nossas câmeras junto. Uma coisa era passear pelas ruas sozinhos; outra bem diferente era andar pelas ruas sozinhos, carregando a câmera que podia ter nos causado transtornos desde o início. Ferg colocou em sua bolsa uma câmera pequena, com mais aparência de câmera de turista, e então saímos, passeando pelas ruazinhas de terra perto do hotel.

Um menino de uns quatro anos chutou uma bola contra uma parede. Dois adolescentes de motocicleta, descalços, desenhavam oitos aleatoriamente na poeira do chão. Eu exclamei "futebol" e bati com os nós dos dedos na bola. Eles diminuíram a velocidade, ficando eretos nos apoios para os pés. O garoto de camiseta laranja e calça do MC Hammer desceu da moto, pegou dois tijolos de um monte de destroços ali perto e começou a fazer os gols. Eu me apoiei numa parede e fiquei observando Luke e os caras jogarem até anoitecer.

Na manhã seguinte, fomos novamente para a Cidade Velha. Nos últimos dois dias, Atef só tinha nos permitido filmar de dentro do carro. Ferg apoiou a câmera num travesseiro e filmou pela janela enquanto passávamos pelas construções de areia. Mas, agora, Atef disse: "É a Cidade Velha. Ela é muito tranquila. Acho que não tem problema vocês filmarem." Fiquei surpresa com essa mudança, mas não fiz muitas perguntas. Estava chuviscando e as ruazinhas estreitas de areia estavam vazias. A cada tantos metros, havia uma abertura em forma de arco na rua, com luz saindo de ambos os lados. Ryan filmava e Ferg o acompanhava, cobrindo a câmera com um guarda-chuva. Luke e eu estávamos algumas centenas de metros à frente. Eles nos filmavam andando: era uma daquelas cenas que fazíamos em todos os países para o caso de ajudar na hora de editar o filme. Mas era quase certo que jamais seria usada.

Jogo numa ruazinha em Yazd, Irã. (Cortesia da autora)

"Certo", Ryan exclamou. "Será que um de vocês pode falar sobre futebol, em uma dessas ruas?"

"Eu tenho algo para falar", disse Luke. Olhei para ele, surpresa, já que ele geralmente resistia a ser filmado falando. Ele só gosta de dizer algo se for completamente espontâneo, algum pensamento que lhe ocorra naturalmente, sem que lhe façam uma pergunta. Toda vez que tentamos fazer com que ele diga alguma fala já pronta, ele trava por completo.

"Esta viagem tem sido o máximo...", disse, falando num tom de voz estranho. Mesmo depois de dois anos sendo filmados, nós dois ainda tínhamos grande dificuldade de parecermos naturais diante da câmera. Eu franzi a testa, esperando que ele descobrisse o tom certo e começasse a falar normalmente.

Aí eu o ouvi dizer meu nome: "Gwendolyn, você é a..." – e aí entendi o que estava acontecendo, por que a voz dele estava assim. Não era o tom de voz de alguém que falava para a câmera – era um tom hesitante, emotivo, que eu nunca tinha ouvido nele antes.

Ele colocou um joelho no chão, ainda falando. Tentei dizer sim, mas senti a voz engasgada, então simplesmente comecei a fazer que sim vigorosamente com a cabeça.

Ainda ajoelhado, ele ergueu as duas mãos: "Hã... Eu não tenho um anel. Achei que talvez fosse perder se trouxesse para o Irã."

Balancei a cabeça, ri, estiquei os braços na direção dele e parei – lembrando-me de onde estava – mas ele me puxou e me beijou mesmo assim.

Atef, Ryan, Ferg e a câmera estavam a uns cinquenta metros de distância e fiquei feliz por isso. Andamos lentamente na direção deles e me sentia extremamente tímida.

Os três nos deram parabéns. A câmera ainda estava filmando e eu sabia que devíamos dizer algo, mas eu simplesmente escondi o rosto no ombro de Luke.

"Essa foi a coisa mais romântica que já vi na vida", disse Atef, com voz embargada.

Sorri para ele, ainda em silêncio.

"Que tal vocês ficarem a sós um pouco?", sugeriu Ryan.

Fomos de carro até um templo de fogo do zoroastrismo, que abrigava uma chama acesa há mais de 1.500 anos. Enquanto os outros entravam, Luke e eu ficamos sentados juntinhos num banco do jardim.

"Eu estraguei tudo", disse ele. "Eu queria dizer 'Viajar pelo mundo tem sido incrível, mas o que eu quero mesmo é ficar com você'. Em vez disso, eu disse 'Viajar pelo mundo com você tem sido incrível, mas...' Essas duas palavrinhas, 'com você', mudaram todo o sentido."

Eu ri e disse que tinha adorado. Eu não tinha ouvido nada, de qualquer modo. Assim que percebi o que estava acontecendo, parei de processar os acontecimentos de maneira normal.

Embora eu tivesse imaginado um fogaréu, quando Luke e eu entramos no templo, vimos somente uma pequena chama, não muito maior que a de uma vela. Junto a outras quinze ou vinte pessoas, ficamos observando ela tremular e persistir.

Dois dias depois, tendo passeado por mesquitas e castelos, visto um homem fazer cânhamo e andado pelo amplo espaço em frente às Torres do Silêncio, voltamos de carro para Teerã, quilômetros de areia passando rápido pelas janelas abertas. Ouvimos música, primeiro as de Atef ("É música ocidental – é proibido", ele se gabava) e depois as nossas, porque Atef nos disse: "Quero ouvir a música americana dos jovens – as músicas ocidentais que tenho são das pessoas que me contrataram como guia... mas elas eram, bom, mais velhas." Pusemos nossa banda favorita, The National, e nós cinco ficamos em silêncio, prestando atenção na letra e vendo cidadezinhas, civilizações do passado, aparecerem no horizonte e depois ficarem para trás.

Levamos sete horas para percorrer os trezentos quilômetros de volta a Teerã. Quando entramos nos arredores da cidade, no arenoso canteiro central da avenida principal, e na grama dos canteiros laterais, a cada quinze metros, mais ou menos, havia famílias comendo queijo, sentadas em toalhas, com as pernas cruzadas. "Às sextas, fazemos piquenique", explicou Atef. Passamos por várias famílias. O sol das 5h da tarde era suave e a cidade parecia calma. Eu me agarrei a essa sensação mesmo enquanto minha mente pensava no dia seguinte, na nossa reunião com o governo iraniano.

Naquela noite, encontrei Bahram e seu amigo no saguão do nosso hotel. Ferg havia passado as três últimas noites acordada, colocando o alarme para tocar a cada hora, copiando fita após fita: o nosso plano era deixar as cópias no Irã para o caso de o governo pedir as originais.

"Oi", eu disse, esticando a mão para cumprimentar meu amigo, e aí parei, a mão congelada no ar ao lembrar que não podia ter contato físico no Irã. Fiquei me balançando, sem graça, segurando o outro braço com a mão. (Também vivia fazendo o sinal de "joia" para as pessoas, o que, no Irã, equivale a mostrar o dedo do meio, mas tínhamos 23 países de hábitos a romper: *Não sei falar a sua língua, então não tenho como dizer, mas gosto de você, gosto desse lugar e quero que você saiba disso* – polegar para cima.)

"Certo, vamos subir?", perguntei, querendo dizer para irmos ao meu quarto pegar as fitas. Bahram e seus amigos se entreolharam rapidamente e começaram a me seguir pela escada até que o recepcionista levantou da cadeira rapidamente e contornou o balcão, com o rosto vermelho, balançando a cabeça veementemente. "Sinto muito. Impossível. Quarto, não. Desculpe."

"Desculpe", ecoei. "Sinto muito." Corri escada acima, pulando dois degraus de cada vez, sentindo o rosto queimar ao perceber as implicações do que havia dito. *Sou uma americana vagabunda que acaba de tentar levar dois homens para o quarto.*

Depois de pegar as fitas, eu as entreguei para Bahram com mãos nervosas, culpadas. Nunca fui de criar confusões. Nunca flertei com o perigo. Ainda me lembro da vez em que deixei Tiffany Long copiar o meu dever de casa na sexta série – e do pânico indescritível que senti. Então agora, ali, forçando meu novo amigo iraniano a cooperar conosco, planejando subterfúgios, estava tensa. Eu me sentia como uma traficante de drogas. Fiquei pensando se o homem da recepção iria nos delatar. Imaginei dois homens batendo na porta de Bahram, revirando sua casa, rasgando seus papéis sobre química, em busca do contrabando.

Bahram enfiou as fitas em sua bolsa e nós dois fizemos uma mesura estranha, de pé nos degraus da entrada. Ferg desceu a escada quando eles estavam prestes a ir embora e, sem pensar, chegou perto de Bahram para lhe dar um abraço. Ele pareceu absurdamente constrangido, com a cabeça amassada contra o peito dela. "Hã, desculpe, mas isso é ilegal no nosso país." O rubor subiu pelo pescoço de Ferg.

"Diga a Ali que eu disse oi – e para ele voltar para o Irã", exclamou Bahram enquanto descia a rua com as cópias de nossas fitas.

Depois que Bahram se foi, o recepcionista nos parou antes de subirmos as escadas. E disse: "Tem um campo a poucas ruas daqui. Jogam até tarde da noite – 1h ou 2h da manhã."

Fiquei comovida, mas também confusa. Ele sabia o que estávamos fazendo? Que estávamos filmando futebol? Não saímos para jogar naquela noite – era muito arriscado –, mas sua disposição em permitir que a gente saísse deixou claro que ele não tinha planos de nos delatar. Como todas as outras pessoas, ele só queria ajudar.

"Obrigada", falei.

Mais tarde, Luke e eu ficamos sentados no saguão com o recepcionista e dois caras que serviam as mesas de café da manhã, assistindo ao jogo do Barcelona contra o Real Madrid.

Enquanto guardávamos as fitas na mala, na manhã seguinte, comemos pão sírio e ensaiamos o que íamos dizer. "Somos jovens de vinte e poucos anos fazendo um documentário para a faculdade. Queremos mostrar os nossos filmes do Irã para os nossos amigos."

Uma hora depois, entramos no escritório da agência de viagens. Havia velhos pôsteres da China e da Índia grudados nas paredes. "Quem é Gwendolyn?", perguntou o homem sentado no canto da mesa.

Ergui a mão. "Então foi com você que eu troquei e-mails", disse ele. "Eu sou Ahmadreza." Ahmadreza – o chefe da companhia de turismo que Atef dizia não conhecer.

Olhei para Atef.

"Ah, Ahmadreza... Eu só sei o primeiro nome dele."

"Gostaram da sua temporada no Irã?", continuou Ahmadreza.

Luke, Ryan e Ferg falaram, me ajudando. Falamos sobre os povoados dispersos pelo deserto, como se tivessem saído de um sonho. Sobre os *dolmas* que a mãe de Atef fez para nós, sobre os belos arcos e a luz lateral de Yazd. E aí o papo furado morreu e ficamos esperando para ver o que nos aguardava.

"Foi um mal-entendido", disse Ahmadreza.

Ele nos cumprimentou com um aperto de mão e nos acompanhou até a saída do escritório. Logo estávamos saindo do prédio, em silêncio, temendo ficar animados, caminhando rápido pelos bulevares cheios de árvores, até ficarmos a uma distância segura do escritório e perguntar: "Atef, isso foi *tudo*?"

Ele deu o primeiro grande sorriso que vi nele durante toda a semana – dava até para ver suas gengivas – e disse: "Sim, foi só isso. Vamos tomar um sorvete."

Dois dias antes, enquanto estávamos num café com internet, recebi um e-mail de uma amiga de uma amiga de uma amiga, uma mulher chamada Niloofar, que jogava na seleção iraniana. Eu havia enviado um e-mail para ela pensando na remota possibilidade de ela nos encontrar para uma partida antes de irmos embora.

Tomávamos sorvete de noz-moscada quando falei disso com Atef, na esperança de que ele não tivesse ressalvas quanto a esse encontro, já que a reunião – o exame das fitas, a avaliação dos americanos – havia corrido sem maiores incidentes. Mas quando ele fez que sim com a cabeça e disse "Tudo bem", a sensação era que nós o havíamos deixado tão exaurido que ele sequer conseguia resistir.

O campo de futebol onde Niloofar nos pediu para encontrá-la, o último que veríamos no Irã, era numa parte elevada de Teerã, com os prédios ao fundo envoltos pela névoa. Chegamos antes de Niloofar e subimos num muro que tinha uma vista privilegiada da cidade. Três jovens estavam de pé perto da borda, tranquilamente, com as mãos nos bolsos, de costas para a cidade, ignorando o declive atrás deles.

Ferg viu duas mulheres se aproximando, uma delas levando uma bola nas mãos. Acenamos para elas do outro lado da praça. Niloofar tinha olhos verdes, cílios compridos e gestos de menino (ficava parada com os pés afastados, a mão mexendo no relógio de pulso). A amiga dela era belíssima – usava um véu roxo na cabeça, batom bem vermelho, unhas compridas e pintadas, tinha sobrancelhas levemente arqueadas e maçãs do rosto delicadas. "Esta é a minha melhor amiga", disse Niloofar, apresentando a mulher cujos traços eram tão marcantes que parecia que seu rosto quebrava todas as regras. E de fato quebrava – as sobrancelhas trabalhadas, o pó iluminador, o batom, o *hijab* roxo usado um pouco para trás, revelando alguns centímetros de seu cabelo lustroso; nada disso era permitido.

"Você vai jogar?", perguntei.

Niloofar riu e traduziu, e a mulher de roxo balançou o dedo. "Ela gosta de ver", informou Niloofar.

Quando duas outras moças se aproximaram, Atef se afastou uns quinze metros, segurando sua pasta nos braços. Ainda havia homens jogando no campo e sabíamos que não teríamos muito tempo, então pedi para começar as entrevistas logo. A ordem era inversa: geralmente, jogávamos e, em seguida, conversávamos. No entanto, depois de jogar, a palavra "entrevista" não parecia mais ideal; era apenas um papo com outro jogador. Mas eu temia que, se esperássemos até depois do jogo, não conseguíssemos falar com elas.

Enquanto traduzia nossas perguntas, o ar de Atef era reprovador e infeliz, dizendo "Certo, isso é tudo?" depois de cada pergunta. Ficamos sabendo que Niloofar havia aprendido a jogar vendo vídeos do Ronaldinho no YouTube; que David Beckham era seu jogador favorito; que ela havia crescido jogando nas ruas com os irmãos; que tudo o que queria era jogar.

QUANDO OS HOMENS terminaram a partida, entramos em campo. Os caras ficaram do lado de fora do alambrado, observando.

"Precisamos esperar até eles irem embora", disse Niloofar enquanto criávamos um gol com sacolas de compras. Não importava: por mais que fizéssemos tudo bem devagar, os homens não iam embora, então Niloofar

Eu jogando com Niloofar e suas amigas numa quadra com vista para os contornos de Teerã, Irã. (Cortesia de Luke Boughen)

explicou que devíamos fingir que íamos embora. Saímos do campo de futebol como se, no fim das contas, tivéssemos decidido não jogar, e esperamos na esquina até os homens desaparecerem. Então, voltamos para o campo.

As mulheres desabotoaram seus casacos, mas o dono do campo apareceu, balançando a cabeça e o dedo. Elas voltaram a abotoá-los, relutantes, como se soubessem que aquelas roupas longas e ondulantes as deixariam diferentes das jogadoras de outras partes do mundo.

Eu não achava que elas fossem ser boas. Duas haviam jogado na seleção iraniana, mas, num país em que o futebol feminino mal era permitido, achei que isso não fosse significar muita coisa.

Mas mais uma vez eu estava errada. Elas faziam embaixadinha sem girar a bola; tentavam dar canetas; davam passes enfiados. Cada toque era perfeito. De alguma maneira, elas encontraram um jeito de não apenas jogar bola, mas de jogar bem.

Quando a partida terminou, começou a chover torrencialmente, os relâmpagos bem delineados e impressionantes contra o céu de Teerã. Nós nos despedimos com um abraço e trocamos endereços de e-mail. Eu me sentia estranha e triste voltando para o carro. Mesmo que tivéssemos jogado juntas, eu voltaria para os Estados Unidos, enquanto aquelas mulheres continuariam no Irã.

Na Kombi, Atef perguntou se eu havia me divertido.

"Sim", respondi, agradecida. "Muito obrigada."

"Eu teria ficado nervoso demais e teria estragado a sua diversão", disse com um sorriso tímido, encolhendo os ombros. "Então achei melhor esperar aqui."

NA NOSSA ÚLTIMA MANHÃ, fizemos as malas, dividindo as fitas entre nós, enfiando-as nos bolsos laterais para roupas íntimas e dentro dos tênis de corrida. Passamos sem problemas pela segurança. Eu estava extremamente nervosa vendo os guardas inspecionarem cuidadosamente as malas, mas ninguém examinou as nossas. Uma hora depois embarcamos, e as mulheres começaram a tirar seus *hijabs* quando entraram no corredor do avião, deixando o cabelo cair livremente sobre os ombros.

Quinze horas depois, pegamos nossas malas e rumamos para a alfândega dos Estados Unidos.

Chegando ao fim da fila, o cara da segurança olhou para os nossos passaportes e bilhetes aéreos e fez um som de alguém que levou um susto. "Irã?", disse. "Por que diabos vocês quiseram ir para o Irã?"

"Turismo?", disse Ryan.

O homem riu com desdém. "Vão para a fila seis."

Então, fomos para a fila seis ficar junto das pessoas de pele escura com barbas mais escuras ainda, que esperavam os guardas americanos tirarem suas digitais, apertando seus dedos contra placas de vidro.

21. Um teste

ESTÁVAMOS SENTADOS NUM CAFÉ com internet em Teerã quando recebemos a notícia. O resultado da promoção da MelroseMac: tínhamos conseguido novecentos votos a mais do que o segundo lugar. Daria para comprar o equipamento de edição: já poderíamos terminar o filme. (Ferg e eu ficamos pulando e arfando feito participantes de um programa de auditório, mas Ryan e Luke nos fizeram voltar para a cadeira, sussurrando *shhhh*...)

Nos seis meses seguintes, transportamos os nossos Macs de um apartamento para outro. (Luke: "Minha prima está viajando esta semana – podemos trabalhar na casa dela." Ryan: "A Maisie disse que não liga se vocês forem dormir lá de novo." Ferg: "Se não fizermos barulho, acho que não tem problema vocês trabalharem no meu quarto.") Demos forma às nossas filmagens, algumas partes mais difíceis de encaixar que outras. Vimos alguns trechos inúmeras vezes, olhando para os rostos que conhecíamos. Gritamos que certas coisas *tinham* que entrar no filme, apegados a momentos que não queríamos abandonar. Nós sabíamos cada palavra de cor; às vezes, falávamos como se estivéssemos citando falas do filme.

Postamos no Facebook: "Estamos à procura de tradutores de pársi, quéchua, sheng, árabe, japonês, francês e chinês" e ligamos para os departamentos de Letras das faculdades, em busca de estudantes que quisessem fazer a tradução de graça. Mastigamos canetas marca-texto enquanto estudávamos os roteiros. Nos fins de semana, íamos a shows de bandas obscuras em busca de músicas. Arriscamos e mandamos e-mails para as nossas favoritas. Kasey Truman, colega de time na Duke, que trabalhava na Chop Shop Music, nos passou músicas de pequenas bandas ótimas dispostas a ceder seus direitos em troca de pouco ou nenhum dinheiro. Young the Giant,

Nico Stai, Takénobu, Ceci Bastida, We Were Promised Jetpacks, Anya Marina – excelentes artistas independentes para a trilha sonora do nosso filme.

Eu editava de manhã e de noite, e treinava à tarde.

Malhava em Koreatown, num apartamento-garagem-academia-de-ginástica, do primo de Luke, corria na esteira, pisando com tudo, fazendo tremer toda a sala de pesos. Subia e descia correndo os sete lances das escadas que ninguém mais no prédio parecia usar. Fazia treinos de corrida com intervalos até Wilshire, parando nos sinais, contornando o trânsito. Os dois campos de futebol mais próximos do apartamento ficavam fechados. Nossas tentativas de pular a cerca não deram certo. O parque mais perto estava cheio de placas dizendo PROIBIDO JOGAR FUTEBOL. (Em nenhum outro lugar do mundo encontramos algo parecido. Luke, incrédulo, tirou uma foto e colocou no seu Facebook.) O parque MacArthur ficava a 2,5 quilômetros dali. Luke e eu jogávamos um contra um na parte de terra, mandando a bola nas latas de lixo pesadas, o que me fazia lembrar o quanto eu desejava aquilo aos doze anos de idade. Depois de jogar, corríamos para casa com as canelas cheias de poeira, ouvindo as buzinas dos carros e respirando a fumaça.

Uma sofisticada quadra de futebol com gramado sintético em El Segundo ficava aberta durante o dia. Um grupo de jogadores em estágios variados da carreira – alguns, assim como eu, almejando o West Coast Combine – batiam bola no horário de almoço.

Duas semanas antes da peneira, eu estava em El Segundo, trabalhando minha corrida, tentando deixar as passadas mais longas, erguendo os joelhos, dando mais impulso. Bem quando achei que havia conseguido, quando estava, de fato, voando, correndo de um jeito que nunca havia corrido – igual a um maratonista –, senti um repuxão na parte de trás da perna. Era uma sensação de calor, de algo rasgando, e me deixei cair, enjoada, zonza, sem conseguir acreditar, vendo bolinhas pretas de grama grudadas nas pernas molhadas. Distendi o tendão completamente. Sentia espasmos e tremor no tendão, e tentei controlar meu rosto, já que outras pessoas podiam me ver e sempre odiei a falta de dignidade das lesões. Por mais real que sejam, elas sempre me parecem uma desculpa.

No carro, Luke ficou com a mão sobre a minha. Com o pé para cima, com gelo preso perto do meu tendão, fiz as contas. O teste era dali a quatorze dias. Se aplicasse gelo e calor diversas vezes, e talvez achasse uma daquelas máquinas portáteis de estimulação elétrica para pulsar meu músculo ao máximo, será que estaria curada em tempo para fazer o teste? Mesmo que eu me recuperasse, não estaria em forma. E sempre fui boa nisso de estar em forma. Quando era caloura, aos dezesseis anos, ganhei o teste de Cooper de três quilômetros por uma vantagem de cem metros. Consigo ultrapassar qualquer um. Mas, agora, precisava descansar a perna e malhar os braços e nadar, sendo que deveria estar correndo com a bola, trabalhando meu primeiro passo, a explosão da corrida. Queria estar na minha melhor forma. Queria dar o melhor de mim no jogo e ser escolhida, ou então ser desclassificada, para que eu pudesse parar de imaginar o que poderia ter acontecido se...

Fiquei descansando a perna durante uma semana e, então, comecei a correr com cuidado, para não forçar. Dois dias antes do teste, coloquei meu tendão a prova, fazendo corridas com 70% da minha capacidade total, e depois 80%. Senti a perna meio trêmula, mas consegui. Estava perto demais para não ir.

No dia 14 de dezembro, fomos de carro até Chula Vista, onde ficava o United States Olympic Training Center. Paramos no estacionamento. Olhei para a placa com a ilustração dos anéis olímpicos.

Já estivera ali duas vezes antes, primeiro aos quatorze anos, e depois aos dezessete. Agora, cá estava eu de novo, nove anos depois. Saí do carro, abracei Luke por um instante e acenei para ele, pendurando a bolsa no ombro. Segui os avisos de papel com setas indicando a entrada. Respirei fundo, dei um sorriso falso para a pessoa atrás do balcão e peguei o meu kit e a chave do quarto.

Ao tentar girar a chave, senti a mão estupidamente trêmula. Alguém abria a porta enquanto eu tentava destrancá-la. Katie, uma morena de Denver, e Sarah, uma loira de Seattle, haviam chegado antes de mim; o quarto delas partilhava da mesma sala de estar que o meu. Nos cumprimentamos com apertos de mão e nos perguntamos onde cada uma jogara, em que ano se formara e em qual posição jogava. Nós três éramos alas.

Abri um saco plástico e tirei de lá a minha camisa de treino numerada e shorts brancos curtos. "A gente acha que a liga está apostando num ângulo sexy", disse Katie quando eu ergui o pedacinho de tecido branco transparente.

Chioma, minha colega de quarto, chegou uma hora depois. Era jovem, engraçada e conhecia todo mundo, o que me deixou meio intimidada e em silêncio. Eu me sentia tímida demais para tudo aquilo. (Não tenho medo de presidiários, mas basta me colocar num grupo com outras garotas que eu desapareço.)

Todas as jogadoras que conhecia da época de faculdade que ainda estavam jogando foram para o East Coast Combine na semana seguinte. Não conhecia quase ninguém ali, como fora quando tentei entrar na seleção olímpica da Flórida aos doze anos: Pensacola, na parte noroeste do estado, ficava entre oito e doze horas de carro de onde moravam as outras jogadoras. Cheguei ao dormitório e vi que todas as quatro camas estavam ocupadas. Música saía de um aparelho de som portátil, o quarto tinha o cheiro de framboesa da colônia Sun-Ripened Raspberry Body Splash e quatro meninas com camisetas do clube de futebol Clearwater Chargers, meias listradas e cabelo preso no estilo da Princesa Leia ficaram olhando para mim. Sorri, me apresentei e elas disseram: "A gente mudou você para o outro quarto." Então, saí do quarto barulhento, fui para o quarto vazio, me enfiei na cama de baixo de um beliche e fiquei ouvindo música, me imaginando no campo de futebol.

Agora, do outro lado do país, disse boa noite a Sarah e Katie e deitei na minha cama, usando meus fones de ouvido, do mesmo jeito que fiz quando tinha doze anos. Talvez eu não seja mais forte o bastante para fazer essas coisas. Como eu era corajosa quando criança! Fazia a mala e viajava sozinha para tentar dar o melhor de mim, esperando as pessoas dizerem sim ou não.

Os UNIFORMES, os nossos rabos de cavalo idênticos, os campos impecáveis, os cones laranja – tudo parecia tão estéril. Será que esse era o mesmo futebol que eu vinha jogando? Na primeira manhã, corremos pelo gramado em fila. Éramos simpáticas umas com as outras e tínhamos medo umas das outras. Fizemos alongamento em silêncio.

O meu técnico era Albertin Montoya, um argentino de aparência aristocrática, com cabelo encaracolado penteado para trás, rosto bonito e pescoço comprido. Falava com uma voz suave que me deixava perturbada. Ele nos reuniu num grupinho, pôs as mãos atrás das costas e disse: "Joguem com confiança. Destaquem-se do resto."

Começamos com uma partida pequena, num lado só do campo. Todas queriam deixar uma boa primeira impressão e corriam loucamente pelo campo. Consegui pegar duas bolas imediatamente, roubando-as de alguém, e, embora uma nuvem de insegurança tome conta de mim toda vez que estava prestes a fazer algo (*Será que vou errar o toque? Será que tem alguém correndo que eu não vi?*), consegui acertar os dois passes. Com dois minutos de jogo, já estava arfando, zonza, me sentindo mais fora de forma do que nunca. Perdi uma bola, mas consegui pegar mais duas, dribleí alguém e dei um passe enfiado. Correndo, podia sentir que meu tendão estava aguentando, aguentando, e aí senti o repuxão quente quando me lesionei mais uma vez. Consegui aguentar durante dez minutos. Continuei jogando, tentando usar a adrenalina para abafar o que estava sentindo.

PARTIDAS COM ONZE JOGADORAS usando o campo inteiro foram marcadas para o período da tarde. Pensei na possibilidade de não jogar, mas ouvi a voz de meu pai, repetindo uma das lições da minha infância: nunca peça para ser substituída. Aconteça o que acontecer, você não pode escolher sair de campo.

Minhas colegas de quarto e eu saímos para o jogo, cada uma com seus fones de ouvindo, tentando isolar o resto do mundo, inclusive as outras jogadoras. Eu ouvia "About today", do The National. É uma música triste. Ninguém mais ouviria essa música para se motivar. Mas, quando começou o refrão – "*How close am I to losing you*"* – eu fiquei comovida, com um

* "Estou tão perto de perder você." (N.T.)

nó na garganta, bem ali, ao lado do campo. Eu me agachei, coloquei as caneleiras e pensei: *Isso é tudo o que me resta, isso bem aqui.*

Corremos erguendo o joelho bem alto pelo campo. Peguei uma bola e fiz uma série de toques até que Albertin nos chamou num canto.

"Quem é o melhor time do mundo?", ele perguntou, num tom de alguém que espera uma resposta definitiva.

Ninguém disse nada, todas com medo de dizer algo errado, cientes de que não assistimos a tantos jogos de futebol quanto deveríamos. Eu não tinha TV a cabo, não sabia das últimas novidades. Mas sabia que talvez ele quisesse ouvir Barcelona ou Manchester United. Senti o coração bater forte, pensando se devia falar ou não. Quebrei o silêncio: "Manchester United?"

"Não", ele respondeu como se eu estivesse redondamente enganada. (Muito embora o Manchester United tivesse ganhado a última Liga dos Campeões.)

"Barcelona?", arriscou Chioma.

"Isso", disse ele, com as mãos às costas, as pernas afastadas, numa pose que dava a entender que *Eu tenho todas as respostas*. "Lionel Messi. O melhor jogador do Barcelona, o melhor jogador que há. O orgulho de todos os argentinos. Esse é o ponto fraco das mulheres. Vocês não sabem nada sobre o futebol que acontece pelo mundo."

Ele falava com tanta segurança que fiquei com vontade de dizer o que ele não sabia – que, se você fosse à Villa 31 ou qualquer um dos outros subúrbios na Argentina, ninguém diria que Messi era o orgulho do país. Ele era o melhor, mas se mandou para a Espanha aos quatorze anos. Tevez era o herói: "Ele é um de nós", disse Gustavo, um jogador de lá. "Ele vem de um lugar como este aqui. Sempre jogou nos bairros pobres, como estamos fazendo agora. E quando ele está em campo, dá para ver que não esqueceu isso. Ele ainda joga como se estivesse na periferia."

"O nosso jogo começa em dez minutos", disse Albertin. "Estejam prontas."

Comecei o jogo na reserva e entrei no segundo tempo. Era ala, mas Montoya não estava usando alas, então me colocou no centro. O jogo fervilhava ao meu redor.

Meninas perturbam a minha serenidade, massacram o meu ego. Jogar o tempo todo contra meninos é algo que não requer muita coragem. Quando derroto um cara que é mais rápido e mais forte do que eu, eu me sinto bem. E quando ele me derrota, não fico ruminando aquilo; ele é mais rápido, é mais forte. São eles que têm algo a perder, não eu, o que significa que acabo tendo a autoconfiança e a ousadia necessárias para jogar bem.

Fiz alguns toques horríveis, do tipo que a gente vê na televisão e diz *Você só pode estar brincando*. Persisti até o fim. Eu me sentia uma impostora de uma perna só, uma ogra com um curativo caindo da perna. Fiquei enojada por não estar em forma, por chegar atrasada na bola, por não conseguir alcançá-la antes das outras.

Depois do jogo, dava para ver quais de nós haviam chamado a atenção de Albertin, e eu não era uma delas. Não o culpei – eu também não teria gostado de mim. Mesmo assim, era difícil gostar de um técnico que não gostava de você.

NAQUELE PRIMEIRO DIA DE JOGO, todas nós parecíamos iguais. Era como se nos anulássemos. Muitas jogadoras tentando dar o melhor de si, mas pouco instinto. Vendo os outros dois times jogarem, só notei uma que se destacava: Tina DiMartino, uma menina da UCLA, com 1,57 metro de altura, mas muito boa. Ela deslizava pelo campo, o esforço das outras enfatizando sua facilidade.

No segundo jogo, Albertin Montoya decidiu trocar as formações e usar a posição de meia. Eu estava na meia esquerda quando vi DiMartino do outro lado, à minha frente, o outro técnico querendo testar a habilidade dela de fazer jogadas amplas. E ela não parecia muito feliz com isso.

Jogar de ala era o que eu sabia fazer. Uma batalha de um contra um, em que eu jogo contra alguém melhor do que eu: basicamente é a minha situação favorita. Estávamos bem em frente às arquibancadas cheias de técnicos quando ela tentou driblar. Antecipei sua jogada e roubei a bola, driblando para a frente, conseguindo dar um passe para a meio-armadora. DiMartino recuperou a bola um minuto depois (essa é uma das melhores partes de ser uma estrela – as pessoas passam muito a bola para você) e tentou passar por mim novamente. Muito embora eu sentisse o tendão repuxar e mal conseguisse respirar, quando tirei a bola dela, tive aquela sensação de estar totalmente imersa no jogo, alheia ao mundo.

Matei um cruzamento no peito, coloquei a bola no chão, fui driblando até a área central e saí correndo. Novamente, ela conseguiu me alcançar já na lateral. Peguei a linha de fundo e fiz um cruzamento rápido para a atacante que entrou na pequena área, colocando a bola a seus pés. Ela terminou a jogada mandando a bola na rede. Foi o único gol com a minha participação nos jogos daquele fim de semana.

"Agora sim, *isso* é futebol", disse Albertin no intervalo. "Não lembro quem fez o cruzamento – a Sarah, talvez? Mas foi forte. *Agora* sim, estamos jogando."

Percebi que ele não me notou, mas também percebi que isso não me deixou chateada. Não foi para ele; aquele momento foi todo meu.

No último dia, eu estava muito, muito mal. Minha perna já era. Eu mancava de um jeito exagerado e todas as jogadoras passavam por mim. Estava confusa e desorientada. Fui substituída quinze minutos antes do término do primeiro tempo.

Quando o jogo acabou, fui andando rápido de volta para o meu dormitório. Chorei no chuveiro.

Vesti um agasalho, fiz a mala e a pendurei no ombro. Queria sair logo dali. Cheguei ao estacionamento e lá estava Ferg, com a câmera, querendo que eu dissesse algo. Era basicamente a última coisa no mundo que eu queria fazer. Ainda sentia o nó na garganta e sabia que, se tentasse falar, acabaria chorando, e não permitiria ser filmada chorando de jeito nenhum.

Tirei o cabelo molhado do pescoço e me senti fria, insensível, sem querer participar da brincadeira. Luke estava perto de Ferg, com uma expressão gentil e de pena no rosto, e nem isso eu estava a fim de ver.

"Ei", disse Luke, me abraçando, colando meu rosto contra o seu peito.

Quando ergui o rosto, estava mais calma, já conseguia falar o que pensava. A primeira disciplina de inglês que fiz na faculdade foi durante a temporada como caloura no futebol e, embora aquela fosse a melhor temporada na faculdade que tive – cinco gols, cinco assistências, tudo muito profissional –, eu ainda me sentia frustrada; minha dissertação de inglês foi sobre perseverança. Não importa o que aconteça, o importante é perseverar: era isso que eu defendia. Um texto cheio de esperança. Meu professor, já com mais idade, escreveu com sua letra cursiva e desleixada no fim da dissertação: *Mas claro que, às vezes, é melhor só desistir mesmo.*

Aos dezesseis anos, com os olhos varrendo ansiosamente o papel em busca dos comentários do professor sabe-tudo, essa frase foi chocante. Fiquei sentada ali na fileira de trás com as outras atletas, olhando para ele, andando em frente ao quadro-negro, sua voz cansada chamando os alunos que erguiam as mãos e tentavam dar respostas.

À medida que os anos foram se passando, eu pensava: talvez ele não estivesse sendo chato. Talvez só estivesse preocupado que eu não soubesse daquilo. Tudo bem desistir de um sonho.

Joguei a minha mala no bagageiro do nosso Camry amassado pelo cervo e saímos do centro de treinamento, sabendo que eu não tinha passado e que não ia tentar de novo.

Sentia vergonha do quanto estava triste. Existem coisas mais tristes no mundo do que não jogar numa liga profissional. E, por mais que as coisas não tenham acontecido do jeito que eu havia planejado, futebol sempre foi o centro da minha vida.

Há uma frase de um ensaio de Jonathan Franzen que ficava martelando na minha cabeça: o que você começa como "tentativa ... de chamar a atenção acaba convidando você para continuar pela coisa em si, com uma seriedade que redime e é redimida por sua própria essência inútil".

A maioria dos jogadores quer o espetáculo; queremos cativar. Mas, um dia, percebemos que, mesmo no silêncio, com ninguém olhando, a sensação de dar o melhor de si e jogar muito bem é ótima.

Talvez, como diz Luke, o futebol nos seduza, nos chame para algo além do que imaginamos, nos ofereça mais do que acreditávamos ser possível quando éramos mais jovens. O sonho, no fim das contas, não é jogar na seleção ou numa liga profissional. O sonho é jogar; e jogar é um sonho.

22. Reta final

Pelada – nua, a forma mais crua do jogo. Achamos essa ideia linda. Decidimos que essa seria a essência do nosso filme. E esse seria o título. (Tudo bem se ninguém além dos brasileiros souber o que significa, se ninguém além deles for capaz de pronunciar a palavra ou se lembrar dela, se não dá a entender que é um filme que fala de futebol. Não ligamos; decidimos que o título ia ser *Pelada* mesmo assim.)

Nós nos jogamos na edição, correndo para cumprir os prazos de inscrição para os festivais de cinema. Entre bicos e o turno da noite como empacotadora na Trader Joe's, Ferg economizava o suficiente para alugar um quarto, que achou nos classificados. Era grande o suficiente para caber um computador num canto, então ficávamos sentados na cama dela, comendo granola.

Durante uma dessas maratonas de edição – trabalhando até as 4h da manhã, desmaiando na cama de Ferg, acordando novamente às 8h –, ouvimos alguém bater à porta. Ferg foi atender e voltou segurando um aviso de despejo. Ela sentou na cama. "Aqui diz que estou há três meses sem pagar o aluguel."

Ryan e eu vimos o pescoço de Ferg ficando vermelho e o rubor subindo até suas bochechas. "Todos os meses, entreguei um cheque para o cara que aluga o apartamento. Que diabos fez com eles?"

Com o aviso cor-de-rosa na mão, ela bateu na porta dele. Ryan e eu ficamos ouvindo as vozes dos dois, cada vez mais altas:

"Era o senhorio. Por que estamos recebendo um aviso de despejo?" Ela tentou se manter calma, mas dava para perceber o nervosismo em sua voz.

"O que você está fazendo com a minha correspondência?", ele perguntou, saindo do quarto, depois entrando e fechando a porta atrás de si. (Ele sempre deixava a porta trancada e entrava no quarto pela varanda; embora tivéssemos conversado entre nós sobre isso, desenvolvendo teorias malucas sobre um provável uso descontrolado de drogas, acabamos deixando para lá.)

"Para onde foi o dinheiro do aluguel que eu paguei?", perguntou Ferg.

"É melhor você não se meter na minha vida."

"Mas é a minha vida. Eu preciso saber se ainda vou ter um lugar para morar."

"Escuta aqui, sua vaca, o meu cheque vai estar aqui amanhã. Você está fazendo uma tempestade em copo d'água."

"E como posso ter certeza disso?"

"Você está me chamando de mentiroso? Sai daqui – sai daqui agora."

"Como assim, 'sai daqui'?"

"Você tem uma hora. Pega as suas coisas e vai embora daqui, porra."

Ninguém pode despejar o colega de apartamento sem algum aviso prévio, então meio que o ignoramos; Ryan e eu continuamos a editar enquanto Ferg espumava de raiva sentada na cama. E aí o cara apareceu. Ele ficou na porta, um pouco mais para dentro do quarto. "Quero vocês fora daqui."

Ryan, talvez por ser um pouco mais velho que a gente, era o melhor para argumentar. "Você não pode fazer isso", disse, completamente calmo. "Você não tem o direito de tirá-la daqui." Ele deu as costas para o cara e continuou a editar.

Dez minutos depois, enquanto arredondávamos as cenas finais e ajustávamos as legendas, os computadores foram desligados. Às nossas costas, ouvimos uma voz sinistra: "Sim, eu desliguei a energia." Ele soltou uma risada insana, de braços cruzados. "Agora saiam do meu apartamento."

Na cozinha, ele jogou as panelas e vasilhas de Ferg para fora das prateleiras. E aí resolveu fazer ainda mais: abriu as janelas e jogou as compras dela na calçada.

"Está bem!", gritou Ferg. "Eu vou embora. Já estou indo."

Depois de dois anos, estávamos a apenas uma hora de terminar a versão final do filme, mas, mesmo assim, começamos a ajudar Ferg a pegar suas coisas. Colocamos tudo em sacos de lixo e fizemos várias viagens até a rua, enchendo nossos carros com a vida dela.

O meu Camry estava estacionado a uns oitocentos metros dali. Quando entrei nele para tentar achar uma vaga mais perto, o motor não pegava. Ele rodou mais de 300 mil quilômetros; certamente não ia morrer logo ali. Chacoalhei o volante, como se aquilo pudesse fazer o carro acordar. Luke, que sabia o truque para fazer o carro pegar, estava na monitoria da faculdade de Direito. Liguei para ele e ele foi me dizendo o que fazer – mesmo assim, nada.

Ferg e eu enchemos o Camry com as coisas dela mesmo assim, sem saber onde mais colocá-las. Pingando de suor, sentamos na calçada, com os braços cheios de roupas, produtos de beleza e fitas de gravação.

Duas horas depois, enquanto Ryan deixava várias coisas de Ferg na casa de um amigo, Ferg e eu sentamos na calçada, perto da penteadeira dela. Com os braços em volta dos joelhos, ela parecia desolada. "Você acha que eu tomo decisões ruins para a minha vida?", perguntou, num tom de voz inseguro que jamais ouvira nela.

"Não tinha como saber que o cara era viciado em crack", brinquei, colocando minha mão no braço dela.

Ficamos ali sentadas, suando, ouvindo o barulho dos carros que passavam. Três anos antes, estávamos numa biblioteca, bolando o nosso plano; e agora estávamos ali, na sarjeta.

Quando Ryan voltou com o carro, colocamos a penteadeira de Ferg no banco de trás.

Tentamos fazer o carro pegar mais uma vez. Ferg girou a ignição e colocou o carro em movimento: o Camry desceu a rua, Ferg pulou para fora, Ryan gritou para eu entrar. Corri, pulei no assento e enfiei o pé no freio bem na hora em que o carro chegou numa placa de "pare". Gritei "tchau" e acelerei, estranhamente sentindo o barato da adrenalina: era boa a sensação de ir atrás daquilo em que acreditamos, mesmo depois de ter sido literalmente jogada na sarjeta.

Passei por quatro ruas antes de perceber que não sabia para onde estava indo. Esqueci de pedir informação. Geralmente, escrevo os nomes das ruas num guardanapo ou num papel qualquer, e fico com o polegar prendendo o papel contra o volante. Sem uma rota, a minha tendência é sempre supor que me perdi, mesmo quando não é o caso.

Cheguei até a 405, os carros passavam voando por todos os lados e eu me senti relativamente calma. E pensei: *Bom, lá vamos nós.*

Terminamos a versão final (agora no quarto de Ryan) e saímos em busca de pessoas que pudessem fazer a mixagem de som e a correção de cor por um bom preço. Debitamos gasto após gasto no cartão de crédito da empresa. Só podíamos pagar mais dois dias no estúdio de narração. Narrar é algo assustador – já zombei de muitas narrações em filmes na vida e, por isso, sabia o que estava em jogo. Até então, havíamos gravado frases no microfone do iPod de Luke, diversas vezes, até ficarmos satisfeitos com a altura, entonação e inflexão. Mas, no estúdio, você fica atrás de um vidro, coloca os fones e perde por completo o controle do som da própria voz. Monocórdia, entediada ou extremamente cafona – é difícil encontrar o equilíbrio. Definitivamente, não somos Morgan Freeman.

Embora eu jamais ficasse rouca, acabei ficando no nosso primeiro dia no estúdio. Não dava para utilizar nada do que eu gravei, ou seja, só teria um dia para fazer tudo direitinho.

Eles nos deram um CD com as nossas gravações e eu passei o sábado no quarto de Ryan, enfiando frases no cronograma de edição. Tínhamos que enviar o filme até segunda, então Ferg, colada em mim, me dizia para ir rápido. Gravamos de dez a onze versões de cada frase e eu queria escolher a melhor, o que significava que ficava ouvindo todas repetidas vezes, dizendo: "Você prefere esta... ou esta?"

"Todas parecem iguais!", disse ela, mas não era ela que teria que ouvir a própria voz enchendo um cinema. Eu sequer gosto de ouvir a minha própria voz na secretária eletrônica.

Às vezes, não conseguia achar uma única frase boa. Nas três semanas seguintes, as frases da narração ficavam voando pela minha cabeça, me acordando de noite. Fantasiava em ter mais um dia no estúdio de gravação. Sentava na cama, repetindo as palavras em voz alta, como gostaria de tê-las dito, do jeito que achava que deviam ser ditas. *Eu queria ser a melhor jogadora do mundo. Mas isso nunca aconteceu.* "Mas isso nunca aconteceu" deveria ser dito com um ar casual; em vez disso, a minha voz soou arranhada e emotiva, como se eu tivesse me esquecido, naquele instante, que me sentia totalmente tranquila com o fato.

Luke abriu os olhos, tirou o meu cabelo da nuca e sorriu meio que dormindo para mim.

No DIA 14 DE MARÇO DE 2010, depois de meses amontoados na cama, editando quatrocentas horas de filmagem para noventa minutos de vídeo, estreamos no festival SXSW (South by Southwest), em Austin, Texas. Quinhentas pessoas lotaram o cinema. Ficamos sentados na fileira do meio, observando os rostos da plateia, esperando para ver se iam sorrir nos pontos em que sorrimos, se iam rir nas partes que achamos engraçadas, se as histórias das pessoas que jogavam as deixariam emocionadas como nos deixavam.

Conseguimos exibições pelo país inteiro, enchendo cinemas, auditórios de escolas, igrejas comunitárias, todos os lugares pelos quais pudemos pagar. No dia 21 de setembro, estreamos em Nova York. Não num cinema – isso custaria 35 mil dólares, dinheiro que não tínhamos –, mas no bar Legends, um lugar de três andares com telão, uns dez televisores de tela plana e uma moça escocesa chamada Geraldine, que nos deixou tomar conta do lugar em uma das noites. Os blogueiros que escreviam sobre futebol ajudaram muito, apoiando o nosso filme. De Minneapolis a Los Angeles, de Nova York a Fort Lauderdale, foram importantes para fazer as pessoas comparecerem. Também ligamos para os clubes de futebol: "Oi", eu dizia. "Fizemos um filme sobre o futebol informal... Acho que vocês gostariam de ver." Às vezes, os técnicos ficavam animados; outras vezes, eles me rejeitavam do mesmo modo que rejeitamos alguém que tenta nos vender seguro de saúde.

Tivemos boas críticas no *New York Times*, *Variety*, *ESPN The Magazine* e em jornais de todo o país. (A crítica da *Variety* soltou uma farpinha sobre a narração: "narrado no tom de 'como foram as minhas férias'".) Cerca de quatrocentas pessoas apareceram para a estreia em Nova York, e mais quatrocentas assistiram ao filme em Los Angeles. Seiscentas pessoas foram à estreia ao ar livre em Durham, na Carolina do Norte. Quatrocentas e cinquenta e poucas pessoas viram o filme em Washington D.C. e em Irvine, na Califórnia (algumas sentadas no chão). Esgotamos os ingressos em quatorze cidades, de Kansas City a Seattle. Em Sarasota, na Flórida, duas velhinhas de andador abordaram Ryan depois da exibição, dizendo: "Viemos na noite passada, por engano – entramos no cinema errado. Mas gostamos tanto que voltamos hoje." Em Portland, Oregon, o filme ficou em exibição durante uma semana: embora só houvesse trinta pessoas na primeira sessão, ao fim daquela semana *Pelada* era o filme de maior lucro para a bilheteria. Em Mathare Valley, no Quênia, o filme foi projetado num muro de tijolos no Campo do Austin. Depois da exibição em Vail, no Colorado, mais de cem pessoas foram para um campo de futebol ali perto e jogaram até a meia-noite.

No dia 5 de junho de 2010, Luke e eu nos casamos em Six Mile, Carolina do Sul. Uma tempestade desabou algumas horas antes da cerimônia, enquanto eu estava lavando pratos, em vez de estar pintando as unhas dos pés, enrolando o cabelo ou fazendo as coisas que deveria fazer, porque tudo o que conseguia pensar era que precisava lavar pratos pelo menos durante alguns instantes. Enxaguei um prato e pensei que a tempestade ia refrescar um pouco o tempo, mas isso não aconteceu: a umidade ficou suspensa no ar. Às 5h da tarde, aquele era o dia mais quente da vida dos nossos convidados. No começo o calor me incomodou, mas depois sumiu.

Segurei o braço do meu pai enquanto ele caminhava rápido até o altar, os saltos dos meus sapatos fincando na grama. *Estamos indo rápido demais*, tentei dizer, mas ele não me ouviu, e eu me sentia um pouco comovida por aquela rapidez, como se ele estivesse tentando correr das lágrimas.

E então eu estava na frente de Luke, com as mãos nas dele.

Leah, minha madrinha de casamento – a mesma que me deu a agenda quando tínhamos quatorze anos –, cantou "Sideways", do Citizen Cope, e

Luke e eu no dia do nosso casamento. (Cortesia de Ninalyn Oxenham)

não havia nenhuma brisa para atrapalhar o som de sua voz: "*These feelings won't go away/ They've been knockin' me sideways.*"*

Matt, amigo de Luke, leu o nosso trecho favorito de *Adeus às armas*: "Muitas vezes, um homem deseja estar sozinho e uma mulher deseja também estar só e, se eles se amam, sentem ciúmes disso um no outro, mas posso afirmar que jamais sentimos isso. Podíamos nos sentir sozinhos quando estávamos juntos, separados das outras pessoas. E isso só aconteceu comigo uma única vez."

Sob o caramanchão de gravetos que nós mesmos tínhamos feito, quando o celebrante pediu as alianças, percebi que havíamos nos esquecido delas. Levantei as mãos e ri, e aquele momento foi totalmente nosso. Pegamos emprestadas a aliança da minha avó e a do padrinho de Luke, e

* "Esses sentimentos não vão embora/ Eles sempre me surpreendem." (N.T.)

então eu disse "Aceito este homem como meu marido" e ele disse "Aceito esta mulher como minha esposa".

Bebemos margaritas, comemos churrasco e puxei a gravata de Luke na pista de dança, enquanto minhas sobrinhas e sobrinhos dançavam ao nosso redor.

23. Joguinho informal

Um ano depois da nossa estreia em Austin, já tínhamos pagado todas as dívidas de cartão de crédito e não havia mais mensagens ameaçadoras na caixa postal do celular de Ryan – mas acho que ainda precisaremos de mais uns dez anos para pagar o nosso investidor. Ferg e Ryan estavam tentando uma carreira no cinema: Ferg era *freelancer* em São Francisco; Ryan trabalhava num documentário baseado nas histórias de Freda Kelly, que durante muito tempo foi secretária dos Beatles.

Luke estudava Direito na Universidade da Califórnia, em Irvine. Ele gerenciava as sociedades de direito ambiental e internacional e recebeu um prêmio por fazer a maioria dos projetos *pro bono.* De manhã, quando estava indo para a faculdade, ele me deixava no Orange Coast College, onde eu dava aulas de língua e literatura. Mostrava aos alunos os meus escritores favoritos – Junot Diaz, Denis Johnson, David Foster Wallace, Aimee Bender, Hunter S. Thompson, Lorrie Moore, T.C. Boyle. Gesticulava absurdamente. Queria que meus alunos gostassem de ler tanto quanto eu.

No verão, com uma pilha de dissertações corrigida pela metade no colo, Luke e eu viajamos de carro até Chapel Hill, na Carolina do Norte. Luke foi fazer um estágio no Southern Environmental Law Center, onde ia trabalhar salvando rios e árvores do crescimento urbano e das estradas de pedágio.

Às 6h da tarde, no nosso primeiro dia lá, chutei o que pareciam ser carrapichos marrons do tamanho de bolas de chiclete enquanto andava pela calçada de tijolos, indo do nosso apartamento, em Hillsborough Street, até o gramado em frente ao estádio Fetzer Field, em busca de algum jogo do qual pudesse participar todas as noites.

Estar em Chapel Hill era como estar em casa – fica a vinte minutos do lugar onde eu estudei durante quatro anos –, mas também era território inimigo, o domínio do Tar Heels, o time que me derrotou todas as vezes em que joguei contra eles. (Depois de cada jogo, nos alto-falantes, tocava a música "Carolina in my mind", do James Taylor. Quando você perde, isso estraga a música para sempre.)

Estava usando uma camiseta do time de futebol da Duke. Quando cheguei ao campo, um desses caras de fraternidade estudantil colocou metade do corpo para fora do carro e gritou: "A DUKE É UMA BOSTA!"

Andando pelo gramado quente, levantei a mão, maravilhada com o fato de haver suor entre os meus dedos. Disse a mim mesma: *Aí está o clima úmido do qual você dizia sentir saudades*, o ar da Califórnia era tão leve que sequer parecia real. Voltei o olhar para além dos jogadores de frisbee, para o jogo de futebol que acontecia do outro lado do campo. Luke veio para perto de mim na bicicleta, a camisa social desabotoada estufada pelo vento. Enquanto ele se trocava, fiquei brincando com a bola, observando os vinte caras que jogavam contra outros vinte.

Qualquer pessoa que estivesse vendo aquele jogo repararia em um cara: cabelo afro, camiseta roxa grande demais, corrente dourada no pescoço, velocidade de jogador-celebridade. Tinha dezenove, talvez vinte anos. Andava como se quisesse meter medo, mas tinha olhos enormes de cachorro pidão, que faziam com que você só quisesse protegê-lo do mundo. Quando pedia a bola, as pessoas passavam para ele. Ele recebia a bola de tanta gente que fiquei esperando alguém gritar, *Vai, joga, passa a bola, se livra dela*, que era o que gritavam para todo mundo. Mas nunca gritavam com ele. As pessoas pareciam felizes só de vê-lo jogar. Ele me fazia lembrar as cenas que vi de Allen Iverson jogando basquete no colegial: ele voava, enquanto os outros só corriam.

O jogo tinha tanta gente que nos misturamos sem dificuldade. Imaginava que levaria certo tempo até eu receber a bola – em jogos grandes assim, você compete contra o seu próprio time tanto quanto contra o time adversário –, mas imediatamente uma jogada embolada cuspiu a bola bem aos meus pés. Dei um toque de letra, tirando a bola do grupo, e mandei para a frente. As minhas três jogadas seguintes foram mais ou menos iguais: dei um toque e passei adiante rápido, como parte da minha campanha para ganhar a confiança deles.

O cara da camisa roxa, cujo apelido era Champe – você sempre aprende os nomes dos melhores jogadores mais rápido, porque são os nomes que todo mundo fala –, se interessou por mim. Ele queria me testar. Toda vez que ele pegava a bola, eu ficava nervosa, porque sabia que ela viria para mim. E não eram bolas fáceis. Tinha que ampliar meu campo de visão para conseguir acompanhá-lo. Ele tocava a bola com força, passava para mim mesmo quando eu estava cercada, o que significava que precisava devolvê-la de primeira para o espaço à frente dele. Isso me deixava muito animada – a expectativa dele e o meu esforço para acompanhar.

Essa troca de bola continuou nos quatro dias seguintes em campo: ele me passava a bola e eu devolvia para ele. Essa interpretação dos movimentos um do outro parecia algo íntimo. Não nos falávamos, não trocávamos olhares. Eu me lembro de ter sentido uma conexão parecida em Santos – todas aquelas semanas jogando juntas, sem falar nada, até eu sentir que conhecia o meu time melhor exatamente por não conseguirmos nos comunicar verbalmente. Você sabe o modo como a outra pessoa se move; sabe como ela reage ao fracasso e à surpresa; vê as oportunidades de marcar, os erros, as pequenas vitórias. Quando estou num jantar, num coquetel, numa conferência ou em qualquer outra ocasião que não seja em campo, todo aquele bate-papo, toda aquela conversa – nada disso parece tão sincero quanto os jogos de que participo.

Não queria estragar aquela passagem de bola silenciosa e, além disso, ainda era nova no jogo e não gosto de conversar quando sou nova. E também não tinha certeza se ele falava inglês. Mas acabei arriscando uma conversa no bebedouro, porque precisava saber: "Você já jogou em algum lugar?"

"Não tenho documentos", disse ele, enxugando a boca, seus olhos castanhos acompanhando os meus.

Documentos? Eram os documentos que o impediam? Com um dom daqueles? Será que só nós seríamos testemunhas?

José, um salvadorenho de cabelos ondulados e desgrenhados que batia bola comigo antes dos jogos, me contou que Champe havia recebido uma proposta para fazer um teste para o Chelsea, mas sua mãe não queria que ele fosse – se não passasse, não teria como voltar para o país. Já tinha sido deportado uma vez.

Um dia, alguém pisou feio no rosto de Champe em La Liga. Embora ele tenha tido que passar um mês inteiro sem jogar, só assistindo, ainda aparecia no campo e ficava sentado à sombra, atrás do gol. Usava um boné de beisebol do Yankees por cima de uma toalha branca, que caía sobre as laterais de seu rosto, feito as orelhas do Dumbo. Ele puxava a toalha sobre a mandíbula imobilizada sempre que falava. Às vezes, alguns caras atravessavam o campo com crianças e as deixavam com Champe. Cercado de crianças de oito anos, ele continuava sem tirar os olhos do jogo.

Chamavam o cara japonês de Japão, o guatemalteco de Guatemala, o jamaicano de Jamaica, o camaronês de Camarão (às vezes de Eto'o), o uruguaio de Uruguai (às vezes de Forlán). Chamavam um cara de Pacquiao, em homenagem ao lutador filipino, muito embora o jogador fosse da Malásia. Pepperoni era o cara que tinha uma pizzaria. O saudita – baixinho, atarracado, pele morena, olhos castanho-dourados – era chamado de Arábia (e, às vezes, de Alá). Ele, por sua vez, chamava todo mundo de México. Para entrar na brincadeira, às vezes tirava a camiseta e a amarrava na cabeça, como se fosse um turbante.

Ganhei o meu apelido depois que fui atingida com tanta força que acabei, de alguma maneira, dando uma cambalhota para trás. Foi a maior gritaria, mas continuei a jogar. Ouvi alguém dizer: "Viu? Ela não causa problema nenhum." (E é idiota o quanto me senti orgulhosa por isso.) Champe riu e disse: "Aquele cara queria *matar* você." Ele começou a me chamar de Flaca, "Menina Magrela", talvez por eu voar fácil. Ao fim do jogo, todos me chamavam assim.

Flaca, pelota, cojones, mierda, sin camisa, pinche – eu já sabia umas dez palavras. (Um bielo-russo de vinte anos me disse: "Me inscrevi num curso para aprender espanhol no próximo semestre. Não aguento mais. Preciso saber o que está acontecendo.") Também era possível ouvir gritos em inglês: "Deixa eu driblar", "Dá uma de Hope Solo nessa merda", "Na Jamaica não é quente assim", "A bola nunca mente". As provocações do Arábia começavam em espanhol, passavam para o inglês e terminavam em árabe, de modo que só ele entendia. Quando alguém driblava, ele gritava: "Ele vai perder a bola, vai perder a bola!" ou então "Ela vai perder a bola, vai perder a bola!" – nunca dizia a frase uma vez só, eram sempre duas, como se fosse uma cantiga de roda.

Muitas vezes havia gente assistindo. Uma senhora hispânica de meia-idade ficava sentada numa pedra grande, mais para o lado. Eu não sabia se era mãe ou mulher de alguém, ou se só gostava de parar ali quando voltava do trabalho. Duas vezes, vi um cara branco, com cabelos brancos e óculos, de pé no terraço do estacionamento, escondido atrás de uma árvore, nos observando lá de cima. E como tínhamos plateia, todos jogavam um pouco melhor.

Aprendi quem eram os jogadores assíduos, comecei a captar detalhes que perdemos quando só participamos do jogo uma vez. Jeffrey – magricela, uns 25 anos, bom jogador – usava brincos brilhantes nas duas orelhas e tentava passar a bola sob as pernas do adversário uma em cada três vezes. Champe tinha uma tatuagem no antebraço: duas mãos rezando. Malik, da Tanzânia, usava uma camisa vermelha do Iniesta todos os dias, driblava em círculos e ria toda vez que alguém gritava com ele. Angelo tinha um moicano e usava tênis Nike verde, que, segundo ele, era melhor do que chuteiras, já que tinha pé chato. Dois adolescentes de nariz grande e cabelo de corte desfiado usavam camisetas cinza do Triangle United; eram gêmeos, ou irmãos, ou tão bons amigos que começaram a ficar parecidos e a se movimentar de maneira semelhante. Uma porto-riquenha chamada Monique, que às vezes era chamada de Moníquia, conseguiu atingir a lata de lixo a uns vinte metros de distância. "O que foi, você tá ocupado demais olhando a miniblusa dela para se lembrar de defender?", gritou alguém depois que ela fez o segundo gol.

Talvez Pané fosse a alma do jogo. Ele não faltava um dia sequer. Usava camisas de mangas compridas, como se fizesse frio. Talvez tivesse uns quarenta anos; seu cabelo era como o de Lionel Messi, meio comprido atrás, meio achatado, tinha um jeito de correr fazendo pausas e uma expressão tão brutal no rosto que me dava até medo. Arábia o chamava de "El Capitán". Era baixinho, tinha um 1,63 ou 1,65 metro, mas isso era algo difícil de perceber. Quando as pessoas não sabiam o que fazer com a bola, procuravam por ele. Às vezes, ele mandava uma bomba para o centro. Por mais que trocasse piadas com Arábia, Champe e José, e de vez em quando até gargalhasse loucamente, não era assim comigo.

Um dia, resolvi partir para cima dele. Meu pé direito tocou a bola para o esquerdo, desenhando um sinal de "maior que" ao redor dele. Calculei tudo de maneira perfeita – o melhor drible que já fiz –, mas ele leu a jogada e roubou a bola, chocando-se contra mim com tanta força que fiquei estatelada no chão. Havia gente exclamando no campo, os caras reagindo ao drible que eu estava fazendo, mas os *ohs* cada vez mais altos agora se transformavam em *uuuus* que iam diminuindo. Nunca havia sido derrubada daquele jeito. Acho que nunca havia visto ninguém ser derrubado daquele jeito.

Após sentir a satisfação gerada por essa rivalidade, fiquei zanzando perto dele no dia seguinte. Nós dois entramos numa dividida. Essa situação, dois jogadores correndo na direção da bola ao mesmo tempo, foi assim que rompi meu ligamento na faculdade. Se você hesita e o outro jogador te atinge com tudo, sendo que você só usa metade da sua força, é assim que você rompe o ligamento. Tentei me equiparar à força dele. E nos chocamos. Senti os ossos da perna vibrarem. *Jesus*, pensei. *Será que ele me odeia?* (Levei algumas semanas para perceber que ele só estava me tratando com respeito, ao partir para cima de mim com a mesma força psicótica com que partia para cima de todos os outros.)

E aí, a bola estava embaixo dele e ele estava protegendo a bola e, seguindo meu instinto, eu o agarrei pela cintura com as duas mãos (uma tática que geralmente só uso contra Luke). Em parte, isso aconteceu porque estava frustrada e, em parte, imaginei, por afeição. Era eu pedindo a ele que gostasse de mim.

Expressões em espanhol ricocheteavam pelo campo, os caras fazendo gracejos com Pané. Eu queria que Luke estivesse ali para que pudesse me dizer o que estavam falando, mas ele andava sentindo dor no joelho, o que significava que eu iria para casa, sentaria no banquinho na cozinha e diria a ele como, finalmente, derrotei Pané e o fiz rir. E era isso que eu fazia todos os dias – voltava para casa a pé, tirava a minha camiseta molhada, bebia água em goles grandes e contava para ele os detalhes deste jogo que eu tinha encontrado.

Você pode ir para o mesmo campo de futebol, no mesmo horário, arrastar as mesmas latas de lixo para o mesmo local, chutar e driblar essencialmente da mesma maneira que chutou e driblou nos últimos vinte anos, e, mesmo assim, ainda se surpreender. Na segunda-feira, depois de meses usando nada além de mangas compridas, Pané apareceu no campo de mangas curtas. Na terça, Monique usou óculos cor-de-rosa gigantes, de palhaço, e tentou jogar com eles durante os primeiros dez minutos. Ela driblou elegantemente na pequena área e acabou perdendo a bola. "Monique, que diabo foi isso?", gritou um cara. "Você entra aí com esses óculos de gângster, dribla na cara do gol e *perde* a bola?" Na quarta estava chovendo. Fiquei debaixo do beiral do nosso apartamento vendo as gotas de chuva caindo com toda a força, mas, mesmo assim, saí para o campo de futebol às 6h da tarde, me sentindo ridícula, pensando que só eu estaria lá, sozinha naquele temporal. Mas, quando cheguei lá, me inclinei sobre a mureta de tijolos e olhei para baixo, lá estavam eles: homens, correndo no campo.

O sol se pôs por volta de 8h30 e nós continuamos ali, conversando sobre o jogo que havia passado na televisão no dia anterior ou o que ia passar naquela noite. Ninguém falava sobre trabalho de maneira mais específica. Era só um emprego, enquanto aquele jogo era o que, de fato, fazíamos da vida.

Eu passava o dia inteiro esperando dar 5h30, para sair para o campo, sedenta para chegar lá, para ver todo mundo, para jogar.

Comecei a apreciar as normas desse jogo de vinte contra vinte. É preciso descobrir como conseguir a bola. Uma tática é criar alianças: quando eu pegava a bola, eu procurava por eles; quando eles pegavam a bola, procuravam por mim.

Às vezes, fingíamos ser o Barcelona. Bolas curtas, os passes desenhando estrelas no campo. Correndo pelo gramado, silenciosamente pedindo a bola. Todos nós queremos a bola.

Agradecimentos

Muito obrigada a Luke, por sua paciência, consideração e insights; Ryan e Ferg por sua criatividade, energia, sabedoria e perspicácia; Les Allan, Francis Gasparini, Peter Lange, Tom Rankin e o Center for Documentary Studies da Duke University por tornarem essa história possível; Allen Creech, Alexa Dilworth, Thomas Ferraro, Brad Hammer, Gary Hawkins, Donna Lisker, William O'Rourke, Courtney Reid-Eaton, Valerie Sayers e Peter Stephens por me inspirarem e encorajarem; e Evelyn Boria-Rivera, Lee Ellis, Alexandra Katona-Carroll, Casey McCluskey, Matt McGoan, Jeff Rusnak, Yaniv Soha, Allison Strobel, Joey Yenne e minha família pelo aporte e apoio.

FSC
www.fsc.org
MISTO
Papel produzido a partir de fontes responsáveis
FSC® C019498

A marca FSC é a garantia de que a madeira utilizada na fabricação do papel deste livro provém de florestas de origem controlada e que foram gerenciadas de maneira ambientalmente correta, socialmente justa e economicamente viável.

Este livro foi composto por Letra e Imagem em Dante Pro 11,5/16 e impresso em papel offwhite 80g/m^2 e cartão triplex 250g/m^2 por Geográfica Editora em abril de 2013.